启教育的思与行

申宇 / 主编
邱建龙 / 副主编

五育融合视域下小学特色育人体系创建的实践研究

上海教育出版社
SHANGHAI EDUCATIONAL
PUBLISHING HOUSE

| 序 |

因为工作的关系,我与申校长认识多年。近来读到他与全校教师倾力完成的这部书稿,眼前再次出现一位儒雅又精干、严谨又谦逊的学者形象,也感受到教师们钻研教学、精耕科研的热情。

东港小学在申宇校长的带领下,立足启航文化建设,依托机场周边丰富的航空文化教育资源,构建了启教育体系。对标《义务教育课程方案和课程标准(2022年版)》培养"三有"时代新人的目标,根据启字"开门"的本义,确定了开启志向之门、智慧之门与担当之门的目标。根据"三启"目标确定了启教育择时而启、择适而教、择势而育的内涵。择时而启体现了启发诱导的教学原则,择适而教体现了因材施教的教学原则,择势而育体现了长善救失的教学原则。这些原则早在《学记》和《论语》中就开始倡导了,一直沿用至今,也都是当下《义务教育课程方案和课程标准(2022年版)》所强调的。

本书的五个篇章从启教育的谋篇布局到实践研究,再到体验感悟,最后到启航未来;从理论到实践,从实践到理论,贯通学思践悟四个方面。既有成功的经验值得借鉴,也有联通课题与课堂的研究方法值得学习。

启教育的研究有序促进了学校科研工作的开展。2022年,"'新课标'背景下小学'启教育'特色的构建与实施"被立为浦东新区教育科学研究重点课题;2025年,"五育融合视域下小学生'航空+国防'综合学习的设计与实践研究"被立为上海市教育科学研究项目。

　　我欣喜地看到"启教育"的实施有效加快了学校特色品牌的创建,取得了诸多的成绩和快速的发展。我相信,启教育秉持"启智润心、培根铸魂"的初心,循着择时而启、择适而教、择势而育的路径,一定能启发更多的教育人迈好贯彻落实"双新"的步伐,落实好为党育人、为国育才的根本任务,培养好德智体美劳全面发展的社会主义建设者和接班人。

2025 年 4 月 25 日

目录

第三篇　启智润心·精思力行

第四篇　启悟增慧·覃思前行

第五篇　启志远航·遐思未来

概　述

申　宇

一、"启教育"的背景

　　东港小学地处浦东新区祝桥镇,创办于 1998 年 9 月,是浦东国际机场建设的配套工程。在地域特色的影响下,学校长期致力于打造"启航文化",确定了"启智悟道,载德远航"的校训与"让每一个学生快乐生活、健康成长"的办学理念,旨在促进学生学习与人生的快乐启航。在"启航文化"建设的深化过程中,我们发现,机场周边很多行业和单位因为毗邻浦东机场,都依托机场资源打造"启航文化",以"启航"冠名的很多,吃的有"启航早点""启航餐厅""启航果品"等,住的有"启航公馆""启航居委"等,周边多所学校也正在创建航空教育特色。如何让"启航文化"有东港的属性,有东港的特色,这是我校在深化启航文化建设中需要认真研究的一个新课题。

　　经过思考与研究,我们认识到"五育"在立德树人的过程中的作用是:道德的启蒙、智慧的启迪、身心的启强、艺术的启发、劳动的启行,"启"都是有效的方法与路径。于是我们对"启"进行了进一步探究,启的本义是"开门",其中蕴含了启发的意思。启的引申义"开导"也表明了教与学的关系,学生是学习的主体,是主动发展的本体,教师是引导者、指导者、帮助者。《论语·述而篇》中孔子说"不愤不启,不悱不发",意为不到学生自己想弄明白却弄不明白的时候不要去启发他,不到学生想说出来却说不明白的时候不要去开导他。"启"的意义蕴含着教与学方式的转变,"启"正符合当下教改的要求。

　　我校提出了以"启"为核心的"启教育"规划,并开展了相关的研究与实践。

二、"启教育"的内涵

(一)概念界定

"启教育"总的来说是择时而启、择适而教、择势而育。

择时而启:旨在让每一名学生实现主动发展。这符合《礼记·学记》与《论语·述而篇》中倡导的启发诱导的教学原则;也符合《义务教育数学课程标准(2022年版)》指出的:教师应"选择能引发学生思考的教学方式,改变单一讲授式教学方式,注重启发式、探究式、参与式、互动式等,探索大单元教学"。

择适而教:旨在为每一名学生提供适合的教育。这符合《论语·先进篇》中提出的因材施教的教学原则;也符合《义务教育课程方案(2022年版)》指出的:"落实因材施教。创设以学习者为中心的学习环境,凸显学生的学习主体地位,开展差异化教学,加强个别化指导,满足学生多样化学习需求。"

择势而育:旨在让每一名学生得到充分的发展。这符合《礼记·学记》中指出的长善救失的教学原则;也符合《义务教育课程方案(2022年版)》中强调的面向全体、育人为本的原则。教育的目的,不是给学生划分等级,而是让学生认识到自己的优势所在,教育应当助长每个学生的优势,使他们百花齐放。

(二)育人目标

学校根据"启"字"开门"的本义,对标《义务教育课程方案(2022年版)》中培养"有理想""有本领""有担当"的时代新人的目标,相应设定了"启教育"要打开"三扇门"的目标:

其一,"启教育"要启志定向,开启志向之门;

其二,"启教育"要启慧立本,开启智慧之门;

其三,"启教育"要启行蓄力,开启知行之门。

(三)总体框架

学校以实施载体、实施策略、实施环境、实施保障四个方面和课程建设、评价体系、教学模式、国防教育、校园文化、学习空间、制度建设、队伍建设八个子项目架构了"启教育"的育人体系。(见图1)

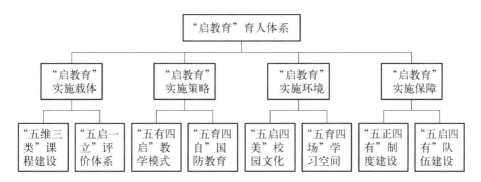

图 1　"启教育"育人体系

三、"启教育"实践

(一)"五维三类"课程建设

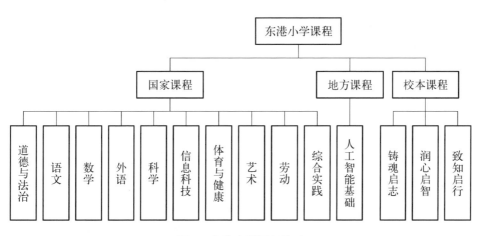

图 2　东港小学课程体系

(二)"五启一立"评价体系

学校以启德、启智、启健、启美、启行和立魂(军人魂)为主要评价维度,对标《义务教育质量评价指南》,构建线上线下融合、"五育"融合、促进全面发展的学生综合素养评价体系,促进学生德智体美劳全面发展,引导学生形成正确的价值观、必备品格和关键能力。(见表1)

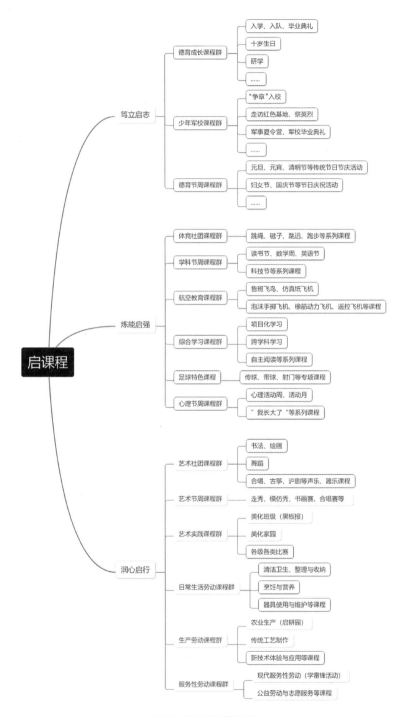

图3 "启课程"设置

表 1　东港小学"五启一立"学生综合素养评价指标体系

评价维度	评价指标	评价要点	发放徽章	评价途径
启德	理想信念	爱国爱党、爱少先队、爱传统文化	信念章	班主任颁发。红领巾系列学习中的表现;相关活动中的表现
	社会责任	遵纪守法、节能环保、热爱集体	责任章	班主任、家长颁发。日常生活中的表现;相关活动中的表现
	行为习惯	诚实勤俭、礼貌待人、善于自理	行为章	班主任、家长颁发。日常生活中的表现;相关活动中的表现
启智	学习习惯	认真听讲、自主学习、善于合作	勤学章	任课老师颁发。根据学生每天在学科学习中的实际表现颁发,可以三枚章都获得,但每种章最多只能获得一枚
	创新精神	乐于探究、善于思考、勇于创新	创新章	
	学业水平	内化知识、掌握技能、理解方法	水平章	
启健	健康生活	健康饮食、坚持锻炼、珍爱生命	自健章	班主任、家长颁发。日常生活中的表现;相关活动中的表现
	身心素质	自信阳光、乐观向上、情绪积极	自强章	
启美	美育实践	热爱艺术、活动积极、经常观展	尚美章	班主任、家长颁发。艺术技能的掌握;相关活动中的表现
	感受表达	趣味健康、多才多艺、技能良好	审美章	
启行	劳动习惯	热爱劳动、吃苦耐劳、技能良好	勤劳章	班主任、家长颁发。相关活动中的表现;日常班级值日、家务劳动清洁桌椅时的表现
	健康生活	积极研学、热心公益、主动体验	乐劳章	
立魂	军容军纪	整洁端庄、举止文明、服从命令	军容军纪章	班主任颁发。每周一的班级卫生和个人仪表检查、活动中的表现
	军能军魂	勤练本领、团结合作、奉献担当	军能军貌章	班主任、教官颁发。军体课和军体活动中的表现

（三）"五有四启"教学模式

以有趣、有联、有探、有创、有育等"五有"为特征，以情境启思、策略启学、体验启悟、多元启评等"四启"为切入点构建"新课标"背景下的课堂教学模式，促进学生深度学习，提高学生高阶思维能力，让学生学会学习，让核心素养得到发展。

（四）"五育四自"国防教育

以"五育"融合为策略，以启航少年军校建设和航空航模教育实践为路径，培养自立、自理、自律、自强的社会主义建设者和接班人。

1. 启航少年军校建设

（1）文化建设

明确了启航少年军校的培养目标、校训、军规、校徽、军旗、编制、军衔、军校形象（智乐小兵）等。

（2）阵地建设

设八个学习阵地：军校读书角、军事知识角、军校宣传栏、军事知识长廊、军事讲解员、军事小讲堂、军校展示角、军机展示区。

设八个活动阵地：黄炎培故居、张闻天故居、上海志愿军文献馆、上海市浦东新区书院镇青少年素质教育促进会、川沙烈士陵园、浦东机场武警部队、空军上海后勤训练基地、红领巾军事训练角。

（3）课程建设

普及开展"五个一"综合学习课程：每学期一次国防教育讲座、每班每周一节军事训练课、每周每个年级一次仪式教育、每学期一次"党史"学习活动、每个假期一次军民联欢（八一慰问、迎春慰问）活动。

2. 航空航模教育实践

学校开发了"飞驰蓝天"校本课程，在拓展课程板块中实施。"航空航模"特色教育以"五个一"和"六个度"为主要路径。

五个一：让每个学生学习一门航空课程，参加一次航空教育实践活动，制作一个航空模型，学会一种航空技能，养成一种航空精神。以航模树德、以航模启智、以航模健体、以航模促劳、以航模育美。

六个度：加大航模教育普及力度；提高全体教师的培训效度；拓展航模教育的广度；提高全员参与的热度；增加航模社团的梯度；提升特色创建的高度。

（五）"五启四美"校园文化

"五启"是指启德、启智、启健、启美、启行，学校以此命名了五个场所：

启德亭：凸显育德主题，发挥育德功能，开辟互动区域，增设休息设施，打造育德主题活动区。

启智苑：优化阅读区域，美化阅读氛围，序化书籍陈列，美化阅读打卡墙，活化读书漂流角。

启健场：配置功能分区、主题墙绘、绿化景观，设置休息区与安全标志。

启美庭：配置艺术展示区，设置创作体验区，布置绿植花卉，开设艺术工作坊，举办艺术类比赛和主题活动。

启耕园：体验劳作，传播文化；完善配套设施，添置围栏，改良土壤，美化景观，设置观察记录角。

"四美"是指文化美、艺术美、生态美、精神美。

文化美：将学校的办学文化精美呈现，在四个楼层从内涵和范例两个方面进行展示，作具体化、形象化的解读。

艺术美：视觉艺术美、听觉艺术美、肢体艺术美。

生态美：植物美、水景美、平衡美、观察美、环保美、意识美、活动美。

精神美：品德精神美、进取精神美、团队精神美、创新精神美、奉献精神美。

（六）"五育四场"学习空间

"五育"是德、智、体、美、劳。

"四场"是指脑工场（创新实验区）、手工场（劳技室）、绿工场（启耕园）、心工场（心理咨询室）。

脑工场：设立思维碰撞区，创建个人思考小站，举办创新工作坊，设立创新挑战项目，展示创新成果。

手工场：合理规划教室的空间，划分出不同手工制作的区域，比如木工区、陶艺区、手工编织区等。

绿工场：设立自然观察站，设置实践学习点，建立探究空间。

心工场：设置情绪宣泄区、心理探索区、放松冥想区、创意表达工作坊。营造氛围，开设活动，学习心理知识，放松身心。

（七）"五正四有"制度建设

"五正"是正德、正行、正念、正规、正联。

正德：坚定政治方向，关心爱护学生。

正行：坚持言行雅正，规范从教行为。

正念：秉持公平诚信，潜心教书育人。

正规：自觉爱国守法，坚守廉洁自律。

正联：即家校协同育人，传播优秀文化。

"四有"是有理想信念、有道德情操、有扎实学识、有仁爱之心。

（八）"五启四有"队伍建设

"五启"是开设"启德堂"，增强教师动力；开办"启学苑"，提升教师能力；开设"启心坊"，激发教师爱心；开展"启评价"，提升教师自觉；评选"启明星"，树立教师榜样。

开设"启德堂"包括：（1）开设道德讲堂，激发涵养师德的正能量；（2）签订师德承诺书，激发涵养师德的内在驱动力；（3）开展警示教育，强化涵养师德的外在束缚力。

开办"启学苑"包括：（1）加强思政建设，提升政治素养；（2）开展读书活动，丰富教师学识；（3）举办主题论坛，聚焦师德师风。

四、"启教育"的研究

（一）构建课题引领的发展格局

学校把"'新课标'背景下小学'启教育'特色的构建与实施"的课题研究融入发展规划的落实和各学期工作计划的重点任务中。2022年第二学期至2024年第二学期，学校工作计划的主题分别为：致力"启教育"，聚力启未来；致力"启教育"，聚力予"适合"；深化"启教育"，变革育人方式；勤学笃行，主动发展；落实"双新"，深化"启教育"。每学期各部门、个人对照学校发展规划和条线、个人发展规划，围绕"启教育"的阶段实施，在实践、反思的基础上，撰写好学校、条线、个人学期工作计划与总结。

（二）构建课题研究的三级网络

学校建立了"课题核心组—课题实践组—个人实践"三级研究网络。每学期召开相关会议，经常邀请专家来校指导。通过校内骨干教师专题讲座、教研组研修活动展示、备课组学习研讨等丰富的常态化方式，推进"新课标"学习、"启教育"构建等课题研究与实践活动。目前，每位教师都至少有一个与主课题相关的小课题。结合"启航小探索"校本科研机制,学校特地创设了"启思录"科研能力提升机制,通过每周精读1～2篇文章、每月写1篇读后感、每学期写1篇小文章(论文或案例)的任务驱动,充分发挥学校期刊、书籍等资源的作用,促进每位教师科研意识与能力的提升。

（三）构建教研训一体的研修方式

学校构建了以"启研式"为主要形式的校本研修模式,按照"话题承接,成果反馈—话题呈现,专题学习—话题探究,个体发言—话题总结,达成共识—话题延伸,实践运用"五环节模式开展专题研究活动,搭建教研训一体的研修平台,引领和带动全体教师研究课堂教学,提高课堂教学能力,提升全体教师专业能力。

五、"启教育"的成效

（一）"启教育"的建构与特色打造得到多方认可

1. 专家把脉,基地助力,形成鲜明特色

2023年4月11日,上海市教育科学研究院德育研究院副院长宗爱东,上海教育出版社《教育参考》主编刘芳、副主编邹楠,观澜教育联盟理事长金维萍,上海市特级校长、正高级教师姚星钢等专家领导来校考察指导。嘉宾在听取学校专题汇报、参观校园、交流咨询后,称赞校领导的顶层设计有思考力,对"启航文化""启教育"已经有了系统化的思路、设想与蓝图,能让"少年军校""航空航天"与"国防教育"交融共生,形成了鲜明的"航空国防教育"特色。

2. 调研指导,协会支撑,发挥辐射作用

2023年5月30日,由空军上海基地双拥办宋增彪主任,上海市教委体卫艺科处徐捷处长,上海市学校国防教育协会张国清、郝晓东副秘书长,浦东新区教育局德育处陈菊英处长、费解琳老师组成的市国防教育调研领导小组莅临学校开展调研工作。

在"让军魂点亮人生"专题汇报之后,嘉宾对国防教育的建构、"少年军校"的建设和"航空教育"的实施等给予了一致好评,同时也寄予了厚望,希望能多开展展示活动,发挥示范辐射作用。

2024年空军节,学校承办了浦东新区双拥办与教育局主办的"戎爱学校"展示活动,获得了社会各界的好评。

3. 互动交流,同行赞誉,扩大办学影响

2023 年 5 月 11 日,浙江绍兴市柯桥区"校长领导力提升研究"访学团来我校考察交流。

2023 年 9 月 19 日,云南怒江州后备校(园)长研修班五位学员来校访学。

2023 年 11 月 15 日,福建三明市校(园)长研修班 49 位学员来校访学。

2024 年 4 月 25 日,安徽芜湖市"校长梯队建设工程项目"小学组 13 人来校参观交流。

四次来访的同行在听取汇报、考察校园、观摩课堂后,均对我校"启教育"的实践,尤其对因地制宜、依托区域资源、努力打造学校特色与品牌的实践大加赞赏,都给予高度评价。

(二)"启教育"的实践已经形成了一批学术成果

表 2　东港小学"启教育"相关学术成果一览表(部分,区级以上)

序号	作 者	文章/课题	荣　誉
1	申 宇	《实践"启教育",培育"三有"新人》	发表于《上海教育》(2022.12 下);在 2022 年"浦东杯"走向高质量的教学实践征文评选中荣获二等奖
2	申 宇	《五育融合视域下的航空国防教育实践探索》	在 2023 年第三届"浦东杯"跨界与协同主题征文评选中荣获三等奖
3	申 宇 倪建平	《东港小学建构学校治理委员会完善学校治理结构的实践》	发表于《区域教育治理的实践路径(第二卷)——家校社合作治理的浦东实践》(李彦荣等著,上海教育出版社 2022 年 9 月版)
4	申 宇	《"启教育"视域下的航空国防教育实施探索——以上海市 D 小学为例》	发表于《教育参考》(2024.4)
5	申 宇	"五育融合视域下小学生"航空＋国防"综合学习的设计与实践研究"	被列为 2025 年度上海市教育科学研究项目
6	顾志英 包轶君	《"东港启航少年军校"课程化建设实践探索》	在 2022 年浦东新区家校社项目征文比赛中荣获二等奖

序号	作者	文章/课题	荣　誉
7	赵玉兰	《小学英语教学中发展学生"文化意识"素养培养》	发表于《浦东教育研究》(2022.9)
8	倪晓斌	《教学"微视频",教育暖人心——线上教学模式的探索》	在2022浦东新区新优质学校"新优质教学"主题征文中荣获二等奖
9	倪晓斌	微课《乘法分配律》	在2022年上海市中小学信息化教学应用交流展示活动(微课)中荣获三等奖(颁奖部门:上海市教育委员会教学研究室)
10	张水花	《让作业走"新",促教研创"新"——以东港小学英语组单元作业设计与实施为例》	在2022浦东新区新优质学校"新优质教学"主题征文中荣获三等奖
11	毛秀敏	《刍议新课标理念下小学语文群文阅读教学》	发表于《教育参考》(2023.3)
12	马翠红	《童创童话,点亮童年——例谈三年级语文读书节项目化学习》	发表于《浦东新区义务教育项目化学习成果集(案例)》(浦东教育增刊)
13	吴凤芬	《深度学习视角下小学数学教学策略》	在2022年"书香校园"浦东教师读书活动"温暖的教育"主题征文中荣获一等奖
14	吴凤芬	《核心素养视域下小学数学"项目化学习"的实践研究》	在2023年"黄浦杯""失败与创新"教育征文评选活动中荣获浦东新区三等奖
15	王思愉	《"主宰"意识的开启与帮教启迪》	在2022年"书香校园"浦东教师读书活动"温暖的教育"主题征文中荣获三等奖
16	吴凤芬	《开启项目化学习之旅——我的读书故事》	在2023浦东新区青年新秀征文中荣获一等奖
17	杨沥	《航模课程跨学科项目化教学》	在2023浦东新区青年新秀征文中荣获二等奖
18	杨沥	《"揭秘纸飞机"跨学科主题学习案例》	在2023浦东新区青年新秀第二期"新课标研究"主题征文评比中荣获一等奖

序号	作　者	文章/课题	荣　誉
19	杨沥	《基于核心素养培育的小学自然教学策略》	在 2023 年上海市小学科学教师优秀论文征集活动中荣获三等奖（颁奖部门：上海市教育学会中小学科学教学专业委员会）
20	倪建平孙丽华	《信息技术助力家校构建"七彩课堂彩虹桥"》	在 2023 浦东新区信息教育技术征文中荣获一等奖
21	倪建平	《"微级育人共同体"的建构实践与思考》	在浦东新区教育教学论文交流活动（ClassIn 平台）中在线交流
22	计海燕	《浅谈小学生"阳康"后体能恢复的策略与方法》	2023 年 9 月在浦东新区第七届中小学体育科研论文评选活动中荣获三等奖
23	毛秀敏	《牢记初心使命，建强教师队伍》	在 2024 浦东新区教育系统工会工作优秀案例评选中荣获三等奖
24	施婷	《"春田里"的收获》	在第 11 届浦东新区班主任基本功竞赛育人故事（小学金穗组）评选中荣获一等奖
25	邱晓红	《护"花"》	在第 11 届浦东新区班主任基本功竞赛育人故事（小学金穗组）评选中荣获二等奖
26	孙晓怡	《"寒号鸟"变"喜鹊"》	在第 11 届浦东新区班主任基本功竞赛育人故事（小学金穗组）评选中荣获三等奖
27	施婷	《建智乐兵基地，育自立自强少年》	在第 11 届浦东新区班主任基本功竞赛带班方略（小学金穗组）比赛中荣获二等奖
28	邱晓红	《积跬步行千里——"小蜗牛班"蓄势待发》	在第 11 届浦东新区班主任基本功竞赛带班方略（小学金穗组）比赛中荣获二等奖
29	魏春雨	《逃出大英博物馆》	在第 11 届浦东新区班主任基本功竞赛主题班会（小学新苗组）比赛中荣获一等奖
30	王思愉	《绝交吧！拖拉怪》	在第 11 届浦东新区班主任基本功竞赛主题班会（小学新苗组）比赛中荣获一等奖
31	唐菲	《流浪纸片》	在第 11 届浦东新区班主任基本功竞赛主题班会（小学新苗组）比赛中荣获二等奖

序号	作者	文章/课题	荣　誉
32	魏春雨	《心灯照引航，解忧共成长》	在第 11 届浦东新区班主任基本功竞赛育人故事(小学新苗组)评选中荣获一等奖
33	王思愉	《向阳而生，向美而行》	在第 11 届浦东新区班主任基本功竞赛育人故事(小学新苗组)评选中荣获二等奖
34	唐 菲	《以爱为舟》	在第 11 届浦东新区班主任基本功竞赛育人故事(小学新苗组)评选中荣获三等奖
35	邱晓红	《中国造，正当潮》	在第 11 届浦东新区班主任基本功竞赛主题班会(小学金穗组)比赛中荣获二等奖
36	施 婷	《努力坚持，勇攀高峰》	在第 11 届浦东新区班主任基本功竞赛主题班会(小学金穗组)比赛中荣获二等奖
37	祝夏蝶	《概览党代会探知党历程，立志做新人》	在浦东新区 2023 年少先队征文活动中荣获经验总结类三等奖(颁奖部门：中国少年先锋队上海市浦东新区工作委员会)
38	毛秀敏	《指向语文核心素养的任务情境创设与实施探究》	收录于《核心素养导向的教与学——上海市浦东新区观澜教育联盟教育改革实践探索》(金维萍主编，上海教育出版社，2024 年 3 月版)
39	吴凤芬	《核心素养视域下小学数学"项目化学习"的实践研究》	收录于《核心素养导向的教与学——上海市浦东新区观澜教育联盟教育改革实践探索》(金维萍主编，上海教育出版社，2024 年 3 月版)
40	施 婷	《中队菜园"春田里"的初期劳作与收获》	收录于《核心素养导向的教与学——上海市浦东新区观澜教育联盟教育改革实践探索》(金维萍主编，上海教育出版社，2024 年 3 月版)
41	邱建龙	《"启教育"指向的培养小学生"道法"学科道德修养的实践研究》	收录于《核心素养导向的教与学——上海市浦东新区观澜教育联盟教育改革实践探索》(金维萍主编，上海教育出版社，2024 年 3 月版)

序号	作者	文章/课题	荣誉
42	杨玉凤	《新课标视野下小学自然课中探究能力的培养》	收录于《核心素养导向的教与学——上海市浦东新区观澜教育联盟教育改革实践探索》(金维萍主编,上海教育出版社,2024年3月版)
43	计海燕	《浅谈小学生"流感"后体能恢复的策略与方法》	收录于《核心素养导向的教与学——上海市浦东新区观澜教育联盟教育改革实践探索》(金维萍主编,上海教育出版社,2024年3月版)
44	杨沥	《学航模跨学科项目化学习的实践研究》	收录于《核心素养导向的教与学——上海市浦东新区观澜教育联盟教育改革实践探索》(金维萍主编,上海教育出版社,2024年3月版)
45	顾志英 包轶君	《以学校"启耕园"为实施途径,开展"五育融合"视角下的劳动教育》	在2024年黄浦杯"走向融合"主题征文活动中荣获浦东新区三等奖

(三)"启评价"的构建与实施有效促进了学生素养全面发展

学校旨在促进教学评一致与学生素养发展的评价激励机制已经实践、研究、发展了近二十年。现行的"启评价"激励机制(即"五启一立""启评价"机制),与凸显"五育"融合的"启航课程体系"相对应,分别构建了启德、启智、启健、启美、启行和立魂六大板块,总共设置了14枚奖章,涵盖了"学生核心素养"以及校本"小军人"素养。以周为单位,由班主任、任课老师、学生与家长参与反馈、进行评价,通过"启评价"平台记录颁章情况,积累数据与文本内容作为月度评选先进个人(含进步生)以及学期评选全面发展"智乐星"的主要依据。相关评价所产生的奖章激励分,累积到一定数量既可兑换礼品,还可兑换课程活动参与券等。

学校已成为区"基于教学改革、融合信息技术的新型教与学模式实验区"之"基于大数据驱动的智能化精准教学项目实验校",借助项目建设,学校不断探索完善学校特有的综合素养评价机制,强化过程评价,发挥诊断、激励和增值的功能,让"启评价"争章激励机制促进教学评一致与学生素养全面发展。

（四）特色课程的相融凸显了地域发展的特色

2022 年以来，作为"航空新城"与"东方枢纽"重地的祝桥镇，提出并开始了打造"三色"文化的实践，即红色——以张闻天故居等历史资源为主的革命文化；蓝色——以浦东国际机场、商用大飞机总装基地等特有资源为主的航空文化；绿色——以星火村为代表的美丽乡村与乡村振兴等声誉资源为主的绿色文化。

学校融合地方"三色"文化资源，找到了与"启教育"特色课程的相融点，以此丰富了"启教育"的发展内涵，即红色——以张闻天故居、上海志愿军文献馆、部队实践基地等为依托的启航少年军校；蓝色——以浦东国际机场、中国商飞总装浦东基地（试飞中心）等为拓展资源的航空航模课程；绿色——以祝桥镇美丽乡村、乡村振兴、垃圾分类再利用等为拓展资源的"启耕园"综合实践课程。

而凸显红色文化的启航少年军校重在国防教育，凸显蓝色文化的航空航模课程重在航空教育（也有国防教育的要素），两者叠加交融，航空国防教育就此产生，它将有机整合学校资源。继往开来，我们期待未来航空国防教育能成为在浦东小教界，乃至更大区域内知名的特色品牌。

我们相信，"启教育"秉持"启智润心、培根铸魂"的初心，循着"择时而启、择适而教、择势而育"的路径，一定能引领东港人迈出落实"双新"的坚实步伐，完成好为党育人、为国育才的根本任务，培养好德智体美劳全面发展的社会主义建设者和接班人。

第一篇　启路布局·构思领行

"启教育"理念引领下的"启课程"设计与实施

乔 静

一、"启课程"体系

（一）"启教育"概念界定

"启教育"是以启为核的教育，东港小学把学生放在教学教育的中心，形成以学习为中心的课堂，让学习真实发生、恰当发生，让学生学会学习。其实质是充分调动学生的学习积极性，激发学生的求知兴趣和欲望，主动地形成认知结构，主动地、活泼地学会学习并获得全面和谐的发展。"启教育"把以教为主转变为以学为主，实现教与学方式的变革，让学生真正成为学习的主体。"启教育"是从学生的实际出发，在真实情境中因材施教，使全体学生的价值观、关键能力、必备品格得到培育，志向、智慧、知行得到涵养，个性得到发展的一种教育。

（二）"启课程"育人目标

依据党的教育方针，贯彻落实立德树人根本任务，学校以培养"有理想、有本领、有担当"，德智体美劳全面发展的社会主义建设者和接班人为核心，结合学校"启教育"实际，把"为每一名学生提供适合的教育，让每一名学生得到充分的发展"作为办学追求，让学生成为具有"中国心、现代脑、世界眼"的航空新城未来建设者与接班人。

（三）"启课程"设置

学校立足办学理念和育人目标，聚焦核心素养的培育，基于学生实际情况，结合地域资源，落实好国家课程的高质量实施，开发了丰富多样的校本课程，以满足学生个性化学习需求。

"启课程"主要由铸魂启志、润心启智、致知启行三个部分组成。

铸魂启志：志意为志向、心意、立志。培养什么人是教育的首要问题。我们的教育是为了培养一代又一代拥护中国共产党领导和我国社会主义制度、立志为中国特色社会主义奋斗终身的有用人才。浇花要浇根，我们首先要在坚定理想信念上下功夫。此板块课程旨在增强学生的中国特色社会主义道路自信、理论自信、制度自信、文化自信，培根铸魂，使学生立志肩负起中华民族伟大复兴的时代重任。

润心启智：润为滋润、滋益之意；智为智慧、智力，润物无声，启迪智慧。此板块课程旨在发展学生特长，兼顾学生差异，以多种课程形态满足学生的个性化需求，在活动中增强学生的课程体验，促使学生自主探索真理，促进学生素养的提升。

致知启行：知识的获取和理解最终指向实践。此板块课程旨在提升学生综合运用所学知识解决问题的能力，以创造性教育培养创造性人才，锤炼能力，知行合一。

二、"启课程"实施

(一) 完善制度文本，推动转化落实

我们以促进学生全面而有个性的发展、健康成长为目标，高质量落实国家课程，建设校本课程，将课程理念、原则要求转化为具体的育人实践活动，构建体现学校办学特色的课程育人体系，并注重持续优化。

课程方案立足课程发展愿景，引导师生形成共同的价值追求。学校重视校训、校徽、校歌、办学理念的内涵以及学生发展需要，在课程方案中体现学校的办学风格，孕育学校文化的根与魂，积淀深厚的人文精神价值，在传承的过程中不断创新与发展。

(二) 编制单元教学手册，落实课程标准

依据各学科课程标准和2024年施行的新教材，各教研组确定单元教学设计的流程，提取单元教学共性和关键要素，研制单元教学的支持工具，丰富学科教学案例，引导全体教师更好地理解单元教学设计与实施办法，提高课堂教学质量。

(三) 打造"启课堂"，更新课堂文化

"启课堂"以学生为中心，关注每一名学生，基于对学情的充分分析，创设适合不同层次学生的学习路径，采用启发式、探究式、合作式等教学方法，引导学生

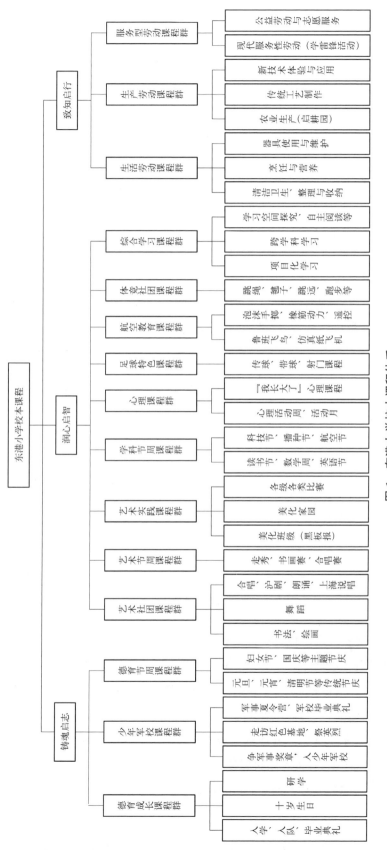

图1 东港小学校本课程体系

自主开展个性化的学习。教师依托"五启一立"学生综合素养评价工具,实时了解学生学业动态,精准分析学生表现,制定个性化的指导策略。教师利用课后服务时间,为不同学业水平的学生提供有针对性的辅导,确保每个学生都能在最适合自己的"节奏"中成长。

我们以"五有四启"(课堂教学体现有趣、有思、有悟、有效、有用"五有"特征,情境启思、策略启学、体验启悟、多元启评"四启"路径)教学模式为路径,深化教学改革,提高课堂教学效能。

(四)优化"启研式",提升课后反思力

学校聚焦素养培育的教学转型,优化校本研修模式。我们以话题(问题)为导向开展深度研修,形成学科建设优势与教研特色品牌。具体以"启研式"为主要模式开展各种教研活动,促进教师之间的交流与学习,加快教师专业发展,提高课堂教学能力。

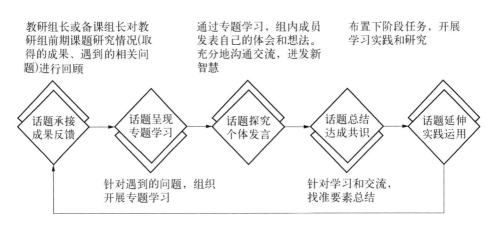

图 2 "启研式"教研活动模式

(五)变革学习方式,强化学科实践

依据"新课标"新教材,在"切入性事件—主导性问题—自主性探究—持续性体验—表现性成果"实践性学习活动设计五要素的基础上,结合"新课标"提出的学生发展要求、核心素养学段特征,优化各学科的实践性学习活动,更新实践性学习活动结构图,基于学生差异探索实践性学习活动的分层实施路径。

(六)关注个体差异,实现因材施教

学校贯彻"启教育",择时而启、择适而教、择势而育,创设以学习者为中心的学习环境,凸显学生的主体地位,开展差异化教学,加强个别化指导,满足学生多样化学习需求。引导学生明确目标、自主规划、自我监控,提高自主、合作和探究学习能力,形成良好的思维习惯。

(七)推动技术赋能,促进数字化转型

我们依托"三个助手"的教学实践与应用,以英语学科为起点,深度推进备课、教学、作业方式的数字化转型,从而辐射数学、语文等学科,逐步实现全学科覆盖。开发数字化的教学设计与课件资源,收集教学实践的优质案例和课例,逐步形成数字资源体系,开展数字化的学科教学研修活动,推动学科教育数字化转型。

三、"启课程"特色

(一)打造"少年军校"特色课程,培根铸魂

学校打造"少年军校"特色课程,深入研究少年军校与学生可持续发展的融合点,以军养德、以军促智、以军健体、以军炼志、以军创美。让军魂照亮人生,培根铸魂。

我们从"军人仪表""国防知识""树魂立根"三方面开发编写了国防教育读本《东港小学国防教育读本课程纲要》,让学生在课程学习的过程中感受军人气质、领悟军人精神、践行军人言行。

(二)打造"航空教育"特色课程,炼能促创

学校打造"航空航模"教育特色课程。在普及层面,学校组织开发"航空航天"校本教育资源,开设航模教育课,让学生了解航天发展史、奋斗史、航天基本原理等知识,从而启发学生对航空航模的兴趣和热情,引发强烈的民族自豪感和责任意识。在提高层面,以社团活动为载体,开展航空航模、船模、车模制作等活动,让学生在做中学、学中探、探中创,进一步提升学生在真实情境中发现问题与解决问题的能力,提升高阶思维能力,发展核心素养。

(三)打造"慧劳动"特色课程,以劳增智

小学阶段是成长的关键阶段,是劳动观念形成、劳动能力习得、劳动习惯培养、劳动品质培育的最佳时期。为了丰富劳动教育的内容,拓展劳动教育的途径,东港小学以习近平总书记重要讲话为指导,以《义务教育劳动课程标准(2022年版)》为实施依据,结合学校现有的劳动教育资源实际情况,以学校"农耕劳动"

实践基地——"启耕园"为实施途径,开展"五育融合"视角下的劳动教育。学校为劳动教育创设德育的真实情境,开展以劳动为内容的体育创编活动,组织以劳动为内容的项目化学习,开展以劳动为内容的"厨艺""手工艺"制作活动,让劳动教育真正落地,让"五育融合"真实发生。

(四)打造"暖心成长"特色课程,育心育人

学校打造"暖心成长"特色课程,培养学生阳光心态,营造关爱自我、尊重生命、心理健康的阳光氛围,全力护航学生的健康成长。依托校本心理课程"我长大了",大力加强学校心理健康课程建设,帮助学生树立正确的人生观和世界观,以多种形式的活动增强学生的自我认知和情绪管理能力,让他们在不知不觉中增强社交能力,未来能更好地应对生活中的挑战。

(五)打造"节周文化"特色课程,致雅传承

节日是一种节庆,更是一种文化。节日就像一棵树,有树根、树干、树枝,它的根要扎在学生的生活里,扎得越深,树干、树枝才会获得更多的营养,越长越大。学校充分挖掘家庭、社区的教育资源,多形式、多渠道、多元化地打造了"节周文化"特色课程。主要包括:传统节庆和主题文化节。传统节庆部分主要包括了解历史意义、环境布置和开展相关活动。例如,元宵节学生自己学做汤圆,装饰教室;重阳节组织敬老院慰问活动,以实际行动来了解节日的意义。主题文化节部分有体育运动、读书节、艺术节、科技节等,以项目化学习为主开展各式各样的探索学习活动,陶冶学生的情操,开阔学生的视野,充实学生的童年。

四、"启课程"评价

学校以发展性评价为引导,建立和完善以教师、学生发展为主的评价指标体系,实现课程目标。

(一)学习评价

1. 落实发展性评价,促进学生全面发展

以"五启一立"为主要评价维度,对标《义务教育质量评价指南》,构建线上线下融合,五育融合、促进全面发展的学生综合素养评价体系。

2. 加强过程性评价,贯穿课程实施全过程

从课堂、作业、实践活动等维度进行分项指标的评价。增加以客观事实描述为主的写实性记录,包括社会实践活动报告、学科调查研究等,为学科评价提供

过程性的依据,反映学生真实的个性化学习状态。

3. 形成质量评价报告,引导形成科学的质量观

以过程性、激励性评价为指导,以考察学生核心素养提升水准为目标,围绕学生德智体美劳全面发展,依托学生综合素养评价平台,全面关注课堂、作业、实践性学习、综合活动、主题教育等教育教学环节,进行学生学业、生活等数据的采集。按学期形成"一生一科一评"质量评价报告,引导师生和家长形成科学的质量观。注重提高学生自我评价、自我反思能力,引导学生合理运用评价结果改进学习。

(二)教师评价

1. 大力落实教学五环节的评价管理。严格执行《学校日常教学常规流程管理制度》,加强备课、命题、考试、作业、教研管理。

2. 加强对教师作业布置的评价管理。基于学校评价系统开发校本作业管理平台,定期收集数据、分析数据,加强反馈,及时调整。

3. 开发素养导向的常态化听评课工具。在新授课、复习课、练习讲评课、典型课型系列听评课工具的基础上,依据新教材继续开发素养导向的常态化课堂听评课工具。组织落实组内讨论课、校内研究课、校外展示课,推动听评课范式的转变。

4. 继续开展课程教学质量调研。围绕师生关系、教师教学方式、学生学习负担、学生学习动力等开展调研,找出存在的问题,提出改进措施。

五、结语

课程建设是体现学校文化的重要载体,也是实现学校育人目标的主要途径。东港小学的育人梦想就是把学校打造成一所课程文化浓厚的启志、启强、启行的校园,在校园文化中看得见儿童,在校园文化中看得见课程,在校园文化中看得见教育,努力成为人民群众家门口的好学校。

参考文献

[1] 陈杰平.基于核心素养的校本课程建设实践探索——安徽省安庆市舒巷小学"六雅"课程建设实践探索[J].新课程教学(电子版),2023(24):8-9+54.

[2] 李焕有,李梅.校本课程开发与发展学生核心素养的实践探索[J].郑州师范教育,2019,8(05):26-30.

"双新"背景下"五启一立"评价体系的完善、实施及反馈

祝夏蝶

一、"五启一立"评价体系简介

(一)"五启一立"评价体系设立的背景

为了落实"五育"并举,加快"五育"融合,在"启教育""四梁八柱"之中构建了"五启一立"评价激励机制,数字赋能,开展线上与线下相融合的学生综合素养评价。依托大数据,形成学生成长图谱,以评促教,以评促学,以评促育。

(二)"五启一立"学生综合素质评价

五启:就是通过教育启发促进学生在品德、学业、身心、审美素养、劳动实践五个方面得到全面的提升和发展。一立:就是在启航少年军校特色打造中提升学生的军人素养,塑造军人精神。"五启一立"是学校"启教育"的重要内容,也是学校对学生开展评价的6个维度。

这6个评价维度共有16项评价指标、31条分年级的行为准则、16枚评价徽章、6个月度评价称号、1个学期综合评价称号。

我们的评价对标了《义务教育质量评价指南》,既注重"五育"并举,又凸显军校特色,是一个促进全面发展的学生综合素养评价体系,是引导学生形成正确的价值观、必备品格和关键能力的重要激励手段。

(三)"五启一立"评价的开展

学校组织丰富多彩的教育教学活动。教师根据学生实际表现发放相应的徽章,如:升旗仪式时发放"有信念"章;值日劳动时发放"爱劳动"章;"午间用餐"时发放"重健康"章;艺术活动时发放"有艺能"章。家长可以根据孩子在家里的表现用手机发虚拟章,学生在家庭中得章情况也按比例汇总到得章总数中。学

生到社区开展活动,在手机端找到相应评价页面,分享一张活动照片,或者发表一句活动感言,也能获得虚拟徽章。

学生将获得的徽章贴在自己的"争章手册"上(每学期一本),并自主扫章。扫章有三个途径:一是公用扫章机器,二是电子班牌,三是家长手机。目前每一枚徽章可以积 1 分。

(四)评价的使用

平台会自动统计学生校、家、社三个层面的徽章数,每个评价月平台会根据学生六个方面的得章情况,评选前三名为月度先进个人;每个学期评选前五名为学期先进个人。学生的得章信息将一直保留到五年级,与学校各项评优、少先队各项评优挂钩。

学期结束平台会从不同的维度自动生成对学生的成长分析报告,给出未来努力的方向和家庭教育要关注的方面。学生的积分可以用来兑换学校提供的物质奖励(如学习用品)和活动奖励(如观影、模型制作、科技体验、美育活动等)。

总而言之,"五启一立"学生综合素质评价是学校、家庭、社区根据学生的日常学习、活动、生活表现,从品德发展、学业发展、身心发展、审美素养、劳动实践、军人素养六个方面,用徽章评价、称号评价、报告评价等方式促进学生全面发展的有效激励机制和手段。

二、"五启一立"评价体系家长调查问卷分析

本次问卷调查对象为一至五年级家长,每个班级发放 10 份,一、五年级各发放 50 份,二、三、四年级各发放 60 份,共发放 280 份。最终,一年级回收了 56 份,回收率达 100%;二年级回收了 60 份,回收率达 100%;三年级回收了 47 份,回收率为 78%;四年级回收了 55 份,回收率为 91.7%;五年级回收了 35 份,回收率为 70%;共回收了 253 份,总回收率为 90.0%。

统计结果显示,家长对我校"启教育"的特色和内容的了解程度如下:很了解占 30.08%,比较了解占 31.25%,大致了解占 31.25%,不太了解占 7.42%。可以看出,占比较高的选项是"很了解""比较了解"和"大致了解",占比都超过了 30%,总体来看家长比较了解。在今后的工作中,学校可以加强"启教育"特色和内容的宣传和介绍,进一步提高家长的了解程度,如举办讲座和展示活动以及发放宣传册等。

根据统计结果可以看出,在"五启一立"六个评价维度的徽章中,超过一半的学生得到过"启德""启智""启健""启行"四个维度的所有徽章,有45.7%的学生得到过"启美"这个维度的所有徽章,有33.98%的学生得到过"立魂"这个维度的所有徽章。在各维度中,分别有5%~9%的家长认为他们的孩子从未得到过该维度的徽章。(见图1)

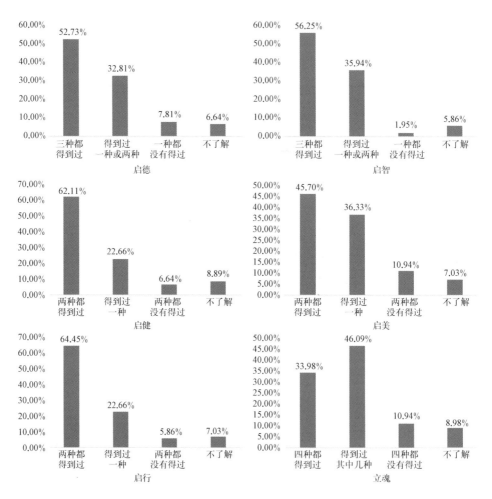

图1 家长反馈六个维度徽章获得情况

统计结果显示,有90%左右的家长认为我校的"五启一立"评价体系是促进学生全面发展的有效激励机制和手段,不到1%的家长觉得没有效果。由此可见,我校的评价体系获得了绝大部分家长的肯定和支持。

在问卷反馈中,家长简单叙述了对六大维度印象最深刻的部分,其中"爱劳动""立魂项目""爱艺术""启智项目""重健康"这几个词出现的频率最高,说明我校在"启智""启美""启行"和"立魂"四大维度中开展的活动深受家长的认可。超过八成的家长对学校"五启一立"评价机制评价为"很好",说明家长对学校的评价机制比较满意。

同时,对于学校打造"启教育"和今后的发展,家长也给出了积极的意见,有家长希望学校能多组织一些社会实践活动,增加社团活动,关注学生心理健康等。

综上所述,家长对学校"五启一立"评价体系认可度较高,大部分家长认为该评价体系对孩子的成长有积极影响。同时,家长也提出了一些宝贵的建议,为学校未来的发展提供了有益的参考。学校在继续推进"启教育"项目的过程中,会根据家长的反馈意见进行调整和改进,更好地满足家长和学生的需求,提升教育质量。

三、"五启一立"评价体系学生调查问卷分析

本次问卷调查对象为三、四、五年级学生,每班发放 10 份,共 170 份。最终,三年级回收了 49 份,回收率为 81.7%;四年级回收了 54 份,回收率为 90%;五年级回收了 36 份,回收率为 72%,共回收样本 139 份,总回收率为 81.8%。

统计结果显示,学生对"启教育"的了解程度主要集中在"很了解"和"比较了解"两个选项上,占比分别为 43.88% 和 33.81%,而"大致了解"和"不太了解"的比例较低,分别为 15.83% 和 6.47%。

根据统计结果可以看出,在"五启一立"六个评价维度的徽章中,有 67.63% 的学生得到过"启德"中的三种徽章;有 72.66% 的学生得到过"启智"中的三种徽章;有 81.29% 的学生得到过"启健"中的两种徽章;有 78.42% 的学生得到过"启行"中的两种徽章。而在"启美"中,有 58.27% 的学生得到过该维度的两种徽章;在"立魂"中,只有 46% 的学生得到过该维度的四种徽章。在"启美"这个维度中,有 7.9% 的学生称自己从未得到过徽章。其余五个维度中,分别有不到 5% 的学生从未得到过该维度的徽章。(见图 2)

统计结果显示,有接近 90% 左右的学生认为学校的"五启一立"评价体系能促进他们在各方面认真学习,积极表现。只有在"启美"这个维度上,学生的认可

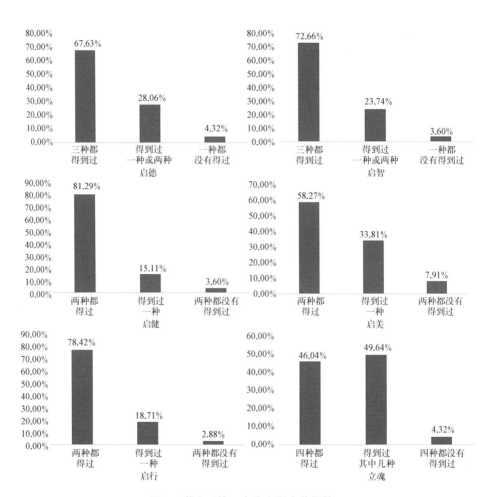

图2　学生反馈六个维度徽章获得情况

度相对较低，只有 82.73％，而且有两名学生觉得这个维度的徽章不能提升他们在这个维度的能力。

　　在问卷中，学生简单叙述了对六大维度印象最深刻的部分，其中"爱劳动""展军貌""爱艺术""重健康"这几个词出现的频率最高，说明学校在"启美""启行"和"立魂"三大维度中开展的活动深受学生喜欢。有 87％的学生认为学校"五启一立"评价机制评价为"很好"，说明学生对学校的评价机制的接受度较高。

　　同时，对于学校打造"启教育"和今后的发展，学生们也有自己的想法，有学生希望学校能丰富体育活动，多开展有趣的社团活动，多开展节日特色活动等等。

综上所述,学校的"五启一立"评价体系在学生中有较高的知晓度和认可度,各个子项目的徽章在培养学生积极向上的品质和良好习惯方面发挥了积极作用,为学生全面发展提供了有益的引导和激励。

四、对问卷调查的几点思考

1. 提高问卷回收率

从总体样本回收率来看,家长问卷发放一至五年级,共 280 份,回收样本 253 份,回收率为 90.0%。学生问卷发放三、四、五年级学生,共 170 份,回收样本 139 份,回收率为 81.8%。学生问卷的回收率低于家长问卷的回收率。我们在发放问卷时,为了方便学生和家长填写,选择了同一个家庭的学生和家长。由此可见,一、二年级学生的家长参与问卷调查的积极性较高。再看三、四、五年级,对比家长问卷和学生问卷的回收率,基本保持一致,四年级回收率最高,五年级回收率最低。因此,在今后工作中,要进一步做好问卷调查的宣传、组织工作,提高回收率,更好地反映家长、学生的情况。

2. 了解程度有待提升

家长对学校"启教育"的了解程度主要集中在"很了解""比较了解"和"大致了解",分别占了 30% 左右。学生则主要集中在"很了解"和"比较了解"两个选项上,两者加起来达到 77.6%。可见,学生比家长更了解学校的"启教育",这也是符合实际情况的。但依然有 6.47% 的学生"不太了解",今后,学校要向学生、向家长、向社会,通过不同的方式多多宣传,进一步提升"启教育"的知晓率。

3. 适当增加家长评价

问卷分别询问了家长和学生徽章获得情况,对比两者的数据,学生都明显高于家长,特别是在"启健"这个维度上,学生的数据高于家长 19%。可见,有部分家长对学生在学校的得章情况并不了解。学校可以在现有评价体系的基础上,适当增加家长评价的部分,以此让家长也参与到学生评价中,促进校家社一体评价,更全面地评价和激励学生。

4. 丰富活动,"五育"并举

对启教育印象深刻的部分,家长和学生的数据基本保持一致,尤其是"爱劳动""展军貌""爱艺术""重健康"这几个词。说明他们对劳动教育、少年军校、艺术教育和身心健康都非常关注。今后,我校将继续在这几个方面开展丰富多样的活动,尽量满足所有家长和学生的需求。当然,在其他几个方面,也要再接再厉,"五育"并举,让学生得到全面发展。

5.更加关注心理健康

家长还提到要关注学生的心理健康问题。学校每学期都会组织心理健康活动,通过心理学讲座、心理小游戏、心理实践活动等,帮助学生保持积极的心态,勇敢面对困难和挑战。今后,学校还会结合全员导师制推进,导师会从思想引导、学业辅导、生活指导、心理疏导等方面全方位关心学生,促进学生形成健康的心理和健全的人格。

参考文献

［1］周洪宇,齐彦磊."双减"政策落地:焦点、难点与建议[J].新疆师范大学学报(哲学社会科学版),2022,43(01):69-78.

［2］苏为华.多指标综合评价理论与方法问题研究[D].厦门:厦门大学,2000.

"启教育"视域下的"五有四启"教学模式的实践研究

乔　静

一、绪论

(一) 研究背景

东港小学是一所上海偏远学校,主要服务于周边拆迁小区居民和外来务工人员。学生 60％以上都是外来务工人员子弟,家长学历偏低,学生学习能力较弱。学校自 2018 年起便开展智慧课堂研究,希望借此激发学生学习兴趣,提升课堂教学效果,提高学习质量。但在 2022 年进行的上海市小学生学业质量绿色指标测试中,我校学生的成绩都低于区和市的平均水平,表明东港小学的学生整体的思、悟能力还有待进一步提高,课堂教学变革刻不容缓。

2023 年,学校以"启教育"研究为契机,展开新型教学模式的探索,以期实现教与学方式的变革,让学生真正成为学习的主体。

(二) 研究意义

1. 重新认识学生学习的意义

学生学习的最终目的并不是掌握已有的知识,教学不仅仅是把知识平移、传输、灌输给学生,而应是由教师带领学生进入知识发现发展的情境与过程中,引导、帮助学生成为知识发现的参与者而不是旁观者。只有经历这样的过程,学习的过程才能成为促进学生成长发展的过程。

2. 重新认识教学内容

"启教育"实现的一个重要标志,就是能将外在的教学内容转化为学生内在的精神力量,而教学内容并不能直接转化为学生的精神力量,必先转化为学生能进行思维操作和加工的教学材料,成为学生学习的对象。它既是人类认识成果的具象化,也包含着教师为学生的学习所设计的活动方式、路径以及过程、环节,是教师对学生素养形成的自觉规划与引领。

3.重新认识教师的价值

没有好的教师就不可能有学生的高质量学习,要择时而启、择适而教、择势而教。在"启"的过程中,引导学生的学习活动,帮助学生学得迅捷、愉快、彻底。启发学生在学习过程中质疑、批判、深入思考,是教师作为教师存在的最根本的理由和价值,也是教师不能被虚拟技术所替代的根本。

二、研究实施

(一)初探"五有四启"单线教学模式

通过多年的实践探索,学校总结出了"五有四启"的教学模式,即在课堂中努力呈现情境启入、策略启学、体验启悟、多元启评的"四启"模式,以期显现"五有"特征:有悟——学生自悟的课堂;有趣——充满情趣的课堂;有思——培养思维的课堂;有效——学习高效的课堂;有用——走向生活的课堂。

1.情境启入,情随境迁

情境启入是教师通过语言描述或演示创设问题情境,以诱发学生的探究心理,引起其解决问题的欲望和兴趣,促使其思维的积极活动,促进学习向深度与广度延展。教师运用游戏、简笔画、实验等多种方式创设能激发学生学习兴趣的情境。

2.策略启学,激活思维

启学是将原本教师"口授笔传"的教学方式重新构建为学生主动参与学习的新模式。"启"的含义,就在于强调学生的自主学习,也要借助教师引导和指导的外在力量。学生"自主学习"绝不等同于"自己学习"。在这个过程中,教师选择的方法和采用的策略对促进课堂生成、催化学生认识发展至关重要。

3.体验启悟,悟情导行

感悟是主体对特定事物或经历所产生的感想与体悟,是一种情感投入,是一种自我体验、自我认识与自我升华。学校在教学中重视对学生感悟能力的培养,如在"足球:守门员接地滚球技术"体育课上,学生带着"如何能像守门员一样不让来球滚到身后"的问题分两个小组,体验尝试当小小守门员,在合作练习中感悟运动技术的关键点,深刻理解接地滚球技术的要领并提高分析问题和解决问题的能力。

4. 多元启评,促优提效

教学评价的主体应当多元化,即评价者应当由教师的单一评价,转变为教师、学生本人、其同学以及家长的多元评价。评价主体多元化充分调动了学生参与学习的积极性,有利于促进他们个性化发展和潜能挖掘。

本校教师在教学中使用"点赞章"(即时评价,见表1)、评价单(过程评价,见表2)、"校园乐学通"平台(日常评价)等。课堂内外始终把即时评价、过程评价和日常评价贯穿其中,激发学生学习动力,让学生时常体验成就感。

表1 点赞章

	组1	组2	组3	组4	组5	组6	组7	组8	组9
积极发言									
轻声讨论									
实验有序									

注:表现良好即可获得👍。

表2 评价单:环节评价(自然学科)

指　　标	自　评	同学评	家长评
能用1种方法找出物体的重心(得★); 能用2种方法找出物体的重心(得★★); 能用3种方法找出物体的重心(得★★★)	☆☆☆	☆☆☆	☆☆☆
实验中细致操作,实事求是记录	☆☆☆	☆☆☆	☆☆☆
小组积极合作,人人参与	☆☆☆	☆☆☆	☆☆☆

(二)成型"五有四启"循环教学模式

随着研究的不断深入,发现原有"五有四启"的教学模式下,课堂主体没有根本改变。学生在课堂上的思、悟依旧不足;教师"启"的方向不明确、形式不丰富;学生学习不主动,兴致不高昂。于是我们进行了再细化、再调整。

课堂上,教师要激发学生兴趣,引导学生进入学习状态,择时而启;课堂上,以学生为中心,为每个学生提供适合的教育,择适而教;课堂上,育人为本,加强价值观、必备品格与关键能力的培育,择势而育。

我们将原"五有"调整为有趣、有联、有探、有创、有育(表3),提高站位,关注年段,立足单元,让课堂在充分的探究中实现,让有限的课堂充满无限的创造与创新;以情境启思、策略启学、体验启悟、多元启评等"四启"为切入点,构建"新课标"背景下的课堂教学模式,提高学生的高阶思维能力,让学生主动学习。

表3 "五有"内容具体阐述

有趣	智慧不是教出来的,是学生自己悟出来的
有联	教学机智和策略、幽默风趣的教学语言、多元评价方式
有探	渗透科学探究和思考的理念,让课堂充满疑问
有创	课堂有限的教学时间内完美地实现三维目标整合
有育	教育要通过生活才能发出力量而成为真正的教育

1. 情境启思,营造深度学习环境

我们根据"新课标"的"教学建议"明确指出的"创设真实而富有意义的学习情境,凸显语文学习的实践性""学习情境源于生活中语言文字运用的真实需求,服务于解决现实生活中的真实问题",将"情境启入"(见图1)转换成"情境启思"(见图2),将原先只存在于导入环节的情境完整化、串联化,让整堂课上学生都徜徉在情境中,跟随课文主人公的喜怒哀乐展开思考和学习。

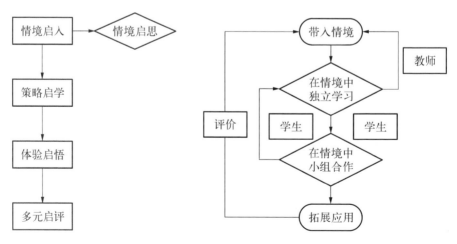

图1 "五有四启"单线教学模式　　　　图2 "五有四启"循环教学模式

以统编版《语文》小学一年级下册《棉花姑娘》一课为例：

> "棉花姑娘的用处可真大啊！要是能种在我们的启耕园就好啦！但是，棉花姑娘生病了。"（播放录音：小朋友们，听说你们个个都会种菜，启耕园的菜绿油油的，可好啦，这几天我浑身不舒服，你们能帮帮我找找原因吗？）

教师创设"帮助棉花姑娘找医生"的情境，让学生读文理解并思考谁能帮助棉花姑娘治病。

> "棉花姑娘看到这么多医生，又迷糊了。"（播放录音：原来自然界有这么多的名医，可是他们到底有什么本领？谁能治好我的病呢？）
>
> 出示：任务三：
>
> 1. 读一读：课文 2～5 自然段。
>
> 2. 画一画：四位医生的本领。
>
> 3. 说一说：医生的本领。

一次课文的学习就是一次奇妙的旅程，强烈的代入感让学生在学习思考的过程中大大降低了学习难度。教学的每个环节不是单独存在，而是共融共生，指向学生学习深度发生的。

2. 策略启学，提供深度学习机会

"启教育"理念下的课堂是让学生通过亲身经历和体验去获取知识，注重知识的形成过程，有利于学生全面、清晰、准确地掌握相关概念，将抽象思维与实践应用相结合，关注所学概念的迁移和应用。在课堂上教师使用"猜想—验证—归纳"策略、"练习—发现—开拓"策略等让学生"亲身经历"知识的发现、形成过程，提供充分的学习机会，从而培养学生的学习能力。

在科教版《自然》小学四年级上册《水的"旅行"》一课中，学生对水有了基本的认识，但对水循环的成因描述不清。此时，教师通过出示"水循环示意图"，让学生从宏观上认识自然界的水循环现象。以学生的已有认知（水循环的现象）为基础，教师再出示各类模拟水循环的实验器材和现象，通过问题链的设计（见

图3)引导学生经历提出问题、作出假设、制定计划、收集证据、处理信息、得出结论、迁移应用等一系列过程,最终获得思维的发展和知识的进阶,实现对"水循环"这一问题的深入学习。

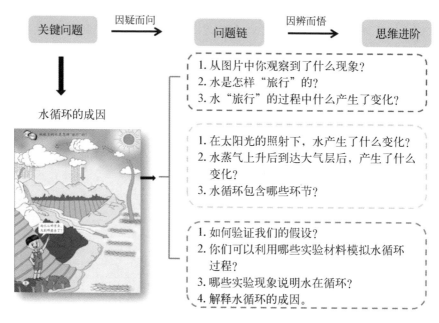

图3 自然课"水循环"问题链设计

3. 体验启悟,促进深度思维生成

我们获得的知识必须到实践中运用,才能深刻地理解和掌握。数学课上,教师通过设计研发有趣、丰富、进阶式的数学活动,引导学生进行动手、动眼、动口等活动,让学生经过主动观察、比较、分析、推理、归纳过程建构新知,发展能力。

4. 多元启评,助力主动学习持续发生

有效的评价可以持续激发学生的内在激情。课堂内,教师借助学校智乐星评价平台(见图4)根据学生课堂表现给予及时评价(善学习、乐学习、勇创新),发放纸制或电子徽章;课堂外,学生也可以通过提交作业获得学科章。教师会对学生的学习进行及时评价,为学生可持续学习注入动力。更值得一提的是,我们学校每个楼层、每间教室外面都配备积分查询装置,学生可以随时知晓自己的成长情况并在积累到一定数量后兑换心仪的物质或精神奖励。

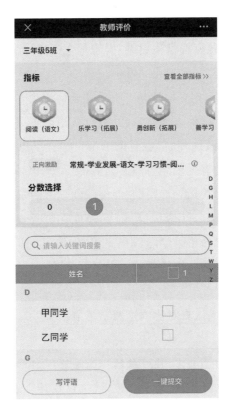

图4 东港小学"智乐星"评价平台示意图

(三)"五有四启"模式下教学设计策略

1. 从"环节情境"转向"完整情境",持续激发学习热情

良好的学习情境是保证学生深层次学习的基础条件。教师在创设情境时,要将真实生活问题与教学内容有机结合,要将学习任务嵌入真实性情境,诱发学生的探究心理,引导学生解决真正问题。

在小学低学段音乐课堂上,教师设计了三个音乐盲盒(节奏盲盒、歌唱盲盒、表演盲盒)串联整个学习过程。用有趣的情境和具有挑战性的任务情境串联整个课堂,让学生想问、想学、想说,带着"想"深入到课程的核心,充分调动学生的内驱力,让思维积极活动。

2. 从"知识讲授"转向"提问引学",引领学生主动探究

深层次的学习源于学生内在的学习需求。教学不是单向的,而是师生双方作为学习共同体进行的设疑、质疑、释疑的运动过程。教师在教学过程中,用问

题启发学生思维,用问题推进教学进程,打造有问有答的互动课堂,用问题时刻聚焦学生注意力,用问题点拨学生思维,引领学生探究,促使学生积极主动、全身心地投入学习,从而促使深层学习的发生。

3. 从"单向互动"转向"多向互动",促进学生的深度思考

学生在课堂上愿意向他人表达自己的观点、相互倾听、互动交流、质疑思辨,这有助于学生深入、全面地理解,也有助于学生学会反思、学会优化、学会合作,养成批判的态度和言之有据的理性精神。在教学中,教师要重视学习共同体的分享和对话并给予专业的指导与帮助,促使深度学习的发生。

例如,在统编版小学二年级语文课"要是你在野外迷了路"中,教师要求以"野外生活手册"为题展开小组学习。在完成"沟渠里的积雪"这一部分时,学生因为"枝叶稠的一面是南方,枝叶稀的一面是北方"的习惯思维,认为沟渠里的积雪化得快的一面是南方。

这时候,教师请学生认真对比读这两个小节:

枝叶稠的一面是南方,枝叶稀的一面是北方。

看看哪边雪化得快,哪边化得慢,就可以分辨北方和南方。

学生通过朗读、讨论,进而发现语序的奥秘。这时,教师再将沟渠呈现在黑板上,学生更直观地了解观察积雪分辨方向的方法。不同的方法产生相同的结果,课堂上,不再是教师的单向输出,而是双向奔赴。

"启教育"理念下的课堂,是发展学生核心素养的重要途径。教师只有真正做到深度教学,才能让学生的学习成为一种常态的主动性学习。

三、研究成效与反思

(一)研究成效

1. 让课堂产生了新样态

"五有四启"的课堂上,教师们心中有目标、眼里有学生、脑中有设计、课上有情趣。课堂自始至终驱动学生学习,情境性、实践性、综合性得到充分的体现。教师整合学习资源、链接学生日常、渗透时代气息,为学生个性化、创造性学习提供了充分的条件,成功打造了课堂的新样态。

2. 让学生真正站在课堂的最中央

"五有四启"的课堂,让学生深度体验和参与,让学生站在课堂的最中央。在近几年的观课活动中,课上发言的学生多了,质疑的学生多了,提出关键性问题的学生多了。学生在思考中挖掘知识的内在联系,实现与自己的心灵对话,学生和学生、学生和老师都沉浸在思维火花碰撞的能量场中,专注于课堂,成长于课堂。

3. 让教师得到快速并专业的成长

"启教育"视域下的课堂让教师始终牢记"要把每一个学生装进自己的身体意象"。参与研究的教师会缜密地进行设计问题链帮助学生建构知识,这对教师来说是极大的挑战,是一次质的飞跃。另一方面,教师在研究中也更了解各方面的知识,成为与时代同步、与社会合拍、跟得上学生发展需求的内心丰富的人。

(二) 研究反思

因客观条件与研究者能力的局限,本研究还存在以下不足之处:

其一,数据积累不足。在项目启动之前对学生的群体特点、能力都没有很好把握,实践过程中没有积累过程性的数据,使得研究缺少数据的支撑。

其二,研究分析还需进一步深入。目前策略的提炼和验证实践还比较粗浅,有待细化和深化。

在将来的实践研究中,将进一步发挥数据的作用,在研究前、研究中以多种形式开展调研,用数据提高研究的准确性,为研究报告提供更有说服力的依据。此外,在研究过程中要更多地借助专家的力量,及时调整,以期获得更好的结果。

参考文献

[1] 张华.为什么说深度学习是理解性学习[J].小学教学研究,2021(28):1.
[2] 郭华.深度学习及其意义[J].课程.教材.教法,2016,36(11):25-32.
[3] 刘月霞,郭华.深度学习:走向核心素养(理论普及读本)[M].北京:教育科学出版社,2018.

"启教育"视域下的航空国防
教育实践探索

申　宇

一、构建学校国防教育体系

（一）国防教育的基础

2008 年东港小学成立了"启航少年军校"，经过多年努力，成功创建了全国国防教育示范校、上海市国防教育示范校，是上海市与浦东新区两级的爱国拥军模范单位。我校少年军校现在是浦东新区六所少年军校之一。

（二）国防教育的定位

国防教育是我校"启教育"实践课程板块当中最重要的一个组成部分。学校以军魂养德、军谋启智、军操健体、军务促劳、军姿育美的课程理念架构军校课程。通过努力找准结合点、整合点、契合点、生长点、创新点，积极探索国防教育融入新课程改革的有效途径；通过"五育融合"促进学生全面成长和素养发展；通过培根铸魂，让军魂点亮学生的人生。

（三）国防教育的实施

东港小学启航少年军校主要开展了文化、阵地、活动三个方面的建设。

1. 文化建设

启航少年军校积极开展文化建设，确立了校训：洁净、守纪、担当、坚韧；明确了培养目标：培养有勇气、有志气、有正气、有底气的现代小军人；确定了校徽、校旗和军校形象——智乐小兵；确定了校规：听从指挥、立即执行、全力以赴、善于合作、勇于担当、永不放弃、不断进步、收人欢迎；确定了连队：每个年级编制成一个连队，颁发一面连旗；确定了籍号：每个学生授予一个军籍，由连号＋级号＋班号＋学号组成，如 2021 级（一年级）1 班的 12 号同学军籍号为：1820210112。

在"五启一立"的评价体系中,不断强化过程评价优化结果评价。在活动过程中颁发军容、军貌、军纪、军能的徽章,学生集齐后可以兑换小军人章,小军人章达标后授予"智乐军衔",有如下六个等级:

(1) 入学:"智乐小兵"学员兵;

(2) 一升二:"智乐小兵"初级兵;

(3) 二升三:"智乐小兵"中级兵;

(4) 三升四:"智乐小兵"高级兵;

(5) 四升五:"智乐小兵"高级兵;

(6) 五年级毕业:"智乐小兵"高等兵。

2. 阵地建设

(1) 八个学习阵地:军校读书角、军事知识角、军校宣传栏、军事知识长廊、军事讲解员、军事小讲堂、军校展示角、军机展示区。

(2) 八个活动阵地:

校外:黄炎培故居、张闻天故居、上海志愿军文献馆、青少年素质教育促进会、川沙烈士陵园、机场武警部队;

校内:红领巾军事训练角、射击体验区、航空教育馆等。

3. 活动建设

军校以课程化、仪式化、系列化为策略,以课题为引领(已结题的课题有《"东港启航少年军校"课程化建设的实践探索》与《"智乐小兵成长实践课程"的构建探索》两个区级德育课题,正在研究的有少先队课题《"传承红色基因 悟道励志启航"少先队综合实践活动探索》),以"五类学习活动"为路径,具体如下:

(1) 每学期一次国防教育讲座。

(2) 每班每周一节军事训练课。

一年级是以打造小军人精神面貌为主的行规教育;二年级是以培养小军人合作团结精神为主的军事游戏活动;三年级是以打造小军人强健体魄为主的军体拳训练;四年级是以塑造小军人坚强刚毅品质为主的队列训练;五年级是以提升小军人聪明智慧为主的战术训练。

(3) 每个年级一次仪式教育。

一年级"启航军校梦"军校闯关争章入校活动;二年级"体验长征路"

军校红色基地寻访活动;三年级"传承先烈志"军校祭英烈扫墓活动;四年级"强身卫祖国"军校军事夏令营活动;五年级"圆梦小军人"军校结业典礼。

(4)每学期一次"党史"学习活动。

"强国有我·观影励志"智乐小兵学党史观影活动;

"强国有我·军歌嘹亮"智乐小兵学党史唱军歌活动;

"强国有我·诗歌诵读"智乐小兵学党史红色诗歌诵读活动。

(5)每个假期一次军民联欢活动。

寒假中春节送温暖,暑假中建军节送清凉。以送节目、送欢乐、送友情深化军地共建活动。

二、打造航空教育特色

在"启教育"课程体系中,国防教育的载体是东港启航少年军校,少年军校的重点是航空国防教育,航空国防教育的落脚点是航空教育。经过多年的努力,学校在航空教育方面取得了一些的成绩,每年都能在国家、市、区各级各类的比赛中取得好成绩,截至2023年,已经在上海市青少年航空航天模型锦标赛中取得了两个第一名。目前我们正以"五个一"和"六个度"为路径打造"航空教育"特色学校。

(一) 五个一

让每个学生学习一门航空课程,参加一次航空教育实践活动,制作一个航空模型,学会一种航空技能,养成一种航空精神。

(二)六个度

1. 加大航空教育普及力度

定期开设专家讲座,根据不同年级学生的特点开设航模教育课,在学区内分享航模课程,增加航空教育的普及面。

2. 提高全体教师的培训效度

与科普基地、试飞中心等合作,进行培训与实践,提高全体老师航空教育的执行力。

3. 拓展航空教育的广度

一是发挥好校园环境文化的育人功能。二是丰富活动,开展校园航空节、科技周、学区科技节等活动,组织到科普基地参加科技动手实践课程活动,让学生在做中学、学中探、探中创。三是多样化课后服务内容,丰富航空模型种类,如鲁班飞鸟、仿真纸飞机、泡沫手掷飞机等,让学生自主选择,培养对航模制作的兴趣。

4. 提高全员参与的热度

分别开展"启航之星"教师与"起航之星"的评选,构建激励评价机制,激励全体师生参与航空教育。

5. 丰富航模社团的层级

构建自选拓展课、年级社团、校级社团三级梯队建设。

6. 提升特色创建的高度

以创建全国航空教育特色学校为目标,以评促建,在创建过程中不断深化航模教育,彰显特色,擦亮品牌。

三、航空教育的思考与展望

1. 航空教育要有效落实党的教育方针

航空教育要以"启教育"启志、启慧、启行的三启目标培养有志向、有本领、有担当、有梦想、敢创新、敢奋斗的时代新人。通过根植"忠诚奉献,逐梦蓝天"的航空精神,培养学生从小逐梦蓝天,并为将来打下宽厚的基础。通过以军养德、以军益智、以军健体、以军促劳、以军创美的"五育"融合来培养爱学习、爱劳动、懂感恩、懂友善的全面发展的好学生。

2. 航空教育要有效落实新课程理念

航空教育科技含量高,更能体现素养导向,要突出学科实践,推进新课改要求,如在航模的制作过程中,学生能在做中学、用中学、创中学,真正培养学生的实践能力与创新精神。少年军校在培根铸魂的同时也能发挥启智增慧、启智润心的功能,从而真正让军魂点亮学生的人生。

3. 航空教育要助推学校特色发展

航空教育可以立足少年军校深化开展,依据学校所处的地理位置、启航文化的基础和"启教育"的积淀,按"东港(航空港)—启航文化—启教育—国防教育—少年军校—航空教育—航空教育特色"这样的步骤厘清学校发展的一条主线,使学校的特色比较鲜明。

参考文献

［1］唐霞.中美爱国主义教育现状比较研究[D].北京：中共中央党校,2011.

［2］罗立新,丁飞.大学生国防教育的意义、内容及其素质教育功能[J].安徽电子信息职业技术学院学报,2003(06):10－13.

［3］陈志伟,周飞,余慧娟,等.2021 中国基础教育政策分析[J].人民教育,2022(Z1):7－32.

［4］胡献忠.我国校本课程开发的可能性与现实性[D].南京：南京师范大学,2002.

环境育人，构建"启成校园"
——谈"五启四美"环境建设

赵玉兰

一、背景

(一) 新时代新理念的要求

在 2019 年全国教育大会中，习近平总书记在如何培养社会主义建设者和接班人的问题上强调，要全面加强和改进学校美育，坚持以美育人、以文化人，提高学生审美和人文素养。

(二) 学校办学理念的深化

学校一直致力于打造启航文化，确定了"启智悟道、载德远航"的校训与"让每一个学生快乐启航"的办学理念。在"新课标"与"双新"的背景下，学校以"启"为核心，实施"启教育"。这种教育理念的更新为校园环境文化建设提供了理论支持和实践指导，学校需要通过校园文化建设来增强师生的凝聚力和向心力，推动学校教育的高质量发展。

(三) 学生全面发展的需求

现代教育越来越重视学生的全面发展，强调知识、能力、素质并重。学校校园环境文化建设作为教育的重要组成部分，旨在开拓各类学习空间，通过营造积极向上的文化氛围，促进学生的全面发展。通过校园"五育"融合，培根铸魂，启智润心。

二、内涵

"五启"，即启德、启智、启健、启美、启行。

"四美"，即自然美、文化美、艺术美、精神美。

三、实践

（一）打造"五启"空间

1. 启德亭

一是凸显育德主题。以启德亭为主题构建育德区域，有"厚德载物""自强不息"两个主题系列的名人名言、诗词作品、书法作品，让学生在潜移默化中立德修身，涵养美德。

二是发挥育德功能。在亭子的内部墙壁上，悬挂一些有关品德故事的画作或展板。例如，"孔融让梨""曾子杀猪"等经典故事，以易懂的画面和简洁的文字来呈现，让学生在休息的时候能随时观看。

三是开辟互动区域。设置一个小型的互动留言板，学生可以在上面写下自己对于品德行为的理解、看到的身边好人好事等内容。还可以放置一些空白的便签和彩笔，方便学生随时记录。

四是增设休息设施。在亭子周围放置一些适合小学生身材的长椅和小桌子，方便他们休息、交流或者开展小型的讨论活动。长椅可以设计成有趣的形状，如动物造型，增加趣味性。

五是作为品德主题活动角。将启德亭作为品德主题活动的固定场所，定期开展活动。例如，举办"美德少年分享会"，邀请表现优秀的学生分享自己的故事；开展"品德知识竞赛"，以抢答的方式激励学生学习品德知识。

2. 启智苑

一是优化阅读区域。根据学生的身材和阅读习惯，划分出低年级和高年级阅读区。每个区域的书架高度、桌椅尺寸都能适合相应年龄的学生使用。

二是美化阅读氛围。整体采用温馨、明亮的风格，顶棚与地面以天蓝色或湖蓝色为底色，确保充足而柔和的光线，绘制一些经典故事场景、书中的奇幻世界，营造出充满童趣和文学气息的氛围。

三是序化书籍陈列。将书籍按照不同的类别摆放，如童话、科普、文学名著、历史故事等。可以用彩色的标签或者小摆件来区分不同的类别，方便学生查找。

四是美化阅读打卡墙。设置一面阅读打卡墙，学生每读完一本书可以在上面贴上自己的名字，或者用小贴纸记录自己的阅读历程。

五是活化读书漂流角。建立读书漂流角，学生可以把自己读过的书放在这里,与其他同学交换阅读,同时留下自己的读书心得便签,在自主阅读的过程中启迪智慧。

3. 启健场

一是明确功能分区。划分出球类区(篮球、足球)、田赛区(跳远、跳高)、径赛区(短跑、接力跑)、军事技能练习区(翻越大雪山、四渡赤水、飞夺泸定桥、转战乌蒙山、突破腊子口)、趣味运动区等不同的功能区域。在每个区域设置相应的指示牌,标明适合的运动项目、运动规则和注意事项。

二是设置休息区。在启健场周边合理设置休息区,在大树周边设置足够数量的长椅。再设置一些小型的户外饮水机,方便学生随时补充水分。

三是设置主题墙绘。在启健场的围墙上绘制以运动为主题的墙画,如各种体育项目的动作分解图、足球的历史、球星的形象与故事等,激发学生的运动兴趣。

四是美化绿化。在启健场边缘种植一些低矮的灌木和花草,如冬青、月季等,起到美化环境和隔离灰尘的作用。同时,在运动场内适当放置一些盆栽植物,增添生机。

五是设置安全标志。在启健场显眼的位置设置各种安全标志,如"注意安全""禁止追逐打闹"等。对于一些有潜在危险的运动设施,要贴上详细的使用说明和警示标志。

4. 启美庭

一是配置艺术展示区。在启美庭设置多个展示架和展示墙,用于展示学生的美术作品,如绘画、手工、书法等。可以根据作品类型、主题或者年级进行分区展示,并且定期更换展示内容,让每个学生都有展示的机会。

二是设置创作体验。划出一块足够大的空间作为创作体验区,放置桌椅和各种艺术工具,如颜料、彩泥、剪刀、纸张等,方便学生随时进行艺术创作。同时,为不同的艺术活动设置专门的小空间,如陶艺角、编织角等。

三是绿植布置。在启美庭摆放各种绿植,如多肉植物、绿萝、吊兰等,让学生感受到自然之美。设置一个小型的植物养护区,让学生参与植物的浇水、施肥等养护工作,培养他们的责任感和对自然的热爱。

四是开设艺术工作坊。定期举办艺术工作坊,邀请艺术家、美术教师或者有艺术特长的家长来给学生讲解艺术知识、传授艺术技能,如剪纸、扎染、版画制作等,让学生在实践中提高艺术素养。

五是举办艺术类比赛和主题活动。在启美庭举办艺术类比赛,如绘画比赛、手工制作比赛等,激发学生的竞争意识和创造力。还可以开展艺术类主题活动,如"我眼中的四季""童话中的城堡"等,引导学生围绕主题进行艺术创作。

5. 启耕园

一是完善配套设施。设置工具房,存放一些适合小学生操作的小型农具和种植容器,如锄头、铲子、水桶等农具。工具房的墙壁上可以画上说明农具使用的简笔画。另外,搭建一个小型的灌溉系统,包括水龙头、水管和喷头,方便浇水。

二是改良土壤。检测并改良土壤,确保其肥沃、疏松、排水良好。经常添加有机肥料,改善土壤结构。

三是设置围栏。在启耕园周围安装合适高度的围栏,防止学生在活动中意外滚落或受到校外因素干扰。围栏材质是木质的,比较美观且安全。

四是提示安全。在园内设置明显的安全提示牌,如"小心使用""注意脚下"等,提醒学生注意安全。

五是美化景观。在园子边缘种植一些藤蔓植物,如紫藤长廊、牵牛花、常春藤,让它们攀爬在围栏上,增添自然气息。还放置一些小的假山、石头和小水景,营造田园氛围。

六是传播文化。在园子入口或者显眼位置设置展示牌,介绍农耕文化知识,如二十四节气与农耕的关系、古代农具的知识等。

七是体验劳作。每个班级有一块田,由学生自己规划、种植、管理、浇水、施肥、除草、采摘,回家自己做菜,然后分享体会与心得。用儿童版的小锄头、小花盆,让学生亲身体验播种、浇水、施肥全过程。

八是观察记录。设置观察记录角,摆放桌椅和记录手册,学生可以在这里观察植物生长情况,记录植物的高度、叶片数量等变化,培养观察能力。

(二)营造"四美"

1. 文化美

根据学校所处的地域环境与教育资源,以"启航"作为核心词来构建校园文化。校训墙"启智悟道,载德远航"是对启航文化的高度概括。学校在四个楼层从内涵和范例两个方面进行诠释,做具体化、形象化的解读。诠释启智用了"五会"和"五有"十个词。分别用十个词诠释悟道、载德、远航,共用了四十个词把校训具体化,然后再用若干小故事或名人名言等诠释这些名词,做形象化展现。

在大厅办学文化墙上作了以下呈现——办学愿景:幸福温馨的家园,快乐起航的港湾;办学哲学:在起航中幸福,在幸福中启航;办学宗旨:为每一名学生的起航打造宽厚基础,为每一名学生的远航点亮明灯;办学理念:让每一名学生快乐启航;价值追求:今天的努力是为了明天的远航;培养目标:有中国心、世界眼、现代脑。

2. 艺术美

一是空间展美。合理规划校园空间,打造具有艺术感的公共区域。比如,设有一个启航主题的艺术雕塑水景区域,在教学楼与办公楼之间的连廊布置艺术作品展示区,让学生在日常的行走路线中就能接触到艺术。

二是作品展美。在教室、走廊和图书馆等室内空间,展示学生的书法、绘画、手工作品。定期更换展示主题,如"我的祖国""我的梦想"等,鼓励学生积极参与。同时,也展示一些著名艺术家的作品复制品,配上简单的介绍,让学生了解经典的艺术风格。

三是课程育美。确保美术、音乐、舞蹈等艺术课程的质量。美术课教授不同的绘画技巧和艺术形式,如国画、油画、版画等;音乐课让学生欣赏不同类型的音乐,学习乐器演奏;舞蹈课编排富有创意的舞蹈。

四是活动融美。开展跨学科的艺术活动。比如在语文课中,让学生根据课文内容进行绘画创作或戏剧表演;在科学课中,用艺术的方式展示生物的形态或自然现象,如制作植物标本画。

五是植物现美。利用校园内的绿植进行艺术造型。比如,将灌木修剪成各种几何形状或动物形状,如圆形、兔子形;用花卉拼出有创意的图案或文字,在花坛中种植不同颜色的花来呈现学校的标志。

六是景观创美。在校园景观中加入一些带有艺术感的小品。如设计有特色的启德亭、有创意的鱼池,用石头、木材搭建有自然美感的艺术装置等。

3. 生态美

一是植物美。种植多种本地植物,包括乔木、灌木、草本花卉和地衣植物。在校园的不同区域种植银杏树、樱花树等观赏乔木,搭配杜鹃等灌木,再种上各种颜色的四季花卉,如春季的郁金香、夏季的向日葵、秋季的菊花和冬季的蜡梅,形成丰富的植被层次。

二是水景美。在校园内打造小型的生态水系,如溪流、池塘。在水中种植睡莲、菖蒲等水生植物,放养锦鲤、金鱼、蝌蚪等水生动物,形成一个完整的水生生态系统。

三是平衡美。把每棵果树作为一个小型生态系统的中心,在树下种植一些喜阴的植物,如苔藓、酢浆草,吸引蝴蝶、蜜蜂等昆虫,形成一个完整的生态链,帮助学生理解生态平衡的概念。

四是花园美。采用有机种植的方法,避免使用化学农药和化肥。把花园分为不同的区域,如香草园种植薄荷、薰衣草等香草植物;蝴蝶园种植吸引蝴蝶的蜜源植物,像马利筋、醉鱼草等,让学生观察蝴蝶的生长过程。

五是观察美。建造鸟类栖息地,观察鸟类习性。在校园内的树上安装鸟巢箱,吸引鸟类栖息。种植易结果的树木,为鸟类提供食物来源。同时,设置鸟类观察点,配备望远镜和鸟类图鉴,方便学生观察鸟类的生活习性。建造昆虫旅馆,为蜜蜂、瓢虫等有益昆虫提供栖息场所。利用竹筒、木材、干草等天然材料搭建不同类型的昆虫小屋,引导学生了解昆虫在生态系统中的重要性。

六是环保美。建设雨水收集系统,安装雨水收集装置。收集的雨水可以用于浇灌植物,让学生理解水资源循环利用的原理。通过堆肥来为果树提供肥料,让学生参与堆肥的制作和使用过程,了解资源循环利用的原理。

七是意识美。在校园的生态区域设置标识牌,介绍动植物的名称、生态习性和保护意义。在课堂和自然观察活动中,教师向学生讲解生态系统的知识,培养学生的生态保护意识。

八是活动美。开展生态主题活动,如"生态美摄影比赛""校园生态小卫士评选"等,鼓励学生积极参与生态保护实践,发现和记录校园生态之美。

4. 精神美

一是文化强精神。将校训以醒目的方式展示在校园显眼位置,如教学楼大厅、墙面等。还以艺术字、雕塑等形式呈现,并结合校园广播、主题班会等定期讲解校训内涵,让学生理解并践行校训所蕴含的精神。

二是活动展精神。举办丰富多彩的校园文化活动,如读书节、科技节、文化节等。读书节鼓励学生阅读经典,培养求知精神;科技节激发学生探索科学的好奇心;文化节展示各国、各民族的文化,拓宽学生视野,培养包容多元文化的精神。开展主题品德教育活动,如感恩月、诚信周。感恩月里组织学生为父母、老师制作感恩卡片等活动,培养感恩之心;诚信周通过开展诚信演讲、诚信故事分享等活动,强化学生的诚信意识。

三是榜样引精神。在校园内设立荣誉墙,展示优秀教师的教学成果、师德事迹,以及优秀学生的作品、好人好事等。通过表彰大会等形式,对在品德高尚、学习刻苦、乐于助人等方面表现突出的师生进行表彰,激励其他师生向他们学习。树立校友榜样,收集杰出校友的故事,在校园展示区介绍他们的成就和对社会的贡献,让学生以校友为榜样,树立远大理想和为社会服务的志向。

四是课程育精神。在思想品德、语文等课程中渗透精神美教育。思想品德课教授道德准则和价值观;语文课通过讲解课文中人物的高尚品质,培养学生的正义感和爱国精神。

五是氛围凝精神。在班级内部组织团队活动,如拔河比赛、班级合唱比赛等。这些活动可以增强班级凝聚力,培养学生的团队合作精神、集体荣誉感,让学生明白团结的力量。

六是社团学精神。鼓励学生参加各种社团,如足球社、手工社、书法社等,在社团活动中,学生在共同学习、创作、比赛、培养兴趣爱好的同时,学会与他人协作、互相支持。

四、成效

（一）学校功能区统整及设施的改善

在对校园功能区重新划分统整的基础上,对规划区内的基础设施进行了重新布局、更新和全面升级。例如,新建的启德亭、启智苑、启健场、启美庭、启耕园,不仅提升了校园的整体面貌,为学生提供了更加舒适的学习空间和生活环境,也为学生提供了更多元的活动空间。

（二）校园景观与绿植的增加

学校努力力建设四季有花、步步有景的校园环境,通过种植花卉、果树等方式,建成了百花园（有樱花、海棠、紫藤、桂花、梅花等）、蔬果园（各类蔬菜和果树,有枇杷树、杏树、桃树、橘树等）、松梅园（松树、梅树和梅花文化墙）。学校还精心打造雕塑、集装箱实验室、鱼池等校园景观,设置了景观树、花箱、休闲座椅等。这些景观不仅提升了校园环境的美感,也为学生提供了更加清新的空气和舒适的休闲场所。

(三) 文化氛围的营造

通过文化墙和长廊文化的建设,展示了学校的办学理念、传统文化、学生活动等内容,引导学生了解学校的校风校训、各类规章制度、航空国防知识,丰富学生的知识储备。学校还通过开展系列主题活动,如师生共同打扫校园、启耕园劳作培训等,引导学生养成良好的行为习惯和环保意识。

(四) 师生获得感的提升

随着校园环境的不断改善,师生的审美能力得到提高,校园环境的浸润式育人功能增强了,师生的归属感和幸福感也得到了显著提升。他们更加热爱自己的学校,也更加愿意为学校的发展贡献自己的力量。

参考文献

[1] 刘银.用社会主义核心价值观引领校园文化建设研究[D].长沙:中南大学,2013.

[2] 黄荣怀,张进宝,胡永斌,等.智慧校园:数字校园发展的必然趋势[J].开放教育研究,2012,18(04):12-17.

[3] 史洁,冀伦文,朱先奇.校园文化的内涵及其结构[J].中国高教研究,2005(05):84-85.

重构空间，变革学习方式
——"五育四场"学习空间建设的探索

包轶君

一、背景

（一）落实科学教育"做加法"

2023年5月17日，教育部等十八部门联合印发了《关于加强新时代中小学科学教育工作的意见》，强调"重在实践，激发兴趣"的工作原则，要求以学生为本，因材施教，激发学生好奇心、想象力和探求欲，引导学生自觉获取科学知识、培养科学精神、提升科学素质、增强科技自信自立、厚植家国情怀，努力在学生心中种下科学的种子，引导学生编织当科学家的梦想。因此，学校学习空间的建设要突出实践，有效创设探究学习的场景，促进知行合一、学思结合，促进在"做中学""用中学""创中学"，有效培养学生的创新精神与实践能力。

（二）落实"新五项标准"

2022年9月，上海市教委等七部门联合印发《关于进一步促进本市义务教育学校建设的实施意见》，提出了完善校舍建设、教育装备配置、信息化环境建设等举措要求，其中在装备配置方面明确提出了推进跨学科综合学习空间建设的要求。要求因校制宜推进学校创设布局灵活、高效互动、资源丰富的数字化学习环境，配备相关学科教学仪器和器材，满足学生跨学科学习和综合实践活动需求。

（三）落实"三启"目标

学校"启教育"设定了打开志向之门、智慧之门、知行之门的"三启"育人目标。知是行之始，行是知之成。其中开启知行之门就是促使学生学以致用，知行合一。创设学习空间能丰富学生学习体验，培养自主、合作、探究和劳动实践能力，促进中小学生德智体美劳全面发展。

二、内涵

所谓"五育四场","五育"即德、智、体、美、劳;"四场"即脑工场(创新区)、手工场(劳技室)、绿工场(启耕园)、心工场(心理咨询室)。

三、实践

(一) 脑工场

一是设立思维碰撞区。在实验区内划出一块舒适的空间,摆放沙发、圆形讨论桌等,方便学生围坐在一起交流想法,在这个空间装饰一些能激发灵感的艺术作品或者创意海报。

二是创建个人思考小站。设置一些相对独立的小隔间,配备桌椅和简单的收纳工具,让学生独自思考、记录灵感、研究课题。

三是展示创新成果。在实验区的墙壁、展示柜等位置展示本校师生的创新成果,包括专利证书、创意作品实物、科研获奖奖状、奖章等,激励学生积极创新。

四是举办创新工作坊。邀请专家、校友或者有创意专长的教师,就创新方法、创意实践案例等进行分享和指导。

五是设立创新挑战项目。发布一些具有趣味性和挑战性的创新项目,鼓励学生组队参加,并且在实验区内为项目开展提供场地和资源支持。

(二) 手工场

一是空间布局。重新规划教室的空间,划分出不同手工制作的区域,如木工区、陶艺区、手工编织区等,要确保每个区域有足够的操作台面和储物空间,用来放置工具和材料。

二是工具材料配备。根据准备开展的手工项目采购充足的工具。比如,木工制作要准备锯子、锤子、刨子等;陶艺要准备陶泥、拉坯机、雕刻工具等;手工编织要准备各种编织针和毛线等。

三是环境氛围营造。在教室张贴手工制作步骤、展示一些精美的手工作品,让环境更有工作氛围。

四是安全设施设置。因为手工制作可能用到一些危险工具和材料,所以要配备安全设施,如灭火器、急救箱,还要制定安全操作规则,确保使用者的安全。

（三）绿工场

一是设立自然观察站。将果树周围区域划为自然观察区。可以在果树旁设置标识牌，介绍果树品种、生长周期等知识，方便学生观察果树的四季变化和发芽、开花、结果的过程。

二是设置实践教学点。把果树作为实践教学的素材，比如，生物课教师可以在这里讲解植物的光合作用、果实的形成等知识；美术课可以让学生来此写生，描绘果树的形态。

三是创设手工创意空间。在果树下或者旁边设置一些桌椅，打造一个手工创意场地，如学生可以收集果树上落下的叶子、果实来制作拼贴画、干花标本等手工艺品。

四是创设阅读角。放置一些户外长椅和书架，打造户外阅读角，让学生在自然氛围中享受阅读的乐趣。

（四）心工场

一是优化布局。情绪宣泄区：设置一个安全且封闭的小空间，摆放柔软的玩偶、拳击沙袋等，让学生通过击打、拥抱等方式安全地宣泄负面情绪。心理探索区：划出一块区域放置沙盘、心理卡牌（如情绪卡片、OH 卡牌）等，学生可以在这里通过游戏的方式探索自己的内心世界。放松冥想区：营造一个安静舒适的角落，铺上柔软的地毯，放上几个懒人沙发与豆袋，安装能发出自然声音（如鸟鸣、流水声）的音响设备，让学生能在轻松的氛围中放松身心、进行冥想。

二是营造氛围。色彩运用：使用柔和、温暖的色彩，如淡粉色、浅黄色来粉刷墙壁，避免使用过于刺激的颜色，让学生一进入就感觉舒适。主题装饰：以积极向上的心理主题进行装饰，如在墙上张贴鼓励的话语、描绘学生互相帮助的场景等，还可以挂一些学生自己创作的表达内心美好愿景的画作。

三是组织活动。心理小剧场：定期组织心理小剧场活动，利用玩偶或让学生自己扮演角色，来演绎常见的心理情境（如何应对挫折、怎样和同学友好相处等），通过这种直观的方式帮助学生理解心理学知识。

四是建设创意表达工作坊。如让学生用彩色黏土捏出自己的情绪，或者用绘画的方式画出自己的梦想，从而释放情绪、挖掘潜意识。

四、成效

(一) 促进学生充分发展

1. 提升学习兴趣

丰富多彩的学习空间能激发学生对学习的好奇心。例如,设置主题阅读角,摆放各种有趣的书籍和舒适的座椅,学生更愿意主动阅读,从而培养阅读兴趣。

在艺术创作区可以让有绘画、手工等爱好的学生充分发挥特长,提高他们在艺术方面的兴趣和创造力。

2. 增强学习效果

安静独立的学习角落有助于学生集中注意力,更好地完成作业和复习功课。在这里,学生不受外界干扰,能高效地记忆知识和解决问题。

小组合作学习区为学生提供了交流讨论的场所,通过与同学互动,他们可以从不同角度理解知识,拓宽思维,提升学习的深度和广度。

3. 培养良好习惯

有序的学习空间能引导学生养成整理物品、保持环境整洁的好习惯。例如,在有明确分类收纳的教室里,学生学会将书本、文具等物品归位,培养自我管理能力。

在特定的学习区域设置规则。例如,在图书馆区域保持安静,能让学生学会遵守规则,养成良好的行为习惯。

(二) 推动教学方式变革

1. 优化教学方式

不同功能的学习空间为教师提供了更多教学场景选择,教师可以根据教学内容选择在小组讨论区进行互动式教学,或在展示区进行作品展示和点评,丰富了教学手段。

手工场空间方便教师运用现代教育技术进行教学,如播放教学视频、使用互动软件等,提高教学的趣味性和直观性。

2. 促进师生互动

在温馨的学习空间中,师生之间的关系更加融洽。例如,在休闲交流区,教师可以与学生轻松交谈,了解学生的学习情况和心理状态,及时给予指导和鼓励。

在小组合作学习时,教师更容易参与学生的讨论,引导学生思考,提高教学的针对性和有效性。

（三）推动学校高质量发展

1. 营造良好校园文化

精心打造的学习空间体现了学校对教育的重视和对学生的关爱，营造出积极向上的校园文化氛围。这种氛围能潜移默化地影响学生的价值观和行为方式。

特色学习空间还是学校的亮点和品牌，吸引更多学生和家长的关注，提升学校的知名度和美誉度。

2. 提高学校教育质量

良好的学习空间为学生提供了更好的学习条件，有助于提高学生的学习成绩和综合素质。这将整体提升学校的教育质量，为学校的发展奠定坚实的基础。

参考文献

［1］陈卫东.教育技术学视野下的未来课堂研究［D］.上海：华东师范大学,2012.

［2］祝智庭.智慧教育新发展：从翻转课堂到智慧课堂及智慧学习空间［J］.开放教育研究,2016,22(01)：18－26＋49.

［3］曹培杰.智慧教育：人工智能时代的教育变革［J］.教育研究,2018,39(08)：121－128.

［4］柯清超,鲍婷婷,林健.“双减”背景下数字教育资源的供给与服务创新［J］.中国电化教育,2022(01)：17－23.

以正为本，培育"四有"好老师

——"五正四有"制度建设概况

赵玉兰

一、背景

（一）学校平稳发展的需要

有效的制度建设具有四个积极作用，一能保障学校的稳定运行，确保学校的日常教学、活动组织等工作有序开展；二能保障教育公平，制度建设能确保资源分配的公正性；三能提升教育质量，教学管理制度明确了教学要求和标准；四能营造良好的校园文化，合理的奖惩制度有助于树立积极向上的价值观，弘扬正气。

（二）学校规范发展的需要

制度建设能进一步增强教师队伍的政治意识、法律意识、规矩意识。建立健全依法管理、从严管理、规范管理的长效机制，能提高学校管理能力和教书育人水平，提升人民群众对基础教育的满意度。

（三）学校特色发展的需要

东港小学基于区域教育资源与办学文化，以实施载体、实施策略、实施建设、实施保障和课程建设、评价体系、教学模式、国防教育、校园文化、学习空间、制度建设、队伍建设等架构了"启教育"的"四梁八柱"体系。其中制度建设是实施"启教育"的基础与保障。

二、措施

（一）明确"五正"内涵

所谓"五正"，即正德、正行、正念、正规、正联。

正德与正行：我们把《新时代中小学教师职业行为十项准则》具体化为20个考核指标，再由政治道德、德育工作、教学工作、言行自律四个方面将每项指标细化生成若干检测点，形成百分制的师德师能考核评分表，既有正面导向，又有负面清单，让教师心有所向，行有所止。把师德师能的考核结果作为绩效考核的主要依据，发挥激励功能。

正念：我们构建了以师德师能、公开课、论文发表、技能评比、课题研究、学生比赛指导奖、项目奖等指标为框架的"启明星"评价体系。每学年评价一次，前百分之六十晋升星级，逐年累积，以此作为校级骨干教师认定、评优评先、职称晋升等考评的主要依据，提升教师"启"动力，积极弘扬与践行教育家精神。

正规：确保学校管理的规范性和有序性，为"启教育"创造一个安全、和谐、积极向上的学习和工作环境。在规章制度建设的过程中一是体现"启教育"的育人理念，充分考虑适合学校与师生发展的需求。在执行过程中，注重教育引导，以启发激励为主，处罚为辅。二是民主参与、以人为本，鼓励师生和家长积极参与规章制度的制定和修订，充分听取他们的意见和建议。建立民主决策机制，确保规章制度的公正性和公平性。三是与时俱进，随着教育改革的不断深入和学校的发展变化，及时对规章制度进行修订和完善。关注法律法规和教育政策的变化，确保规章制度的合法性和适应性。四是强化考核，建立健全考核机制，将执行规章制度的情况纳入教师绩效考核和学生综合素质评价体系。对执行规章制度表现突出的个人和集体进行表彰和奖励，对违规行为进行严肃处理。五是建立反馈机制，鼓励师生和家长对规章制度的执行情况进行监督和反馈，不断完善制度，体现约束性。

正联：成立教联体，成员由学校、社区、家庭三方构成。学校方面有学校校务会人员、各部门负责人；社区方面有祝桥镇社建办代表、共建单位代表、学校法律顾问、祝桥学区秘书长、观澜教育联盟秘书长、招生地段对应的中学校长和幼儿园园长、村居委代表、社区民警等；家庭方面则有校级家委会代表。东港小学自2017年第一届学校治理委员会成立，至今已是第八届。教联体聚焦馆校协同，强化学生价值观教育；医教互促，促进学生心理健康；社教同频，提升学生综合素质；体教互融，强化学生健康体质；家校互动，树立科学育儿观念；警校同步，守牢安全底线。

（二）聚焦"四有"目标

1. 师德师风建设制度

明确师德标准，制订详细的《师德师风规范手册》，将"有理想信念、有道德情操、有扎实知识、有仁爱之心"的要求细化成具体的行为准则。例如,规定教师不得在课堂上发表违背主流价值观的言论,要以积极向上的形象引导学生树立理想信念。

设立师德红线,制定严格的惩罚制度,对违反师德师风的行为零容忍。如对体罚学生、收受家长贿赂等行为,明确相应的处罚措施,包括警告、罚款、辞退等,以此约束教师行为,确保道德情操底线的坚守。

2. 教师培训与发展制度

设立专项的教师培训基金,支持教师参加各种专业知识和教学技能培训。例如,为教师提供参加学科前沿研讨会、教学方法创新工作坊的机会,帮助教师夯实专业知识基础,提升教学能力。

3. 校园文化引领制度

制订教师在校园文化建设中的责任制度,引导教师通过自身言行营造良好的校园文化氛围。例如,要求教师带头践行校训精神,展示积极向上的精神风貌,用自己的道德情操和仁爱之心感染学生。

(三) 制度执行保障

1. 明确责任分工

明确界定职责范围,在每一项制度中,明确规定各部门、各岗位人员的具体职责。例如,在正行中,明确教师要负责教学计划的制定、课堂教学的实施和学生成绩的评定;教学管理人员负责教学质量的监督、课程安排和教学资源的调配。

建立责任追究机制,对于制度执行不力的情况,要有明确的责任追究措施。如果教师没有按照教学要求完成教学任务,或者管理人员没有履行好监督职责,要根据情节轻重,给予相应的批评教育、考核扣分或者岗位调整等处罚。

2. 加强培训与宣传

组织制度学习培训,定期组织全体教职工和学生学习学校的各项制度。对于新入职的教职工,要进行专门的制度培训,让他们了解学校制度的内容、重要性和执行要求。例如,通过开展制度解读讲座、发放制度手册并进行测试等方式,确保每个人都能熟悉制度。

多种方式宣传制度,利用多种渠道宣传制度,提高制度的知晓率。在学校宣传栏张贴重要制度的要点,在校园广播中介绍制度内容,通过学校官网、班级微信群等平台发布制度信息，让师生随时随地都能了解制度。

3. 强化监督检查

建立监督检查队伍，成立专门的监督检查小组，成员包括学校管理人员、教师代表和学生代表。检查小组定期对制度执行情况进行检查，如检查教师的教学行为是否符合教学管理制度规定，学生的日常行为是否遵守校规校纪。

采用多样化检查方式，运用多种检查方式，包括定期检查和不定期抽查、全面检查和专项检查等。例如，对学校的财务制度执行情况进行定期全面检查，对教师的师德师风情况进行不定期专项抽查。

4. 建立反馈与激励机制

建立畅通的反馈渠道，让师生能及时反馈制度执行过程中遇到的问题。设立意见箱、电子邮箱和专门的反馈热线，鼓励师生提出改进建议。例如，学生可以反馈学校作息时间制度是否合理，教师可以反馈教学评价制度是否公平。

实施激励措施，对严格执行制度的部门和个人给予奖励，激励大家积极执行制度。奖励包括荣誉称号、奖金、晋升机会等。例如，对在一学年内严格遵守各项教学管理制度且教学效果优良的教师，授予"优秀教学标兵"称号，并给予一定的奖金奖励。

三、成效

(一) 正德与正行

第一，教师行为更加专业。教师工作规范促使教师认真备课、精心设计教学环节、按时批改作业等。例如，学校要求教师备课要做到教学目标明确、教学重难点突出，这有助于提高教师的教学质量。

第二，教学活动有序开展。合理的课程设置制度能确保各学科教学任务顺利完成。

第三，学生习惯逐步养成。行为准则和奖惩制度可以引导学生养成良好的学习和生活习惯。例如，学生遵守课堂纪律制度，能逐渐养成自律的品质；学校设立的"智乐星"评选等奖励制度，能激励学生注重文明礼仪。

(二) 正念

第一，价值观得以引导。通过校园文化制度建设，弘扬积极向上的价值观。

如学校确立校训、校风和学风,并且在制度上加以强化,引导师生树立正确的价值观念。

第二,校园氛围更加和谐。通过公平公正的评价制度和民主管理制度,营造出良好的校园氛围。例如,在评选优秀学生干部、优秀班集体等活动中,严格按照制度和标准进行评选,使学生公平竞争。

(三)正规

第一,部门协作更加顺畅。职责分工制度使学校各部门明确自己的任务,增进协同合作。

第二,决策执行更加高效。学校管理制度中的决策机制和执行流程明确,能快速处理事务。

(四)正联

第一,完善了治理结构,促进了"启课程"建设。教联体建设使家长与社区教育资源在"启课程"建设中得到充分利用。各年级的教师-家长协作委员会在各年级组长的带领和各年级家委会、相关教师的参与下,有创意地开展艺术节、科技节、读书节等校园节周课程活动。学生的"启志系列课程"(包括一年级红星节入团仪式、二年级"寻访红色足迹 启航领巾梦想"入队仪式、三年级十岁生日会、四年级少年军校体验、五年级毕业典礼等)更趋精彩与完善。

第二,完善了治理结构,保障了"启课程"的丰富多彩。学校治理结构的变革,让社区、家长充分意识到学校的发展不只是学校的责任,更是家校社共同的责任,极大地激发了社区和家长参与学校管理、共同实践"启课程"的责任感。目前,学校鼓号、吉他、葫芦丝、拉丁舞、书法、沪剧、民族舞、围棋等校级社团的指导老师,均由校外人士担任。学校还与有课程(训练)资源的机构合作,有选择地购买比较成熟而又急需的课程,如"思达防卫课程""虎翼足球课程与训练""二十四节气课程""语言艺术课程"等,其中有些是面向全体学生的普及课程,有些是面向特长生的提高课程。学校还努力借助观澜联盟、祝桥学区的课程资源,丰富各类校外实践活动,保证了"启课程"的丰富多彩。

第三,完善了协同育人机制,扩大了"启课程"的影响。近年来,学校一手抓"启课程"建设,一手抓"教联体"建设。学校治理结构的变革与完善有力地促进了"启课程"的有效实施。

参考文献

［1］康永久.教育制度的生成与变革——新制度教育学论纲［D］.武汉：华中师范大学，2001.

［2］车丽娜.教师文化的嬗变与重建［D］.济南：山东师范大学，2007.

［3］程红兵.课程文化建设及其影响的实践研究［D］.上海：上海师范大学，2010.

［4］杨全印.学校文化建设：组织文化的视角［D］.上海：华东师范大学，2005.

"启教育"理念引领下"启明星"
教师的思考与实践

顾志英

一、"启明星"教师的背景

东港小学成立于 1998 年,坐落在祝桥镇,是浦东国际机场的配套建设项目。国际机场、未来航空城让学校办学站在了比较高的起点上,加上历任校长重视学校的优质发展,把教师发展、学生发展作为推动学校发展的核心内容,学校发展势头始终良好,无论是教育教学质量还是学生培养成效都令上级主管部门和周边学校瞩目。但我们也意识到,学校师资队伍发展不均衡、缺乏后劲,特别是学科带头人、中心组成员、区骨干教师等高位教师比例不足,势必阻碍学校教育教学改革和发展的脚步。为此,学校对师资队伍建设,特别是骨干教师梯队构建作了比较深入的思考和设想。

作为浦东国际机场建设的配套项目,近年来东港小学充分挖掘和发扬地理环境优势、未来发展优势,致力于打造"启航文化"。学校提出了"以'启'为核心,实施'启教育'"的发展目标,并以实施载体、实施策略、实施环境、实施保障和课程建设、评价体系、教学模式、国防教育、校园文化、学习空间、制度建设、队伍建设架构了"启教育"的四梁八柱。"五启四有"既是学校教师队伍建设的策略、途径,也是目标,旨在以"启德堂"增强"启"动力,以"启学苑"提升"启"能力,以"启心坊"激发"启"爱心,以"启评价"提升"启"自觉,以"启明星"树立"启"榜样。

其中,"启明星"教师是学校"启教育"实施过程中打造的骨干教师品牌,他们是学校全面贯彻落实"启教育"、实施"启课程"、打造"启课堂"、开展"启评价"、执行"启制度"过程中涌现出来的教育教学能手、先锋和模范。

教师成长的内驱力是发展的根本动力,只有激发教师成长的内驱力,才能为学校教育教学高质量发展提供重要保障。而教师内驱力的激发需要"评、育、展、扶"等多措并举,这就需要学校建立多元的评价机制、分层的培养机制、丰富的展示平台和公平的绩效扶持。为此,学校通过"启明星"教师的架构、评选、培养、考核和奖励,为教师树立学习与前进的标杆,激发教师成长的内驱力,让教师在每个阶段都有成长目标并始终保持前进的动力。

二、"启明星"教师的实施

(一) 实施原则

1. 全员参与原则

除启航期(见习两年内)教师外,包括攀航期(五年内)、远航期(十年内)、巡航期(十年以上)所有成熟教师全体参与"启明星"教师队伍建设,做到年段全覆盖、学科全覆盖,不断激发成熟教师的内驱力,让每一位成熟教师都得到专业提升并获得职业的认同感和成就感。

2. 注重过程原则

除教育教学质量结果外,将"启明星"教师的考核与教师师德师能考核相结合,涉及思想、言行、育德和教学多个层面,注重备课、上课、作业设计与辅导、校本培训与教研等全方位的过程性检查和评价,综合考察教师校内外发展成绩和引领效用。

3. 公平公正原则

公开评选方案和考核结果,确保所有参评教师了解评选方法、认同评选过程、认可评选结果;严格规范评选制度和评审机制,确保评选小组分工明确,统一标准,确保评选人员多元化、评选方法科学化;提供申诉渠道,确保申诉有反馈、有处理。

4. 动态管理原则

"启明星"教师每学年评选一次,对符合要求的优秀者根据其原有称号级别进行升级;每年考核一次,对不合格者、不履职者按要求降低其称号级别;在各类评优、职称晋级中"启明星"教师按称号级别享有被优先推荐的权利。

(二) 实施过程

1. "启明星"教师培养的架构

(1) 成立小组,加强领导

学校成立了由书记、校长领导,副校长分管,党群办、校务办、学生发展服务部、教学与教师发展服务部分板块负责,各学科代表教师共同参与监督、评价和考核全过程的"启明星"教师领导工作小组。

（2）三级联通，形成梯队

学校领导工作小组通过由上而下、由下而上双向商讨决策"启明星"教师的架构。"启明星"教师是学校骨干教师品牌，是各级各类骨干教师的统称。按照联通校、联盟、区三级骨干教师的操作思路，工作小组把"启明星"教师分为五个等级，其中一级、二级、三级是校级骨干教师，同时三级也是联盟骨干的储备人才；四级是联盟的骨干，同时也是区级骨干教师的储备人才；五级是区级的骨干教师。从一级到五级，形成了教师专业发展的良好梯队。

2. "启明星"教师的评选

（1）明确标准，统一认识

学校领导工作小组牵头拟定了《"启明星"教师评选方案》，制定了"启明星"教师的评选标准。该标准由工作小组讨论形成初稿，由教代会审议通过，并在学校公告栏进行公示，让每一个参加评选的教师都知晓。

（2）完善制度，形成机制

在"启明星"教师评选的过程中，在对教师培根铸魂活动、教育教学活动、专业发展活动等开展评价中，学校逐步形成了各类检查、反馈、跟踪、培训等评价制度。每项教育教学任务分部门、分年级检查或组织评比，由责任部门通过工作群或教研组年级组活动、教职工大会进行反馈，对存在不足和问题的教师进行跟踪检查，并开展针对性的培训或辅导。

（3）实事求是，自评申报

每学期结束时，每名教师根据申报评分标准实事求是地完成自评申报，并提交相关的材料证明。

（4）分组审核，综合评定

每学期，学校"启明星"教师领导工作小组按部门、分学科、依项目，根据教师提供的材料证明和自评情况进行审核，最后按学年汇总后进行综合评定。学校"启明星"教师有两种排名方式，一种是全体教师排名，另一种是除四级（联盟骨干）、五级（区骨干）"启明星"教师之外的排名。作为学校教育教学的能手、先锋和模范，所有"启明星"教师的排名必须排在前50%内，若排在后50%，第一年保留称号，第二年降一等级。一、二、三级"启明星"教师（校级骨干）排名如在前十名将可以晋位升级，非"启明星"教师排名如在前十名将晋位升级为一级"启明星"教师。在所有晋位升级中,五级"启明星"教师的额度为 20%,四级"启明星"教师的额度为 10%,一级"启明星"教师人数始终保持在十名。

3."启明星"教师的培训

(1)涵养师德,培根铸魂

① 分级架构,健全师德师风教育机制。以"一体推进、分层实施、互为补充"为原则,搭建教师师德师风教育"市、区、校、个人"四级架构。充分利用国家级、市级、区级平台示范引领性培训资源开展好师德师风教育;立足学校和教师实际问题开展校本化的师德师风教育;鼓励教师按照工作实际需求和个人发展需要开展拓展学习。

② 多途并进,丰富师德师风教育形式。以启航学苑为阵地开展师德师风学习,保证启航学苑每学期至少开展一次党课、一次道德讲堂、一次专家师德师风专题讲座。组织学习师德师风法律法规和政策文件,宣传"人民教育家""时代楷模"的先进事迹;依托"我心目中的好老师"评比活动树立师德师风典型,综合运用授予荣誉、事迹介绍、网络宣传等手段,充分发挥典型引领示范和辐射带动作用,形成"榜样在身边、人人学榜样"的局面;以校长信箱、家长学生满意度测评为抓手监督师德师风行为,将家长表扬、投诉和满意度纳入师德师能考核;以学校微信公众号为窗口宣传师德师风教育成效,除及时报道师德师风教育活动外,定时定期报道"荣誉喜报"和"东港微光"。

(2)扣好扣子,助力生根

① 密切联系,配合做好集中培训。严格执行落实见习教师规范化培训相关文件精神,加强与见习教师规范化培训基地学校的联系,支持并配合做好见习教师培训工作,形成学校的见习教师培训计划。

② 落实制度,创新做实校本培训。学校实行双导师制度,为每名见习教师选配一名优秀的班主任导师和一名优秀的学科导师,并在开学初举行拜师仪式,明确导师的工作职责和见习教师的发展目标。月谈话制度,每月由校长室、教学与教师发展服务部、学生发展服务部负责召开见习教师座谈会,开学前开展教学常规指导(包括备课、上课、作业批改、学生辅导等)和班级管理常规指导(包括班级文化建设、学生行为规范培养、家庭教育指导等),开学后每月汇报工作情况,帮助见习教师解决工作困惑和难题,并提出下阶段工作期望。听评课制度,见习教师每月开展一到两次和导师的互听课,每次活动后做好交流和反馈;每学期接

受教研组长一到两次随堂课听课,实行问题改进跟踪制度;此外,见习教师每学期须完成十堂教学观摩课的学习,提交学习心得。导师讲座制度,每两个月,导师轮流为见习教师开设一次专题讲座,传授经验的同时做好答疑解惑。岗位实践制度,学校要求见习教师在见习期间必须担任副班主任,参与班级管理工作,在实践中积累管理经验。考核奖励制度,学校尊重见习教师规范化培训基地对见习教师的考核评定,将考核结果纳入学校师德师能考核和"启明星"考核,并对在见习教师基本功大赛中脱颖而出的优秀教师作跟踪培养,优先推荐纳入区"优师计划"。依托"青年新秀"项目、"名师基地""学科工作坊"等培训平台,提升教育教学实践与研究能力,使优秀见习教师在专业知识、专业实践上持续成长,储备未来骨干师资力量。

（3）用好平台,提升技能

① 由上而下,制订专业发展规划。由教学与教师发展服务部负责拟定教师专业发展规划,并指导教师结合学校发展规划制订个人专业发展规划。

② 分级分层,组织教师专业培训。严格落实市、区级教师专业发展培训要求,帮助和指导教师按时完成市级、区级共享平台的学习研修任务;结合学校教育教学实际、教师专业发展需求,立足学校启航学苑,每学期至少组织六次专家讲座集中学习（两次为学科能力、两次为育德能力、两次为科研能力）,至少开展三次跨学科教研活动（两次为学科教研,一次为德育教研）;各教研组、备课组、年级组围绕教育教学实际问题、学科研究主题、年级教育重点,认真开展"启研式"教研活动,加强集体备课,把握课堂关键,精心布置作业,做好辅导工作,把重点放在学生自学能力和创新能力培养上。

③ 按需定期,组织教师专业比赛。根据教育教学改革要求、学校高质量发展需求和教师专业发展个人需求,每学年组织开展两项教师专业比赛,一项为课堂教学比赛,一项为作业设计、板书设计、案例评比或学科素养竞赛。

④ 课题引领,组织教师教育科研。学校积极组织教师申报校级课题,保证他们每年有一个研究课题,并指导各部门、条线围绕校级课题积极申报子课题（尽量保证家校、艺术、体育健康、科技、心理各有一个）;保证每个课题有负责教师,同时鼓励每一位教师都能围绕部门、条线课题参与到实践和研究;鼓励并支持教师申报个人课题;定期开展全员科研培训、课题推进分组会议,保证课题研究的有效推进。

4."启明星"教师的待遇

（1）实施奖励，激发动力

"启明星"教师每一任期为一年。为激发教师参与"启明星"教师评选的动力，被评为"启明星"的教师，在履行好"启明星"教师职责的基础上按等级享受下年度绩效奖励，等级越高绩效奖励越高。

（2）加大宣传，树立典范

学校在教师节专题道德讲堂中，举行隆重的仪式表彰"启明星"教师，树立学习的榜样和典范。学校为每一届"启明星"教师制作宣传版面和发表微信文章，向家长、社会广泛宣传"启明星"教师先进的教育教学理念和主要事迹，提升"启明星"教师的公信力和影响力。

（3）坚持优先，提升荣誉

为了进一步提升"启明星"教师的荣誉感、成就感，"启明星"教师享有优先参加重大教育教学研讨活动、外出考察学习的权利；学校把"启明星"教师作为岗位聘任、职务晋升、评优评先的主要依据。

5."启明星"教师的职责

（1）带教教师，规范内培

"启明星"教师要主动承担学校见习教师、青年教师的带教导师任务，能主动承担学校教师继续教育的培训任务，规范学校内培机制，进一步提升校本研修的质量。

（2）带动教研，优化活动

"启明星"教师要积极参与并引导备课组、教研组建设；主动承担备课组、教研组工作任务；创新备课组、教研组活动形式。

（2）专业引领，示范辐射

任期内，"启明星"教师需在教研组或校级层面进行1次高质量的课堂教学展示，或在学校层面组织一次专题讲座；需主持或参与1项校级或以上的课题研究（课题可以延续），发表一篇校级或以上的教育教学文章（文章可以与课题研究相关）。

三、"启明星"教师的成效

（一）促进了学校教师的专业成长

1.提升专业知识

学校严格落实"启明星"教师的培养计划，开展各级各类学习、培训、交流、研讨活动,让教师接触最新的教育理念、教育方法,了解了最前沿的专业理论、学科知识。在学习、内化、实践、反思和改进的过程中,教师不断加强自己的理论基础,更新自己的知识体系。学校多名中青年教师凭借专业能力走进了区、市学科工作坊深造。

2. 精进教学技能

在学校"启课堂"的实证研究中,通过听课、说课、磨课、评课和优秀案例学习分享,教师在"五有四启"教学模式打造中不断探索创新,形成了独特的教学风格和教学方法。虽然没有位置优势,但学校多次承办了数学、语文、英语、自然等学科的区级公开课研讨活动。多名中青年教师在学区、联盟、区的教学基本功比赛中获得佳绩。

3. 增强科研能力

学校组织全体教师积极开展"启教育"的实践研究,鼓励教师申报集体项目子课题和个人课题,通过团辅、个辅等方式指导教师撰写案例和论文。教师逐渐有了发现问题、基于问题开展教学研究的意识,更学会了立足前人的研究基础、运用科学的研究方法和创新的研究思维去研究问题、解决问题,教育科研能力得到了全面提升。

(二)推动了教师队伍的梯队建设

1. 丰富人才储备

"启明星"教师的培养和评选机制,促进了每个阶段教师的快速成长。见习期教师虽然没有参评资格,但在前辈的榜样示范和传承帮扶中快速成长起来,成为"启明星"教师的储备力量和优秀竞争者。在五级"启明星"教师构建中,不少教师通过几年的持续努力,成为二级、三级"启明星"教师,同时也成为更高一级"启明星"教师(联盟骨干、区骨干)的储备力量,形成了层次清晰的学校教师专业发展梯队。

2. 优化队伍结构

学校2024—2027三年教师队伍建设的目标是:到2027年,高级职称教师比例达到10%以上,一级职称教师比例达到80%以上;到2027年,培养出一定数量的各级骨干教师和学科带头人,其中区级骨干教师不少于20%。在"启明星"教师评选机制的推动下,到2024年底,学校有高级职称教师6名,占8.7%(远超周边小学),一级职称教师52名,占75%,区骨干教师12名(其中1名道德与法治学科带头人),占 17.4%。

3. 打造高端教师

学校目前有一名教师是上海市道德与法治工作坊成员,一名教师是浦东新区中心组成员,五名教师成为区学科、德育工作坊学员,三名教师被学区、联盟聘为学科工作坊主持人,引领学区、联盟青年教师共同发展。

(三) 夯实了学校教育长远发展的基础

1. 优化课堂教学

课堂教学是学校教育的主阵地。在"启明星"教师履职过程中,教师能够通过听课、培训、讲座和"启研式"教研活动等多途径更快速地了解学校"启课堂",更全面地知道"启课堂"的"五有四启"特征,更有效地掌握基于学科核心素养培育的"启课堂"实施策略。通过团队合作、跨学科研究、师徒带教,大家在互相学习、点评、借鉴中优化教学方式、丰富教学资源、提升教学策略。

2. 创新课程开发

课程是学校教育的生命力。"启明星"教师是学校教学的中坚力量,更是课程开发的核心力量。学校鼓励和支持"启明星"教师根据学生发展的需求、学科融合的需求、时代发展的需求,利用自己的专业知识、立足自己的兴趣特长开发校本课程,以丰富学校社团活动和课后服务素质活动。目前,学校开发的课程有"我长大啦"心理健康教育课程、"快乐'智乐星'"星星社团课程、"英姿勃发向未来"少年军校课程等。从小型的课程模块开始,到课程框架的搭建,到课程内容的系列化,"启明星"教师课程开发的经验、心得、成果都为学校教育长远发展夯实了基础。

3. 提升特色品牌

特色品牌是学校教育的名片。"启明星"教师的评选促使学校各条线、各部门在规范科学地做好常规工作之外合作打造特色品牌。目前,学校打造的特色品牌有全国国防教育示范校、全国航空教育特色校、上海市家庭教育示范校、上海市绿色校园、浦东新区科技特色校、浦东新区戏剧传承学校等,学校特色品牌的打造离不开学校"启明星"教师对学校教育教学理念的精确解读,离不开他们自身先进理念的引领。

参考文献

[1] 胡惠闵,王建军.教师专业发展[M].上海:华东师范大学出版社,2014.

［2］钱冬明,等.中国中小学教师队伍发展指标概览(2020)［M］.上海：华东师范大学出版社,2021.

［3］吴振利.中小学骨干教师培训理论与实践［M］.北京：人民出版社,2019.

［4］龙红明.中小学骨干教师培养研究［M］.长春：吉林出版集团股份有限公司,2022.

建"五启"机制，育"四有"好老师

毛秀敏

一、案例背景

东港小学毗邻浦东国际机场，浦东机场相对于上海西部的虹桥机场而言，是东部的航空港，"东港"的名称由此而来。学校因此确立了让每一个学生快乐启航的理念，依托周边丰富的航空教育资源，长期致力于打造"启航文化"，构建"启教育"，以"启"为核心开展"启教育"，打造航空教育特色。同时在区级重点课题《新课程背景下小学"启教育"特色的构建与实施》引领下开展了以下实践：一是"五启四有"的队伍建设；二是"五维三类"的课程建设；三是"五有四启"的教学模式建构；四是"五启一立"的学生综合素质评价；五是"五启四美"的校园环境建设。

在习近平总书记关于教育工作的重要讲话和《关于加强和改进新时代师德师风建设的意见》《新时代基础教育强师计划》的精神指引下，东港小学"五启四有"队伍建设坚持党建引领（"五启四有"：通过启德堂、启学苑、启心坊、启评价、启明星"五启"来对标有理想信念、有道德情操、有扎实学识、有仁爱之心的"四有"好老师），以党员示范岗创建为载体，充分发挥党支部和党员作用。以"合立方"品牌建设为基（党员结合岗位创示范岗，党组织融合中心工作领导学校，党支部聚合家校社协同育人，结合、融合、聚合三个维度组成"合立方"）建强学校党支部，使"合立方"成为涵养师德师风的重要载体。

二、实施过程

(一) 开设"启德堂"，增强教师"启"动力

1. 开设道德讲堂，激发涵养师德的正能量

通过身边人教育身边人的方式，以情感人、以理服人、以行正人、以德化人，

使道德讲堂成为自省、自重、自警、自励,净化心灵、理顺情绪、健康身心、互动交流和幸福生活的场所。

2. 签订师德承诺书,激发教师涵养师德的内生动力

通过签订承诺书进一步明确教职工对师德师风建设应负的责任,进一步增强教书育人的责任感和使命感,恪尽职守、敬业奉献,做一名受学生尊敬、让家长满意、获社会好评的人民教师。

3. 开展警示教育,启发教师涵养师德的外在动力

以视频、文件、图片等形式展示反面典型案例,组织教师认真学习,以此为戒、以此为警,加强自身道德修养,决不重蹈覆辙。

(二)开办"启学苑",提升教师"启"能力

1. 加强思政建设,提升政治素养

坚持教育者先受教育,开展习近平新时代中国特色社会主义思想系统化、常态化学习,将习近平新时代中国特色社会主义思想融入教师培训课程,将习近平总书记关于教育的重要论述作为首要必修课程,使教师学懂弄通、入脑入心,争做"四有"好老师,当好"四个引路人"。

2. 开展读书活动,丰富教师学识

学校多渠道为教师搭建阅读平台,营造读书的氛围,通过好书推荐、阅读打卡、分享交流等阅读活动,让东港小学的老师爱上阅读,培养读书习惯,让书成为良师益友。以"洞晓学堂"与"读思隅"为阵地,以"启学苑"的"读思录"为引领,从阅读内容及阅读心得两方面推进,组织教师将所思所想、所得所悟及时记录下来并分享到群里,大家相互点评、鼓励,彼此汲取营养,体验阅读的乐趣。

3. 举办主题论坛,聚焦师德师风

每年教师节举办师德师风主题论坛,从"以爱铸魂,恪守教育初心""以德立身,勇担当善作为"和"立德树人,五育融合促发展"三个视角,组织教师交流分享对职业道德的理解。

(三)开设"启心坊",激发教师"启爱心"

以全员导师制为载体,以全体教师为主体,以专家为指导,以社区家长志愿者等为辅助,构建东港小学全员导师组织体系,开展"五环行动"之"中环行动",("大环"集体群聊,"中环"个性对聊,"内环"亲子畅聊,"交环"好友互聊,"密环"心理辅导)激发教师"启爱心",促使教师履行"启责任"。

（四）开展"启评价",提升教师"启自觉"

学校始终将师德师风作为第一标准,将师德考核摆在教师考核的首位,坚持多主体多元评价,以事实为依据,定性与定量相结合,提高评价的科学性和实效性,全面客观地评价教师的师德表现。依据《新时代中小学教师职业行为十项准则》构建了东港小学教师师德评价体系,根据学校部门设置情况将十项准则化为20个考核指标,分为政治觉悟、德育工作、教学工作、言行自律四个方面,将每项指标设计生成若干检测点,形成百分制的师德考核评分表。这既有正面导向,又有负面清单,让教师心有所向,行有所止。通过试行,显现出了操作性强、导向性强、公平性强的特点,比单纯绩效考核更全面、更完善,于是学校把师德与绩效考核融为一体形成师德师能考核,让师德考核既有精神上的引领,也有物质上的激励。

（五）评选"启明星",树立教师"启榜样"

学校构建了以师德师能、公开课、论文发表、技能评比、课题研究、学生比赛指导奖、项目奖等指标构成的"启明星"评价体系,作为老师的成长档案。规定每学年评价一次,前60%晋升星级,逐年累积,作为校级骨干教师认定、评优评先、职称职务晋升等考评的主要依据,提升教师"启动力"。

我们希望让"启明星"成为助推教师自身专业发展的力量,让"启明星"照亮教师前行的道路,让"启明星"成为学生生命中最美的相遇,照亮前路。

三、成效与反思

（一）成效

1. 成就了学校

在"启航文化"的引领下,学校《实施"启教育",培养"三有"新人》的经验总结文章发表于《上海教育》2022年第36期,近几年成功创建了上海市文明校园、市依法治校示范校、市家庭教育示范校、市绿色学校、市爱国拥军模范单位和全国国防教育特色校。航模社团每年都能在全国、市、区各级各类比赛中获得好成绩,在第12届上海模型节上被评为优秀科技模型社团,并在第13届上海模型节上作了展示。

2. 成就了老师

在师德师风第一标准的引导下快速形成了教师队伍思想政治建设、师德师风建设、业务能力建设相互促进的教师队伍建设新格局,为培养造就一支师德高尚、业务精湛、结构合理、充满活力的高素质专业化创新型教师队伍提供了强有力的支撑。学校目前有区级骨干教师四人,联盟骨干教师八人,近几年高级教师增加计划都能有效落实,仅 2022 年就增加了五名高级教师,教师队伍生机盎然、充满活力。

3. 成就了学生

2023~2025 年,学生获全国奖项 93 人次、上海市级奖项 132 人次、浦东新区级奖项 272 人次。

(二) 反思

1. 师德师风建设要立足办好人民满意的教育

习近平总书记指出:"我们要从党和国家事业发展全局的高度,全面贯彻党的教育方针,坚持优先发展教育事业,坚守为党育人、为国育才,努力办好人民满意的教育。""办好人民满意的教育"关键在教师,教师工作的落脚点是师德师风建设,因此师德师风建设要立足于办好人民满意的教育。

2. 师德师风建设要对标建构高质量教育体系

办好人民满意的教育,建设教育强国,基石在于构建高质量教育体系;高质量教育体系的基石在于着力打造一支政治素质过硬、业务能力精湛和育人水平高超的优秀教师队伍;优秀教师队伍的基石在于师德师风建设,因此,师德师风建设要对标高质量教育体系,努力建立起完备的师德师风建设制度体系和有效的师德师风建设长效机制。

师德师风建设要以提升教师思想政治素质、师德师风水平和教育教学能力为重点,筑基提质、补短扶弱、做优建强,整体提升教师队伍教书育人能力素质,促进教师数量、素质、结构协调发展,为构建高质量教育体系奠定坚实的基础。

3. 师德师风建设要落实立德树人根本任务

培养什么人、怎样培养人、为谁培养人是教育的根本问题,育人的根本在于立德。因此,学校应把立德树人的成效作为检验学校教育工作的根本标准,把师德师风作为评价教师队伍素质的第一标准,将"立德树人"贯穿师德师风建设全过程,完善评价体系,强化日常教育督导,全方位全过程养成师德,推动教师以德施教、以德立身、以德立学。

立德树人的主阵地在课堂,要突出课堂育德,要引导广大教师守好主讲阵地,将立德树人放在首要位置,融入渗透到教育教学全过程,以心育心、以德育德、以人格育人格。

以综合学习推进小学劳动教育的实践

施　婷

新时代,劳动教育是中国特色社会主义教育课程体系的重要内容,关键在于"五育融合",即通过劳动教育来促进道德树立、智慧增长、身体强健、审美培育等各方面的发展进步。2022 年 4 月,教育部修订了义务教育课程方案和课程标准,特别强调了知识和学科的综合学习,提倡主题式、项目化、大单元教学。这表明在学校层面推行基于各学科的联合行动是未来发展的必经之路。如何在跨学科的框架下,创造性地构建以实践操作为核心的劳动教育课程体系,并系统地规划与实施一系列劳动主题教学活动,并确保这些活动既富有教育意义,又能切实提升学生的动手能力和劳动素养,是众多学校正面临的一项挑战。近年来东港小学一直在尝试以农田实验基地的方式引导学生参与日常化的农耕活动,从而达到提高他们动手能力的目的。学生走出课堂,体验劳作之美,农业实践活动不只是帮助学生提升了必要的工作技巧和能力,也建立了正确的劳动观。更重要的是,这些精心策划的劳动教育活动成功地加深了学生对劳动及劳动人民的深厚情感,让他们深刻体会到劳动的崇高意义与深远价值,从而在内心深处播种下尊重劳动、热爱劳动的种子。这些活动不仅促进了学生个人品德的塑造,还通过实践操作的乐趣与成就感引导他们养成了积极向上的劳动习惯。在融合创新性与科普性的生产劳动体验中,学生得以在德智体美各方面获得均衡发展,实现了综合素质的全面提升。更重要的是,这样的教育模式鼓励学生勇于探索、敢于创新,努力成为具备高度社会责任感、良好道德品质、扎实知识基础和出色实践能力的时代新人,为国家的未来发展贡献自己的力量。

一、学校设立种植社团的目的

在当今的家庭结构中,独生子女家庭占据主流,即便是那些拥有多孩的家庭,还是会有"小公主"与"小王子"现象,即孩子是家庭的焦点,集全家的呵护与宠爱于一身,因此孩子在家中很难真正地得到劳动体验。劳动教育不仅能有效提升学生的动手操作与实践能力,更能在这一过程中潜移默化地培养学生的劳动观念与意识,使他们深刻理解劳动的价值与意义,学习农耕劳动技能,能热爱和认同劳动,关心农业与食品,关注乡村振兴乃至生态文明建设。

学校依托"启耕园"设立班级种植社团的宗旨是打造能让学生丰富农耕知识、开展农耕实践、提高农耕技能、培养正确劳动观念、形成良好劳动习惯、具备积极劳动精神的乐园,打造"农耕劳动科普教育基地"。

二、社团初期劳动教育成效

通过在启耕园的辛勤劳作,学生认识到了以前只能在餐桌上才能看到的蔬菜,原来它们从播种到发芽、成长、成熟,是那么地来之不易。在"粒粒皆辛苦"的实践活动中,学生似乎一下子就长大了,懂得了要珍惜劳动成果,逐渐养成了要节约粮食的好习惯,随后学校用餐的光盘率有所提高。学生在蔬菜种植活动中的变化让家长和教师都很感慨。在种植社团的劳动教育实践活动中,学生们不仅弘扬了劳动的美德,提升了劳动的技能,也增加了劳动的智慧,促进自身全面健康发展。

在劳动的过程中,由于是分小组行动的,学生格外珍惜每一次机会,在共同种菜的过程中,能够互帮互助,交流总结。学生在劳动实践活动中逐步提高了实践操作能力,启耕园成了他们学习的沃土和实践的舞台。同时,通过参与丰富多彩的实践活动,他们不仅在体质与技能上获得了显著提升,更在探索与体验中汲取了宝贵的知识与经验,实现了个人素质的全面提升。

三、劳动教育综合学习的实践

面对现阶段学生的劳动素质状况,我们采用种植社团的方式,结合节日气氛和学科基础,设计了一套劳动教学内容。这样可以使他们在实践活动中获得成就感,从而提升他们的自信心。在学校内实现跨学科整合、家庭与学校的紧密合作、融入传统文化推动劳动教育是学校劳动教育综合学习的主要内容。

(一)学科统整,全面渗透劳动教育

劳动教育对于学生的影响逐渐增强,但还没有很好地促进发展学生的其他能力。

班级种植社团巧妙地将活动融入语文、数学、英语、美术、自然等多学科领域，通过跨学科的合作与融合，不仅为这些学科注入了新鲜活力，丰富了教学内容与形式，还成功地将这一实践扩展至全校范围，促进了课程体系的整体优化与升级，为学生提供了更加多元化、综合化的学习体验。在语文学科中，我们鼓励学生持续记录他们的"植物日记"，这有助于他们在写作过程中获取大量的灵感来源，同时也能培养他们养成细心观察的习惯。在数学学科中，一年级学生进行数一数练习；二年级进行简单的统计，统计种植数；高年级开展统计活动，为更好地种植蔬菜提供有效的数据。在英语学科中，我们要求学生学习关于蔬菜的单词，学生以补充的形式说出蔬菜的英文单词，看谁说得多。在走廊的墙上贴出蔬菜的英文名称，增加学生的词汇量，提高学习兴趣。在美术学科中，到"春田里"上写生课，记录蔬菜的成长过程，最终将作品按照生长过程展出，精彩亮相。在自然学科中，学生用摄影的形式记录蔬菜生长过程，通过网络、书本查资料探究蔬菜的习性，最终制作成"自然笔记"。

（二）家校融合，协同推动劳动教育

劳动教育的综合学习不仅限于学校，还包括家庭和社区的各项活动。每个人都是一名劳动者，学生在活动中获取知识，养成劳动习惯。在启耕园劳作之前，学校除了请专业的劳动机构来帮助种植，还邀请家长志愿者来传授种植经验，如锄地、除草、施肥、采摘等。学生回家后开展"自己种的食物自己洗""自己种的食物自己烧""自己种的食物大家品"活动。有的劳动活动在学校是无法完成的，因此要利用家长资源，进行家校协同合作。学生把蔬菜带回家，在家长的指导下，将蔬菜进行洗、切、煎、炒，完成后，或和家人一起品尝，或第二天带到学校和同学一起分享。

家庭在劳动教育中起着至关重要的作用，是否能成功进行劳动教育的综合学习，取决于父母是否愿意让孩子自己去实践。有的家长在烹饪过程中，或害怕孩子在使用煤气过程中受到伤害，或担心被烫伤，导致在家庭协作时家长包办，家庭协作存在着缺位、越位和错位，亲子活动变成了家长劳动。为了促进劳动教育的发展，家庭和学校需要协同合作。首先需要改变家长的观念，实行分工合作，发现孩子的优点，用鼓励的方式关注他们，然后让孩子自己去尝试，在参与中享受劳动的乐趣，逐步培养劳动能力。

（三）传统文化融合，促进劳动教育

融合传统文化可以让劳动教育的内容更为丰富。其一，传统文化可以让劳动教育的教学内容更具传统性;其二,传统文化可以让劳动教育更有文化性。

我们根据时令节气,在启耕园种植相应的蔬菜。中秋来临前,我们会种植花生、红薯等,让学生在劳动的同时,能习得中秋节的相关美食知识。例如在收获花生时,教师通过知花生、收花生、煮花生、品花生、悟花生等环节,让学生全面了解中秋节吃花生的意义。在收获活动正式开始前,教师在午会课上向大家推介花生的生长过程,并讲解采摘花生的方法及注意事项。收花生时,学生不顾炎热、辛勤劳动,很快就收获了满满一箩筐"战利品"。看着一颗颗圆润饱满的花生,他们的眼神中透露着惊喜,忍不住互相分享自己的劳动成果。回到家中,将花生煮一煮,和家人一起品花生。最后和同学一起悟花生,思考花生在中秋节备受重视的意义,因为它又名"长生果",寓意健康长寿,好事连连。教师也和学生纷纷交流了自己的心得体会,期待着下一次劳动实践带来的惊喜。

融合传统文化可以让劳动教育的作用更为凸显。例如,端午节前夕,经过和学生商讨,在启耕园中种下了艾草。学生一起探讨了许多的问题,学生最想研究的是"端午节和艾草有什么关系",又衍生出了三个子问题"什么是艾草""艾草有什么作用""种植艾草有什么注意事项",带着这些问题,学生自主进行了实践活动,通过识艾草、知艾草、种艾草、用艾草、食艾草,将自己提出的问题一一解决了。将劳动教育与传统文化相融合,不仅能使学生更加深刻地体会到劳动的光荣与意义,还能促使他们深入理解和传承我国优秀的传统文化。这种融合教育能帮助学生树立正确的价值观,激发他们的爱国情怀与文化自信,进而以更加坚定的步伐和正确的方向投身国家建设之中。

四、反思

在"启教育"理念的引领下,推进小学劳动教育的综合学习实践,是促进学生全面发展、培养劳动观念与技能的重要举措。反思这一过程,我们深刻认识到,综合学习模式为劳动教育注入了新的活力。

首先,通过跨学科整合,劳动教育不再孤立存在,而是与科学、艺术、社会等多学科领域知识的学习相融合,让学生在实践中探索、发现、创造,既掌握了劳动技能,又深化了对知识的理解与应用。这种综合性的学习方式,极大地激发了学生的兴趣和参与度。

其次,项目式学习成为有效方式,围绕真实生活情境设计劳动项目,让学生在完成任务的过程中体验劳动的艰辛与价值,学会合作、沟通与解决问题,有效提升了他们的综合素养和社会责任感。

然而,在实施过程中也面临挑战,如如何平衡各学科间的融合度,避免形式化;如何确保每个学生在劳动中都能获得成长,减少"搭便车"现象;如何持续评价学生的劳动态度、技能与成果,建立科学的评价体系等。

总之,"启教育"背景下的综合学习为小学劳动教育开辟了新路径,未来需进一步优化课程设计、强化师资培训、完善评价机制,以更好地发挥劳动教育的育人功能,促进学生全面发展。

参考文献

[1] 赵秀祯."双减"视野下加强小学生劳动教育实践研究[J].大连教育学院学报,2022,38(02):49-51.

[2] 董静.实践中体验 活动中发展——关注小学生劳动意识的培养[J].教育界,2022(31):101-103.

[3] 余卫."开心菜园":在城市学校"种植"田园课程[J].中小学管理,2013(12):40-41.

"启教育"理念引领下道德与法治学科培养学生道德修养的实践

邱建龙

2022年4月,教育部印发了义务教育课程方案和课程标准。"新课标"以习近平新时代中国特色社会主义思想为指导,落实立德树人根本任务,强调育人为本,依据"有理想、有本领、有担当"时代新人培养要求,明确了义务教育阶段培养目标。根据"三有"培养要求,赓续学校办学传统,我校提出了创建"启教育"特色的工作目标。"启教育"的内涵主要是:启其志,定其向,开启志向之门;启其智,立其本,开启智慧之门;启其行,蓄其力,开启知行之门。我们认为,它与义务教育阶段培养目标密切对应,完全一致,相信"启教育"特色的创建会是"新课标"理念落地的有效实践。

《义务教育道德与法治课程标准(2022年版)》明确指出,思政课是落实立德树人根本任务的关键课程,道德与法治课程是义务教育阶段的思政课。学科核心素养是课程育人价值的集中体现,是学生通过课程学习逐步形成的正确价值观、必备品格和关键能力。我们的道德与法治课程要培养的核心素养,主要包括政治认同、道德修养、法治观念、健全人格和责任意识。其中,"道德修养"是指养成良好的道德品质和行为习惯,把道德规范内化于心、外化于行。培养学生的良好道德修养,有助于他们经历从感性体验到理性认知的过程,传承中华民族传统美德,弘扬民族精神和时代精神,维护国家利益和安全,增强民族气节,明大德、守公德、严私德,形成健全的道德认知和道德情感,发展良好的道德行为。

我们尝试探索"启教育"指向的课堂教学模式,即以"五有四启"为主要标志的课堂:以有趣、有联、有探、有创、有育五有为特征,以情境启思、策略启学、体验启悟、多元启评为切入点,构建"新课标"背景下的课堂教学新模式,促进学生深度学习,提高学生高阶思维能力,发展核心素养。

我们尝试在道德与法治课教学过程中,探索"五有四启"教学模式,培养学生

"道德修养"这一核心素养。

一、探索"五有四启"教学模式

(一)情境启思

"上学路上"一课,教师一上课先提问:"小朋友,你们每天是怎么来学校上学的?"学生回答之后,教师作了一个简单的小结,然后顺势引出了本课学习的课题"上学路上",切入主题自然、贴切,不露痕迹。

"我们有新玩法"一课,预备铃时间,教师在不经意间和学生"闲聊"了起来——让学生悄悄数一数,自己有多少不同的玩具,告诉老师。随即,学生纷纷报数:"八个""六个""十几个"……教师微微一笑,徐徐说道:"哦,我听出来了,你们的玩具都不少,就和方方一样,可她还不断想要新玩具,让妈妈感到很烦恼。让我们一起来听一听,方方的妈妈有什么烦恼……"就这样,本课的学习活动正式开始了,这是很巧妙的设计。

(二)策略启学

"古代科技,耀我中华"一课,教师从中医药学、农学、天文学、算学等角度,引领学生了解我国古代灿烂辉煌的科技成就。请学生推荐一位最喜欢的古代科学家,说说他们的生活年代以及作出的科技贡献,学生纷纷举手发言。通过对教材内涵的深入挖掘,学生了解了古代中国科技史的基本常识,建立了民族文化认同感,培养了民族自信心与自豪感。

"推翻帝制,民族觉醒"一课,信息量很大,教师就借助各种信息化的手段加以呈现。在导入阶段,利用南京城的图片,带领学生慢慢走近南京,走进那段历史。为了帮助学生理解当时的时代背景,教师还应引导他们深入解读了《时局图》。三分钟的视频资料"孙中山与辛亥革命",简要而全面地介绍了孙中山组织革命团体、领导革命活动、成功推翻帝制的过程。逐一展示孙中山先生的陵寝、遗容、遗言等,深深地打动了他们。

(三)体验启悟

"自主选择课余生活"一课,在教学"课余生活助我成长"板块时,教师请学生交流自己参加了哪些社团,同时随机播放上学期全校社团成果动态展示活动时所拍摄的视频,听着软糯的沪语歌谣,学生感受到了家乡戏剧的魅力;欣赏英语儿歌社的同学展示的英语儿歌,开阔了学生的国际视野;欣赏航模社团的学生亲手制作的飞机模型作品,激发了学生对学校启航文化的探究兴趣。

"我们神圣的国土"一课,在教学"活动园"板块时,教师请学生说一说,自己家乡的衣食住行与当地的自然环境有什么关系,并选择一种方式,展示家乡的生活特色。在交流时,很多学生都知道我们施湾地区的一大"特产"——浦东国际机场,纷纷说起了自己坐飞机或者去机场观摩之后的感受。但是,他们对于浦东的老土布等传统文化并不是很了解。课后,教师发动学生去寻找老人们"经布""织布"的相关照片,问家里的奶奶、外婆要几块浦东土布,探究一下老人们织布的原因、土布的用途等。学生欣赏着照片,摸着虽然质地不怎么细腻但却充满历史文化气息的土布,交流着自己的访问、探究结果,对浦东乡土文化有了更深入的了解。

(四) 多元启评

"和为贵"一课,上课伊始,教师就请几名学生当堂用情景剧表演了著名的"三个和尚没水吃"的故事,这马上引发了他们的思考:为什么他们人越多力量反而会越弱呢? 随后,师生即时辨析、讨论和评价,学生明白了个人的力量是有限的,团结协作十分重要,在当今社会,这一点显得尤为重要。形象生动的小品表演,加上师生的即时讨论,学生明白了引人发笑的故事背后隐藏的深刻道理。

又如"处处可学习"一课,引导学生理解生活中有各种各样的学习机会。在第一课时讨论、寻找各种学习机会的基础上,第二课时教师请学生在课堂上以小组合作的形式开展活动:绘画、剪纸、写作、游戏……在随后的展示与评价的部分,教师请一些小组到讲台上展示作品,交流合作体会,同时展开小组互评、组组互评、师生评价等,效果较好。教师不是只请每个小组的组长上台交流,而是请全组上台,贯彻了尽量让每一个学生得到最大发展的教学理念;在教师的引导下,他们开展了同组同学之间的评价、小组与小组之间的评价,以及教师和小组之间的评价与交流,在无形中锻炼了学生的判断、归纳、表达等能力。

二、培养"道德修养"核心素养

(一) 个人品德

小学生,尤其是低年级的学生,对学习和生活过程中需要遵守哪些规则、注意哪些要求,都还不熟悉。因此,我们的道德与法治课堂,要注意培养学生的"个人品德",这也是我们学科的重要教学目标。

因为学生还小,所以我们一般将抽象的道德准则以形象化的手段展示出来,以使学生有初步的认识和感受。比如,"新年的礼物"一课,教师引导学生以新年卡片的形式表达对自己、亲人、朋友等的良好新年祝愿。在说一说、写一写、做一做的过程中,既可以激发和培养学生的感恩之心,也是在潜移默化中让他们明白了"尊敬师长"这一品德要求。

又如"我很诚实"一课,通过案例故事、情景体验、角色扮演、辨析诊断等各种学习活动,引导学生交流、讨论、辨析、表演、分享,辨是非,明事理,引导学生联系生活实际反思自己的不足之处,明白了不能因为好面子、害怕、好胜等心理情绪而说谎话,要养成诚实的良好品德。

(二)家庭美德

中国是个重视家庭的国家,家庭伦理是中国社会的重要观念,帮助学生继承这一优秀传统文化是教育的重要任务之一。一些学生并不了解传统的家庭伦理关系,除了爸爸妈妈、爷爷奶奶、外公外婆,更复杂一点的亲戚关系,就不清楚了。一年级下册第三单元的主题是"我爱我家""我和我的家"一课中,教师把家庭结构关系以"家庭树"的形式来帮助学生厘清三代以内的家庭关系。随后在讲述"家人的故事"环节中,再一次结合教材"我叔叔的故事",说明家人并不局限于自己的小家庭,也包括大家庭的成员。如此,中国传统观念中的"家""家人"概念在学生脑海里得到了强化。

同一单元中,"家人的爱"一课,教师先出示表格"爱的放大镜",让学生想想家人有哪些关爱自己的表现,想想自己以前对家人有没有做得不好的地方。在表格的铺垫下,教师出示教材中有关《弟子规》的内容——"出必告,反必面",用图片引导学生认识到出门前要告诉家人去哪里、和谁在一起,回到家里要主动跟家人打招呼,这样就不会让家人为自己担心,这是中国传统文化中孝道的表现,也是爱家人的一种表现。这节课很好地将向家人表达自己的爱与传统文化紧密联系起来。紧接着,引导学生说说还有哪些做法也可以表达我们对家人的爱,比如给爷爷捶背、给奶奶梳头、多陪家人说话等,都是爱家人、孝顺长辈的表现。让中华优秀传统文化深入学生内心,引导他们成为爱家孝顺的中国娃。

(三)社会公德

"这些是大家的"一课,学生在第一课时知道了什么是公物,并认识了一些基本的公物,在此基础上,为使学生真正体会到"公物给大家带来了许多便利",教师出示一张"学校公物调查表",引导学生开展校园小调查:校园里有哪些公物;谁需要使用这些公物;这些公物给我们的学习生活哪些方便;等等通过实地调查,学生惊奇地发现,校园里,竟然有这么多公物,给大家的生活和学习带来了很大便利。

又如"我们有新玩法"一课,教师利用一些生活中常见的绳子、瓶盖、铅笔、鞋子、垃圾桶等物品,引导学生开动脑筋,想想可以用来做成什么新玩具,打开了他们的思路。接着,师生一起合作演示了用废水瓶打保龄球的游戏,并引导学生通过亲身体验和仔细观察懂得了"玩好游戏需要准确的游戏规则"这一道理。随后,在充分讨论的基础上,学生开动脑筋,在课堂上玩起了各种充满奇思妙想的创意游戏……就这样,在润物细无声的过程中,学生的环保理念得以培养,得以提升。

(四) 职业道德

"我们的衣食之源"一课,教师不是生搬硬套地教教材,而是用教材、借教材,如教材中第一张图片,没有引导学生看图说话:餐桌上有什么,它们从哪来。而是巧妙地以聊天、谈话的形式引入,"老师想知道你们今天中午吃的什么""它们从哪来""哪些人为之付出了辛勤劳动";等等。这样的聊天既紧密联系实际,又在不知不觉中使学生认识到了食堂工作人员、农民等职业的重要性。

"生活离不开他们"一课,课前教师布置了"寻找最美劳动者"的社会实践活动,将教材资源与社会资源紧密结合。在课堂教学中,教师收集了具体的、真实的资料,用直观的感知激起了学生的学习兴趣,拉近了学生与各行各业劳动者的距离。特别是"职业大体验"活动,让学生感受到每一个劳动者所从事职业的意义及背后的艰辛,从而进一步认识到,没有这些劳动者的辛勤付出就没有我们美好的生活。由此,自然而然地激发出他们的心声:我们的生活离不开他们,我们要感谢并尊重他们!

三、成效与反思

(一) 进一步促进了道德与法治学科的学生学习能力

1. 学生学习道德与法治学科的动机明显增强

道德与法治的学习内容与语文、数学、英语等学科相比,与生活密切相关,源于生活,又高于生活,能切实指导学生的生活实践,因此本就比较受学生的欢迎。

随着教学研究活动的深入开展,我们发现,多数学生更加喜欢上这门课了。教师还没进教室,他们就已经"引颈以待"了。显然,我们的教学实践增强了学生学习道德与法治知识的学习动机。

2. 学生的道德修养和认知力有所提升

通过谈心交流、综合作业、个别访谈等途径,我们了解到,绝大多数学生知道在个人品德方面,要注重爱国遵规、勤劳善良、诚实守信、团结友爱等;在家庭美德方面,要践行尊老爱幼、男女平等、邻里互助等道德要求,做家庭的好成员;在社会公德方面,要遵守文明礼貌、相互尊重、爱护公物、保护环境等道德要求,做社会的好公民;职业道德,包括懂得劳动不分贵贱,理解爱岗敬业、办事公道、奉献社会等是良好的职业道德。显然,学生的道德认知能力得到了有效提升。

(二)进一步优化了道德与法治学科的教学效果

1. 学科课堂教学效果得到优化

曾经,在道德与法治课堂教学中,学生的有探、有创并不显著。随着"五有四启"教学模式的实施,课堂上学生的最近发展区得以激活,思维活力得以激发,学生思维的广度得到拓宽,学生思维的深度得到增加。"五有四启"教学模式和学科核心素养有机融合,有力提升了课堂的效能,促进了学生学科核心素养的培育与提高,使道德与法治课堂显示出了勃勃生机。

2. 道德行为实践效果得到优化

说到底,我们的教学实验是否真正成功,要通过实践来检验,要看学生的道德修养是否真正得到提升,良好的道德行为能否得到落实。因此,在家校联系过程中,比较注意和家长交流这方面的情况,了解学生是否真的"知行合一、身体力行"了。从各种反馈信息来看,效果是比较令人满意的:有学生家长在我们教学"家是最温暖的地方"这一单元的课文之后不久对老师说"不知怎么的,我家孩子不怎么和我顶嘴了";有学生在学校组织的爱心捐款活动中写道"我要帮助'希望工程'中那些读不起书的孩子";很多学生在写语文作文时甚至会运用在道德与法治课学习过程中了解到的素材……

3. 教师教学方式转变得到促进

通过我们的实践研究,进一步促进了教师教学方式的变革。很多时候,教师不再仅仅满足于完成教学任务,达成一时一课的教学目标,而是学会了经常反思,学会了站在他人的角度看待各种教育教学问题,学会了经常以有趣、有思、有悟、有用和有效来审视自己的道德与法治课堂教学,经常问一问自己"这么做,是要培养学生的什么道德修养""怎样改进,才能更好地提升学生的道德修养"⋯⋯于是,自然而然中,教师的专业成长得以生发、得以生长。

参考文献

［1］石芳,韩震.打牢铸魂育人根基落实核心素养培养——《义务教育道德与法治课程标准(2022年版)》解读[J].教师教育学报,2022,9(03):112-117.

［2］谢新峰.新时代学生思想政治教育目标系统建构研究[D].长春:东北师范大学,2019.

［3］肖驰.在理想与现实之间:全球素养导向的课程探究[D].上海:华东师范大学,2021.

第二篇 启德铸魂·勤思笃行

"启创"课程，点亮少年科技梦想

杨　沥

随着科技的飞速发展，创新能力已成为衡量一个国家竞争力的重要指标。作为人才培养的摇篮，学校承担着培养学生创新思维和实践能力的重要任务。东港小学结合学校特色和资源，积极探索科技课程的建设与实施，通过一系列科技活动，激发学生的创造潜能，促进其全面发展。

一、背景

小学科技创新活动是科学教育的重要组成部分，是科学教育落实知行合一、创新实践的最佳载体，是面向全体学生提升科学技术素养，落实拔尖创新人才培育的有效途径。

东港小学积极响应国家号召，将科技教育纳入学校发展规划，构建"启创课程"，将科学课程资源整合，厘清"启创课程"在学校课程中的脉络，进行校内外一体化实施，科技类基础课程、科技讲座课程、科技午会课程同频共振稳步推进。保障科技教育的有效开展，赋能科学教育新格局，促进学校发展的新生点。

近年来，东港小学高度重视科技教育，建好学校主阵地，用好社会大课堂。通过科创课程、活动锻炼、能力拓展、科技竞赛等模块与途径，打造学校科学教育特色，赋能学校高质量发展。

二、组织管理

(一) 建立科技教育工作领导小组

学校成立了科技教育特色学校创建工作领导小组，组长由学校校长、书记担任，德育主任(科技总辅导员)、教导主任、总务主任为副组长，科技教师、后勤保障人员负责科技教育工作的日常事务和准备工作，其他学科老师做到明确任务，责任到人。(见图1)

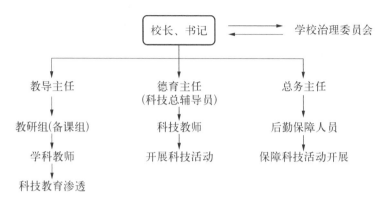

图 1　科技教育特色学校创建工作领导小组架构

每学期学校召开科技教育工作专题会议,全面掌握科技教育工作进展情况,及时查找科技教育工作中存在的问题,认真研究解决问题的方法措施。

(二)规划科技教育发展

学校明确科技教育在学校发展中的重要地位,要求通过开展航空航模项目化学习的校本研修、科技实践活动、航模系列的课程等方式,生成具有航空特色的学生综合素养评价体系。

学校科技活动的开展要有科学规划,领导小组负责制订科教工作计划,指导全校科技活动的开展,并在教育教学实践中不断强化学校科教特色。每学年末尾,科技总辅导员总结本学年中的优点与不足,争取下次科技活动能更上一层楼。

(三)建设科技教育特色项目

在航空科技教育特色的培育过程中,学校以启德、启智、启健、启美、启行五个维度实施基础型、拓展型、探究型课程,构建"五育"融合的"一体两翼""五维三层"的课程体系。

在探究型课程板块中打造"航空航模"教育特色课程。在普及层面,学校整理《航空航天》校本教育资源,开设航模教育课,让学生了解航天基本原理和发展史等知识,从而激发学生对航模活动的热情,激励民族自豪感和责任意识。在提高层面,以社团活动、拓展型课与课后服务为载体开展航模、船模、车模制作等社团活动,让学生在做中学、学中探、探中创,进一步提升学生在真实情境中发现问题与解决问题的能力,提升高阶思维能力,发展核心素养。

三、科教实践

（一）航空知识讲座

航空知识讲座作为一种教育和交流的形式，其意义深远且多元。对于青少年而言，航空知识讲座是他们接触科学、了解世界的一个重要窗口。通过讲座中生动有趣的案例、引人入胜的讲述，可以激发他们对航空航天科技的浓厚兴趣，甚至引导他们未来投身于这一充满挑战与机遇的领域。

学校定期邀请航空领域的专家学者来校举办讲座，如"我的飞机梦""承载希望 放飞梦想""飞行试验的发展与新技术""中国航天发展史""卫星结构与AIT"等科技讲座。通过生动有趣的讲解和演示，让学生近距离感受航空航天科技的魅力。讲座内容涵盖航空历史、现代航空技术、未来航空发展趋势等多个方面，拓宽学生的科技视野，激发他们对航空事业的热爱和向往。

（二）科技午会课

科技午会课是学校科技教育的重要载体。每个双周的周三中午有一节科技午会，会上科技教师会根据学生的年龄特点和认知水平，设计丰富多彩的科技活动。通过实验操作、互动问答、观看科普视频等多种形式，让学生在轻松愉快的氛围中学习科学知识，掌握科学方法。同时，教师还注重引导学生关注身边的科技现象，提高他们的观察力和思维能力。

（三）模型社团活动

学校成立了五个科技社团，具体包括航空模型、车辆模型、航海模型、建筑模型、创新发明。每个社团都有专职的教师、固定的活动场所、合理的活动安排、完整的评价记录和适当的管理制度。

学校科技社团以航空模型社团为引领，展现了学生对天空的无限向往与探索精神。其他社团则作为有力补充，共同构成了学校科技教育的多元化生态。这些社团各有特色，相互促进，共同提升学生的科学素养和创新能力。

在社团活动中，学生在教师的指导下，亲手设计、制作并展示各类模型作品。从材料的选择到结构的设计，从动力的配置到调试的优化，每一个环节都充满了挑战和乐趣。通过动手实践，学生不仅掌握了模型制作的基本技能和方法，还培养了核心素养。

（四）校园科技节

我校每年都会举办校园科技节活动,在 2021 学年第一学期,学校还联合施湾中学、施湾小学共同举办了祝桥学区第一届科技节。此次科技节邀请了浦东新区各级领导、祝桥学区各校校长和各校部分师生,大家一起在东港小学参加了科技节开幕式。此次科技节活动丰富多彩,有模型类比赛、航空科普讲座、科普知识竞赛、小创客科技比赛等。在科技节活动中,学生用聪明才智和灵巧的双手尽情展示自身的风采。大家以敏锐的科学思维和眼光,积极地实践、大胆地想象、勇敢地创造,让科学的种子在幼小的心田里生根、发芽,让科学精神在校园里畅快地演绎、淋漓地发挥。

四、在实践中收获成果

（一）学生创造力显著提升

经过一系列科技课程的实践探索,东港小学学生的创新能力和实践能力得到了显著提升。在各类科技竞赛和模型制作比赛中,学生屡获佳绩,充分展示了他们的创新精神和实践能力。同时,学生也养成了良好的科技素养和探究精神,对科技产生了浓厚的兴趣。

在特色项目(航空模型)比赛中,每学期学校都能获得区级、市级荣誉,还曾多次获得全国赛事的荣誉。我校航模社团还荣获过第 12 届、16 届上海模型节"优秀科技模型社团"称号,在第 13、16 届上海模型节上进行了学校航空模型社团展示。

（二）教师专业素养不断提高

在科技课程的实施过程中,教师的专业素养也得到了显著提升。他们不仅掌握了更多的科技知识和技能,还学会了如何将这些知识融入日常教学。同时,教师还积极探索新的教学方法和手段,努力激发学生的学习兴趣和创造能力。

（三）学校品牌影响力增强

东港小学在科技课程实践中的积极探索和显著成效得到了社会各界的广泛认可和赞誉。学校的品牌影响力不断增强,吸引了更多学生和家长的关注。未来,学校将继续深化科技课程改革和创新实践探索工作,为学生的全面发展创造更加广阔的空间和良好的条件。

未来,学校将继续秉持"五育并举"的教育理念,注重培养学生的创新精神和实践能力。同时学校还将加强与外部资源的合作交流,共同推动科技教育事业的蓬勃发展,为学生的全面发展和终身发展奠定坚实的基础。

参考文献

［1］许宏涛,王兴良.科技模型制作对培养学生创新实践能力的探究[J].新课程,2021(38):21.

［2］贾海玲.浅谈中小学科技教育的意义[J].青春岁月,2016(09):185.

基于"启教育"培养小学生
音乐表现力的探索

张晓莎

"启"的意思是打开,知识的启蒙、智慧的启迪、人格的启发、人生的启程都是这个含义。东港小学"启教育"的教学理念中提出以有趣、有联、有探、有创、有育的"五有"为特征,以情境启思、策略启学、体验启悟、多元启评"四启"为路径的教学模式。

《义务教育艺术课程标准(2022年版)》指出,艺术教育培养的核心素养主要包括审美感知、艺术表现、创意实践和文化理解。其中,艺术表现是在艺术活动中创造艺术形象、表达思想感情、展现艺术美感的实践能力。艺术表现的培育,有助于学生掌握艺术表现的技能,认识艺术与生活的广泛联系,增强形象思维能力,涵养热爱生命和生活态度。对于小学音乐课程来说,教师应有意识地从学生视角出发,结合"五有四启",来提高学生的艺术表现力。

一、优化音乐体验式教学

在小学音乐课教学中,如何使学习成为一件充满吸引力的事情,如何引导每个学生积极、主动、全身心投入到有表现力和创造力的活动中,就需要教师深度解读教材,确定教学目标和重难点。音乐课的学习需要学生亲身参与、主动实践、在体验中获得审美感知。音乐体验式教学是多种体验方式的融合运用,多方面、多途径地引导学生感知、体验、理解音乐,提升审美能力,掌握艺术表现的技能。

1. 目标导向,情境体验

情境体验是连接学生感受音乐的桥梁,我们通过人物、事件、时空,或是语言描述、背景音乐等,创设生动的情境,激发学生的学习欲望和兴趣。情境的营造可以是多样的,如教室环境的布置,教师的语言与服饰,播放的背景音乐等。

以上海音乐出版社出版的音乐教材为例,如四年级下册"采茶舞曲"课,在导入环节,合理选择媒体素材,用"情境启思",出示中国各种名茶的图片,设置问题:茶农们劳动时脸上的表情是怎么样的? 采茶是在茶树的哪个部位进行的? 能不能用一个字来形容茶芽? 采茶的力度应该是怎么样的? 能不能模仿一下采茶的动作? 一系列基于实际情境的问题与本课的音乐产生联系,引导学生逐渐掌握采茶动作要领,学生边听边模仿采茶动作,从而引出本课主题。教师通过查阅大量的音视频资料,挖掘出作品的特征,结合四年级学生具备一定听赏能力和敢于主动发表自己想法的特点,创设了"奏茶曲、唱茶歌、编茶舞"三大任务。

情境启思,活动实践。在奏茶曲环节,如果学生能准确打出节奏就可以加入民乐合奏。学生在参与实践活动过程中,获得了对音乐的直接经验和丰富的情感体验,为掌握音乐知识和技能、领悟音乐内涵,提高音乐素养打下良好的基础。

策略启学,听觉为先。在唱茶歌环节,引导学生思考:演唱有什么特点? 进而思考唱的是哪个地方的方言,进而发现这种方言没有翘舌音的特点。学生在猜测、探索、发现的过程中,逐渐感知方言的语音语调和风格特点。

体验启悟,情景交融。在编茶舞环节,通过听、看、创、演四步,师生共同合作表演,有劳动的场景,也有休息的场景,再现采茶人欢快愉悦的心情,帮助学生理解、感悟、表现音乐。

2. 设计活动,合作体验

在合作体验教学中,学生需懂得与他人互动合作,相互支持,最终完成小组任务。学生围绕知识点,在自主学习、相互商讨的过程中,体验音乐的情感与特点,提升协作能力,分享成果。

如四年级上册"我们大家跳起来"一课,在教完歌唱环节后的拓展部分,教师给学生示范了小步舞曲的舞蹈动作,同桌一起练习舞步,在合作体验中感受舞蹈的韵律,典雅的风格。在体验中提升人际交往的能力,在协作中相互配合、共同进步,从而培育音乐学科核心素养。

二、探索情感交融式导学

在小学阶段,学生的语言是比较简单的,加上网络用语的影响,学生不易用较为贴切的词汇语句来表达自己的体会。据任课教师的观察统计,各学段虽年龄不同,但高频词汇相对集中。例如,心情愉快、欢乐,旋律好听、动听、优美,氛围安静、宁静、热闹,等等。学生若不能在音乐学习过程中充分调动积极性、激发探究意识,那只能停留于浅层,缺乏举一反三的能力,难以全面感知音乐情绪和建立深层的情感共鸣。根据前述的难点和各学段学生的特点,教研组开展探索通过学生共情共融方式提高艺术表现能力的导学策略。

1. 低学段:听思感知,构建关联

曾有音乐家说过,聆听音乐作品就是一种心灵的对话,能产生情感共鸣,是一种享受。可见情感共鸣对音乐学习的重要性。一、二年级的学生年龄小,情感单纯,认知能力有限,缺乏生活经验,所以在教学中引导他们尝试体验音乐情绪,听辨不同情感,然后通过语言描述、歌唱表演等方式表达情感。

如一年级下册"遥望我的蓝色星球"一课,歌曲中加入了男中音、女高音和童声,教师引导学生聆听歌曲后思考"歌曲中是谁在打招呼,向谁打招呼""如果你在太空中看到了我们的蓝色星球,你会想对它说些什么"等问题。并尝试搭配歌词反复多次演示"你好"的动作,进一步促进低学段学生对乐曲情感的呼应。进一步,教师出示太空、宇航员、火箭、八大行星等图文资料,辅助激发学生的音乐情感,激发学生的想象力,提升对国家的文化自信、科技自信和对国家的热爱。

2. 中学段:激发想象,多维感悟

三、四年级的学生具有一定的生活经验,判断能力比一、二年级的学生更为准确和清晰,因此对他们要求能在感知不同情绪时自然地做出相应表情或体态反应。

如三年级下册"飞来的花瓣"一课,教师让学生聆听音乐解析歌词,引导他们感受比喻的手法将"飞来的花瓣"比作"飞来的信件",引导他们思考前后两段演唱者音色的不同、身份的不同、心境的不同。通过对三次"回答老师"的重复演唱,力度从强到弱,再到渐强,感悟"我"对老师浓浓的情意。教师牢牢抓住学生的"共情"心理,趁着三年级学生刚过完十岁生日,设问:"请你们想象一下再过十年,已经成长为社会栋梁的你们,会对教过自己的老师说些什么?"以此推动学生音乐情感的表达。

3. 高学段:表达探索,共情共融

五年级学生的生活经验与情感逐渐丰富,因此对他们要求能充分感知音乐情感,有自主表达音乐情感的意识,并可以通过创编来表达。

五年级上册"雨花石"一课,曲调婉转起伏,节奏富有变化,歌颂革命烈士甘为铺路石,默默奉献的精神。初听歌曲,解析歌词,感受拟人手法的魅力(如"躺在/埋在泥土之中""铺起一条五彩的路")。在组织学生讨论歌词时,观察学生的状态,尤其是对革命烈士英雄事迹的理解和表达。在拓展环节,放手让学生自主探索合适的表现形式,设计符合角色形象与性格的表演、选择适合歌曲内容的旋律、编写与内容契合的旁白等。学生转化视觉(雨花石、泥土、五彩的路)与联想(革命烈士保家卫国、英勇牺牲、无私奉献),在音乐活动中深度感悟、充分表达情感,能用自己的语言去描述音乐特点。

三、设计活动驱动式探索

随着社会的发展、科技的进步,创造和创新是新时代的主旋律。音乐学习是一种创造性的活动,培养学生的音乐创造能力是音乐课教学的目标之一,这有助于学生形成创新意识,提高艺术实践能力和创造能力,增强团队精神。

1. 设计多感官参与的音乐活动

"活动与体验"是深度学习的核心特征。在小学音乐课堂中,如何使学习成为一件充满吸引力又好玩的事情,如何引导学生积极、主动、全身心投入有创造力的音乐活动,这需要教师深度解读教材,确定教学目标和重难点,根据乐(歌曲)的特点,设计聆听、演唱、演奏、律动等多感官参与的活动,以此丰富体验的层次,提升创意表达的能力。

如三年级下册"放牛山歌"一课,充分挖掘歌曲的每个部分,包括前奏间奏和结束句。这首歌属于民歌中的山歌,具有浓厚的四川音乐风格。歌曲前奏有35秒,教师引导初听并设问"音乐中你听到了哪些声音""通过这些声音,觉得要跟我们讲一个怎样的故事",继而听前奏,学生发现布谷鸟的叫声、泉水叮叮咚咚的声音和用方言喊山的声音,并用自己的方式表现出来。教师请班上的四川孩子用方言喊山"上山喽,赶牛喽",全班用四川话回应"来喽"。最后每个学生做一个造型,有的模仿牧童吹笛、有的模仿小鸟扑腾翅膀、有的模仿捡柴的动作、有的模仿山里的一棵大树。学生在多感官的参与下,时而随音乐律动、时而放声歌唱、时而创意表达,感受音乐带来的美。

2. 设计有挑战性的音乐任务

小学生较为活泼好动,喜欢有挑战性的任务,我们设计丰富多彩的音乐活动,提高他们的参与热情,让他们能与同伴一起表演,分享音乐活动的快乐,在玩中体验,在玩中创造。

一年级下册"大鹿"一课,教师设计三个音乐盲盒串联整个学习过程。教学时用讲故事的语气来引导:"小朋友们,小兔子有三个音乐盲盒,解开这三个盲盒需要三把钥匙,才能成功躲避大灰狼。我们一起帮帮它吧!"它们分别为节奏盲盒、歌唱盲盒、表演盲盒。最后拿到的"钥匙",就是学生在这节课的学习成果。教学设计丰富了评价内容,提高了评价的全面性和准确性,以评促学,实现学生核心素养的不断提升。教师设计的评价要点紧扣活动需要关注的音乐技能,如速度的稳定、节拍的韵律感、音色音量的和谐,还有演唱时的表情状态。学生的艺术表现力是多维度的。

艺术表现是音乐学习的基础内容,通过音乐实践活动能促进学生学会用音乐的形式表现情感。学生可以在课上欣赏音乐作品,并用小乐器伴奏、方言演唱、舞蹈动作等方式来表现感受。体验、模仿、探索、合作、综合,这些都是音乐学科落实核心素养培育的有效途径。学唱和欣赏课对于发展学生听觉、欣赏能力、表现能力有重要的意义。因此,教师需要不断挖掘音乐内涵,实现课堂教学目标。通过"五有四启"的教学模式,让教学的逻辑更加严谨、教学目标更加聚焦、教学方法也更具科学性,有效提高学生的学科核心素养。

参考文献

[1] 张黎红.多元文化背景下的中小学民族音乐教学研究——问题与对策[D].长春:东北师范大学,2012.

[2] 李吉林.为儿童快乐学习的情境教学[J].课程·教材·教法,2013,33(02):3-8+28.

"启教育"理念引领下构建美术创意课堂的探索

倪 琳

随着《义务教育艺术课程标准(2022 年版)》的发布,小学美术教育进入了一个新的发展阶段。新课程标准不仅强调了美术知识与技能的教学,更注重学生的创新精神和创造力的培养。在这一背景下,如何构建高效、有趣的美术创意课堂,成为小学美术教育面临的重要课题。"启教育"理念指导下的"五有四启"教学模式是东港小学在深入研究新课程标准基础上,提出的一种教学模式。本文基于"五有四启"教学模式,探讨在构建美术创意课堂过程中的应用及对提升学生创造力的影响。

一、构建美术创意课堂的原则

(一) 启发性原则

在构建美术创意课堂时,应坚持启发性原则,通过设计富有启发性的问题、任务和活动,引导学生主动思考、积极探索,激发他们的创造力和想象力。教师可以通过创设问题情境、提供多样化的学习材料等方式,激发学生的好奇心和求知欲,让他们在解决问题的过程中获得成就感和自信心。

(二) 个性化原则

教师关注学生的个性化需求,因材施教,为不同水平的学生提供适宜的学习机会和挑战,让每个学生都能在课堂中找到自己的位置和价值。在教学过程中,教师应深入了解每个学生的兴趣爱好、性格特点及美术基础,以此为基础设计个性化的教学方案。

(三) 实践性原则

在美术创意课堂中,实践性原则尤为重要。教师应鼓励学生将理论知识与实际操作相结合,通过亲手创作、实验和观察等方式,深化对美术知识的理解与掌握。通过实践活动,学生可以更加直观地感受到美术创作的乐趣和魅力,进而激发他们的创造力和创新精神。

二、构建美术创意课堂的策略

(一) 创设趣味情景

在"启教育"理念引领下,激发学生兴趣是关键。教师需要在美术课堂中创设出趣味盎然的情境,精心策划一系列与学生日常生活紧密相关、充满趣味的教学活动,让学生在轻松愉快的氛围中感受美术的魅力,激发学生对美术学习的热情与创造力。

例如,"树的联想"一课是让学生通过联想进行创造。其实,在学生的生活中到处都有树,学生对树很熟悉,但未必真正仔细观察过树的结构,也未必都能说出树的特征。同时,想象替换对于学生来说还是有一点难度的,往往会忽略树本身的形态结构,也有部分学生可能联想出没有关联的东西。因此,教学目的主要是引发学生对类似物体的联想和迁移,是发挥学生想象的有效途径。教师可以带领学生走进校园,观察不同种类的树木,比较它们的形态、颜色和纹理,然后鼓励学生将观察到的特征与他们熟悉的其他物体进行联想。比如,一些学生会发现某些树皮的纹理与动物的皮毛相似,或者树叶的形状与特定的乐器相似。在这个过程中,教师可以准备一些图片激发学生的想象,用一些独特的角度引导学生想象,在老师的引导下,学生会打开思维,激发出自身的创造力。

(二) 跨学科课堂创设

在趣味课堂的基础上,教师需要注重知识间的联系和整合,帮助学生形成完整的知识体系。在美术教学中,教师可以通过引导学生发现不同作品之间的内在联系,探究同一主题下的不同表现形式,以此培养学生的综合思维和创新能力。"跨学科课堂"与这一要求十分契合,跨学科课堂的创设不仅打破了传统美术教学的界限,还为学生提供了更广阔的视野和更丰富的创作素材。在跨学科课堂中,教师可以将美术与其他学科如语文、数学、科学等相结合,整合不同领域的知识,激发学生的创造力和想象力,提升综合素养。

例如,"昆虫乐园"一课,教师可以融合语文、数学和科学等学科,帮助学生从不同的角度了解昆虫的外形结构与细节特征,能用线条画出昆虫的外形特点,用点、线、面组合表现细节特征。课前,鼓励学生阅读有关昆虫的文学作品,融合语文学科,让学生了解昆虫在文学中的象征意义和文化内涵。在分析昆虫形态时,可以与数学相结合,通过折叠、观察、画一画等方式,了解轴对称图形的特点,便于学生掌握对称造型的方法。在与科学学科的结合中,教师可以鼓励学生通过观察昆虫的标本或图片,了解昆虫的形态特点,培养他们科学探究的精神。通过这样的跨学科教学,学生不仅能够学习到美术知识,还能加深对昆虫的认识,从而在创作中融入多元的元素和视角。教师还可以组织学生进行户外写生,实地观察昆虫的活动,将观察到的细节融入自己的艺术作品中,学生通过观察与交流,发现不同昆虫的外形特点、身体结构和细节特征,在比较、分析与实践的过程中,探索用点、线、形组合表现细部结构与花纹的方法。通过不同角度的观察与审美,学生还会体会到昆虫形态的多样性和细节美,逐步养成细心观察、善于发现和乐于创新的学习习惯。以此激发学生感受大自然生命的丰富多彩和对小生命的喜爱之情。这样的实践活动能够极大地提升学生的观察能力和创作能力。

跨学科课堂的创设能帮助学生理解不同学科之间的联系,培养学生综合运用知识解决问题的能力。在这样的课堂中,学生被鼓励去探索、提问和实验,教师则扮演引导者和协助者的角色,帮助学生将不同学科的知识点串联起来,不仅丰富了美术课堂的教学内容,也为学生提供了更多展示自己创造力的机会与平台。

(三)构建完善评价体系

在评价方面,"五有四启"教学模式倡导多元评价,不仅关注学生的作品成果,更注重学生在学习过程中的表现和进步。这有助于全面提升学生的综合素质,促进学生的个性化发展。在美术课中,教师应构建一套完善的评价体系,以激励学生不断发挥创造力。从评价维度来看,可以包含创作过程、创意表现、技术运用以及作品成果等。在多维度评价中,教师可以更全面地了解学生的学习情况和成长轨迹,并在这个基础之上为学生展开更有针对性的引导和教育。从评价主体来看,除了教师评价外,学生自评、学生互评、家长评价也应融合其中,建构多元化多主体多层面的评价体系。例如,在教学中可设计"预习评价单""课堂评价单""素养评价单""综合评价单"四种评价单,贯穿课前、课中、课后全过程,确保学生能在每一个环节都可以进行有效的评价。这样的评价体系,不仅丰富了评价手段,还提高了评价的针对性和实效性,为学生的创造力发展提供了强有力的支持。

（四）构建家、校、社教育全环境

自 2022 年《中华人民共和国家庭教育促进法》施行以来，教师已将家、校、社资源整合与丰富教学环境和内容，作为了教育改革的基本方向。"启教育"理念下的小学美术教育，要融汇家庭、学校和社会的全环境资源，共同为学生创造一个良好的学习氛围。

例如，"连续的图形"一课，教师可以融合"少数民族元素"，鼓励家长帮助学生借助互联网了解更多传统服饰中"连续的图形"。家长可以与孩子一起观看相关文化视频，了解图形背后的文化故事和意义。此外，教师可以组织学生参观博物馆或文化展览，让学生在不同时期的艺术品中寻找连续的图形，亲身感受传统艺术的魅力。在这样的活动中，学生不仅能学习到美术知识，还能增强对民族文化的认同感和自豪感。

通过家、校、社三方的共同努力，学生在美术学习中能获得更全面、更深入的体验，从而在创作中融入更多元化的元素和视角，激发他们的创造力和想象力。

三、结语

综上所述，在"启教育"背景下，通过构建美术创意课堂，教师不仅能培养小学生的美术创造力，还能促进他们对知识的深入理解和综合运用，真正落实核心素养的培育。相信在"五有四启"教育模式下，学生能够在教师的引导下，通过观察、探究、实践和创作，不断发现自身潜能，形成独立思考和创新解决问题的能力。

参考文献

［1］于义江.小学美术培养创造力教学方法研究［J］.教学管理与教育研究,2024（04）：125－127.

［2］王友策.浅析小学美术教学中学生创造能力培养策略［C］//华教创新（北京）文化传媒有限公司,中国环球文化出版社.2023 教育理论与管理第二届"高效课堂和有效教学模式研究论坛"论文集（二）.东昌府区郑家镇镇东小学,2023：285－287.

［3］王艳梅.浅谈小学美术教学中培养学生自由创作能力的方法［J］.求知导刊,2022（02）：122－124.

立足课堂启教育，培养学生设计能力

张 燕

《义务教育劳动课程标准（2022）》指出，劳动课程强调学生直接体验和亲身参与，注重动手实践、手脑并用，知行合一，学创融通。可见，劳技教学不能停留在一般的"操作"层面，还要引导学生设计，把"会动手、能设计、爱劳动"的理念渗透到教学实践中，培养学生创新精神和解决问题能力，促进学生掌握技术知识和操作技能，形成良好的技术意识。

然而，在日常教学中有些教师为了让学生做出精美的作品，要求学生只能按部就班地根据教师的要求做出作品，造成学生不知何为设计。劳动技术课不能只停留在简单模仿与制作层面，教师在设计教学活动时应将设计环节细化，每个环节引导学生思考与构想，并在活动中为学生创设设计所需的空间，搭建思考、交流的平台，使他们充分发挥自己的想象力和创作力，运用正确的技术设计出自己的作品。

对于劳技课的新要求"培养学生的设计能力"，我一直在实践教学中摸索，在真实的课堂中分析教学中存在的问题，及时调整教学策略，并认真总结经验，在反思中提高教学能力。下面笔者结合课堂教学实践谈几点看法。

设计是一种"有目的的创作行为"，不少学生存在诸如"设计高不可攀，这是工程师和专业设计人员的事情"之类的疑虑，所以教师先要帮他们端正态度、树立勇气，引导学生从日常生活中发现自己感兴趣的问题，从他们自己的生活经验出发，从个体的学习生活、家庭生活、社会生活或自然生活中自主地提出具有生命力的、鲜活的主题，通过活动中的一系列思考、讨论、交流，产生设计欲望。

一、根植生活，萌发技术设计意识

劳技课学习的最终目的是将所学的知识与技能应用于生活，而学生的学习内容也源于生活。自己调查生活需求，尝试设计，寻求解决问题的办法，这对小学生而言,不是一朝一夕就能做到的。况且,生活中的问题处处可见,什么问题适合小学生参与研究、什么问题更可行,对他们来说很难把握,这就需要教师做好引导工作。

例如,在日常生活中,我们使用的垃圾桶大多数是圆筒状的,而有些垃圾桶形状特别。针对"为什么要这样设计"这个问题,在"简易垃圾袋架模型"课前,引导学生对"有哪些不同种类的垃圾桶""它们的共同点是什么""不同的地方是什么""为什么要这样设计""具有什么功能"等问题进行全面的调查。这样不仅可以培养学生搜集信息和处理信息的能力,还可以帮助他们深入了解围绕垃圾桶的不同问题,从而激发学生的探究兴趣。

二、创设情境,激发技术设计愿望

设计过程是学生将作品对心中朦胧的印象进行具象物化的过程,同时也是对制作的要求、步骤、方法进行表达的过程。每个学生需求不一样,所以设计的作品各不相同。"设计"的过程就是一个思维创造的过程,这个过程使学生知道了怎么做,更知道了为什么要这么做。

在"简易垃圾袋架模型"课中,通过生活情境引出问题,先提出放置垃圾的需求,再让学生了解垃圾袋架的结构,引导学生了解设计图纸需要考虑的因素,引出这节课的目的是设计制作一个简易垃圾袋架模型。考虑到学生是初次设计,无从下手,为了让学生感知垃圾桶的结构,我们创设一个"变魔术"的学习情境。教师把一个垃圾桶经过变化,变成一个框架,学生对垃圾桶的基本结构有了整体的了解,由桶口、桶身和桶底组成。然后又请学生分别设计各个部件,再组装成一个垃圾桶,并且尝试用一笔画完成草图设计。学生面对挑战,饶有兴趣,在不经意间就已初步练习了一笔画的技能。随后,启发学生多角度思考,发现桶口、桶底形状的变化以及桶身如何固定连接。巧用身边的垃圾桶为学生找到了设计学习的好案例。

除了激起学生的学习兴趣外,还可以激发学生突破知识技能的重难点进一步探究的愿望。

三、抓住学生的发展点,形成设计意识

设计过程不是简单的模仿和再现,而是富有创造性的活动,是学生尝试解决

实际问题的过程。对小学生而言，他们要掌握设计需经过无数次的"尝试设计—交流讨论—完善方案"强化过程。这就要求教师注意保持学生在设计过程中的积极性和持久性，保证学生始终以饱满的热情参与学习和设计，这样学生的创造潜能才能得到充分发挥。

在教学"设计迷宫"这一课时，首先让学生了解迷宫的构成，包括起点和终点、复杂的路线（通路、岔路、死路）、障碍物。然后按照步骤操作：构思主题、勾画路径、先画单线唯一通道、再画上岔路（注意道路的曲折）、将单线改为双线、画障碍物、检查路线、上色。

本课的教学对象是五年级的学生，他们对劳动技术有浓厚的学习兴趣，学习态度认真，有良好的学习习惯和较强的动手能力。通过前几个单元的学习，他们对木料的加工技巧有了初步的认识，但对物品的尺寸认识不是很明确。因此在课堂教学中，通过让学生自己绘制迷宫，小组成员参与的方式，让他们体验画迷宫的乐趣，使每个学生都获得参与的快乐。在学生作业中，有的迷宫图设计复杂，线路繁多；有的设计有趣味，障碍物设计独特。在点评他人的设计图时注意引导学生，在碰到关键问题时留给学生思考的时间，多启发学生，使他们养成乐于思考的习惯。

四、抓住学习的探究点，锤炼设计能力

学习掌握具体的知识与技能是一时的，而学会学习是终身的。劳技课除了让学生掌握方法外，还得学会动脑，学生遇到困难的技术问题时别急着向老师寻求答案，应鼓励学生多尝试，主动探究，获得亲身体验，培养发现问题、解决问题的能力。

学生在制作过程中要将"设计"贯穿始终，先局部设计再整体设计。例如，在"简易垃圾袋架模型"一课中，先设计垃圾袋架整体结构，再设计各部件尺寸，最后整体把握。又如在"杯垫"一课中，在制作杯垫前，教师先出示三种不同的设计图，引导学生发现制作一个好杯垫的要求，再让学生开始自己的设计。这样的教学环节使动手和动脑紧密结合，培养了学生发现问题、解决问题的能力。在整个过程中，不论是设计还是制作，学生往往依赖于书本，缺乏创新。所以教学中要突出探究体验，不断引导学生从多角度进行大胆思考，促进学生间的交流，激发学生的创新思维，逐步使学生在实际体验和实践探究中形成初步的设计能力。

五、抓住学力的延伸点,提升设计能力

我们在教会学生操作技术的同时,必须有意识地培育学生对技术的反思能力。适时、有效地组织学生对作品进行反思与交流,提出不同的观点,在互动评价中,加深对制作技术、制作工艺、制作工序的认识。

我们在教学中要求学生在观看作品时能有评价的标准,从技术和设计两方面来进行评价。作品是设计的体现,也是改进设计的载体。通过对作品的观察、比较,学生容易发现设计时考虑不周的问题,在学习他人的基础上,形成更完美的新的设计。有人认为设计图样完成,设计活动就结束了,其实还有一个非常重要的"优化"过程。因为对于学生来说,很难发现自己设计的缺点,这就需要教师的适时点拨和学生间的互评交流,以此优化自己的设计。

随着劳技课要求的提高,教师要改变原来的教学方式,真正提高学生的能力,做一些真探索。学生的设计过程应该是大胆创造的过程,强调学生的全程参与,即从产生灵感开始,设计、优化方案、动手制作,到实际应用的全过程。在这一过程中,教师若能有意识地抓住上述五个切入点,那么学生的设计能力势必能得到不同程度的提高。当然,如何探索出多种实用、可行、有效的策略,还需教师不断探索与尝试。

参考文献

［1］徐长发.新时代劳动教育再发展的逻辑[J].教育研究,2018,39(11):12-17.

［2］庄坚俍,高磊.劳动教育的国外模式与课程实施[J].思想政治课教学,2021(02):77-81.

"五有四启"模式下小学音乐项目式
学习活动的实践

——以四年级音乐课"劳动乐"教学设计为例

赵雨寒

一、案例背景

近年来,小学艺术教育领域的变革日益显著,传统的以教唱为主的小学音乐课教学模式已难以满足学生全面发展的需求。项目式学习作为一种以学生为中心的教学方法,通过参与真实或模拟的项目,让学生在解决问题的过程中学习知识和技能。在小学音乐教学中,项目式学习活动的引入,不仅能激发学生的学习兴趣,还能培养他们的团队协作能力、创新思维和实践能力。本文从"五有四启"教学模式的核心理念出发,深入剖析其与小学项目式学习活动的内在联系,并探索在该模式下如何有效设计和实施小学音乐项目式学习活动,为学生艺术学科核心素养的提升提供有力支持。

我们认为,"五有四启"教学模式的核心理念与小学音乐项目式学习活动之间存在着内在联系:

(一)有趣:点燃音乐学习的热情之火

有趣的课程能极大地激发学生的音乐学习兴趣,教师要发现学生的兴趣,把握驱动性问题,为项目式学习活动的顺利开展奠定基础。在项目式学习活动中,通过设计有趣的音乐项目,如创作音乐剧、制作音乐视频等,让学生在愉悦的氛围中感受音乐的魅力,从而更加主动地参与到学习中来。

(二)有联:编织跨学科的知识网络

有联的课程强调知识间的内在关联和结构化,这与项目式学习活动跨学科整合的要求不谋而合。在小学音乐项目式学习活动中,教师可以引导学生将音乐与其他学科如语文、历史、美术等进行融合,通过不同的子任务,拓宽学生的视野,培养他们的综合素养。

(三)有探与有创:激发探究与创新的活力源泉

课程鼓励学生进行探究和创新,这正是项目式学习活动的核心。在音乐项目式学习活动中,学生要围绕特定的主题或问题,进行自主探究和创新实践。通过小组讨论、查阅资料、实地调查等步骤,不仅能让学生掌握音乐知识和技能,还能培养他们的探究精神和创新能力。

(四)有育:塑造全面发展的育人摇篮

课程体现了育人功能,与项目式学习活动注重学生的全面发展相契合。在音乐项目式学习活动中,教师可以通过设计具有教育意义的项目,如以"爱国主义"为主题的音乐创作项目,让学生在创作过程中获得精神的洗礼和情感的熏陶,从而实现知识、能力和价值观的全面发展。

"五有四启"教学模式的情境启思、策略启学、体验启悟、多元启评教学路径为小学音乐项目式学习活动的实施提供了有力的支撑。通过创设真实的音乐情境,激发学生的思考;采用因材施教的教学策略,满足不同学生的学习需求;注重学生的实践体验和感悟;实施多元化的评价方式,促进学生的全面发展。这些教学策略的有机结合,使得小学音乐项目式学习活动更加生动有趣、富有成效。

二、实施过程

(一)聚焦真实问题,创设驱动性问题

项目式学习是发现问题并解决问题的过程,其中最重要的就是要依托学生兴趣把握驱动问题,学生在活动中一系列的子问题解决后开展对驱动性问题的研究,在深度学习中获得全面的发展。与此同时,驱动性问题对于学生来说应该有一定的挑战性,这也需要教师对学生有清楚的认识,看到学生的"最近发展区",了解学生现阶段已有的经验和可能发展的水平。基于学生兴趣的驱动问题可以激发学生的研究兴趣。教师要保护学生的好奇心,在解决问题的同时培养学生的自信。在项目式学习中驱动性问题是引导学生关注重点、调动经验、激发潜力的关键。

例如,在"劳动乐"音乐项目式学习活动设计时,围绕学生需要掌握的全音符、二分音符、四分音符、八分音符等音乐知识,教师需要思考如何从教材内容出发,结合学生常见的生活场景,聚焦学生的真实问题展开教学。教师帮助学生积极参与"厨房交响曲"项目式音乐活动,探索厨房中的节奏与音色,激发学生的音乐创造力和想象力。在活动中,学生能熟练掌握并运用二分音符、四分音符、八分音符,通过组合这些音符来创造性地表现厨房生活情景,从而建构这些音符的时值概念。通过律动、编创、演奏等多样化的活动,提高学生的音乐素养和团队协作能力。教师提问引导学生思考:"你们在厨房中听到过什么声音""如果让你描述这种声音,你会怎么做""你可以和同学一起创作出富有创意的'厨房交响曲'吗"。这些问题既贴近学生的生活实际,又具有一定的挑战性,能引导学生在解决问题的过程中获得全面的发展。

(二)坚持探索创新,培养艺术素养

项目式学习活动的过程就是学生积极探索、积累经验的过程,在这个过程中,教师应给予学生充分的自主权,鼓励他们自由发挥,勇于尝试。

例如,在"劳动乐"音乐项目式学习活动中,通过有趣的厨房情境教师引导学生开启项目,围绕驱动性问题开展探索。学生通过一系列生动有趣的活动,深入体验了音乐与生活的紧密联系。学生在模拟厨房劳动的情境中,不仅感受到了劳动的快乐,还深刻理解了二分音符、四分音符、八分音符的长短。学生通过敲击餐具、拍手等方式,将这些感受转化为音乐节奏,再进行创作和表现。在"我的厨房好干净"部分,学生通过模仿扫地、擦灶台、刷锅等动作,不仅锻炼了身体协调性,还培养了节奏感。同时,他们学会了如何与他人合作,共同完成任务,提升了团队协作能力。在"香香美食"和"锅碗瓢盆交响曲"环节中,学生更是将音乐知识与生活实际相结合,通过编创儿歌、使用厨房用品伴奏等方式,展现了他们的创造力和想象力。在这些具有开放性的任务中,让学生自主选择任务并进行创作。他们不仅学会了用音符记录生活场景,还体会到了音乐语言的魅力。

这种教学方式不仅激发了学生的创造力,还让他们在实践中体验到了音乐的多样性和无限可能。在音乐活动和拓展延伸环节中,学生进一步巩固了所学知识,并学会了如何在生活中寻找和发现音乐元素。整个教案设计巧妙、内容丰富、形式多样,既注重音乐知识的传授,又注重学生创新能力和实践能力的培养。

(三)创设多元支架,促进学生发展

项目式学习活动本就强调学生的深度学习和持续性探究,为了保证学生能够深度学习和持续探究,要为他们创设多元的支架。

例如,在"劳动乐"项目式学习活动中,教师巧妙地运用了多种支架策略,详见表1。

表1 "劳动乐"项目式学习活动支架策略

支架策略	具 体 应 用	作 用
问题驱动支架	设计问题,如"他们的职业是什么""你听到了哪些声音"引导学生思考和探索	激发好奇心和求知欲,引导主动思考
生活链接支架	将音乐课堂与现实生活相连,让学生模拟厨房劳动情境,体验音符长短	加深对音乐知识的理解
合作探究支架	鼓励学生分组合作编创和表现音乐场景,如"香香美食"和"锅碗瓢盆交响曲"	培养团队协作能力和创新思维
评价反馈支架	在小组展示和表演后给予评价反馈,肯定优点,指出问题和改进方向	提供学习目标和方向,促进持续发展
拓展延伸支架	引导学生关注生活中的声音,鼓励课下寻找并模拟音效	拓宽视野,激发对音乐的兴趣和热爱

通过这些支架的灵活运用,学生在项目式学习活动中得以全方位地提升。问题驱动支架通过一系列精心设计的问题,引导学生主动思考,培养他们的逻辑思维和问题解决能力;生活链接支架将抽象的音乐知识与现实生活紧密联系起来,让学生在实际操作中感受音乐的魅力和实用性;合作探究支架鼓励学生之间的合作与交流,培养他们的团队协作能力和创新精神。评价反馈支架通过及时的评价反馈,帮助学生明确自己的学习目标和方向,促进他们的持续发展。拓展延伸支架引导学生将学习从课内延伸到课外,拓宽他们的视野,激发他们的学习兴趣和热情。这些支架相互补充,共同构成了一个完整的学习支持体系,为学生项目式学习活动提供了强有力的支持。

(四)注重成果导向,促进艺术素养发展

注重成果导向作用在小学音乐项目式学习活动中具有重要的意义。它不仅能检验学生的学习成效和艺术素养水平,而且能引导学生对自己的学习过程进行反思和总结。通过小组讨论和分享交流,学生不仅回顾了自己在项目式学习活动中经历的点点滴滴,还深入分析了自己的优点和不足。

例如,在"劳动乐"项目式学习活动的最后阶段,注重成果的展示与评价。通过组织"厨房交响曲"音乐会,让学生将自己创作的音乐作品公开展示,既检验了他们的学习成效,更增强了他们的自信心和成就感。在音乐会中,学生手持各种厨房用具作为乐器,演奏了一首首充满创意和趣味的乐曲。这些作品不仅反映了学生对音符时值概念的掌握情况,更体现了他们对音乐艺术的热爱和追求。

三、成效与思考

第一,在整个项目式学习活动中,教师需要根据学生的兴趣和需求灵活调整教学策略,以确保每个学生都能在活动中获得成长。通过这样的教学模式,学生不仅学会了音乐知识,更重要的是学会了如何学习,如何与他人合作,以及如何在生活中发现和创造美。

第二,基于"五有四启"模式创新的小学音乐项目式学习活动,为学生提供了一个全面发展的平台。它不仅丰富了学生的音乐体验,还促进了学生在艺术、情感、认知和社会交往等多方面能力的提升。

第三,实践证明,这种教学模式能有效激发学生的学习热情,提高他们的参与度和创造力。学生在音乐项目式学习活动中不仅学会了欣赏和理解音乐,还学会了如何将音乐与生活相结合,如何通过音乐表达自己的情感和思想。这种学习方式有助于培养学生的艺术核心素养,使学生在未来的学习和生活中更加自信和独立。

参考文献

［1］沈雯珺.基于项目式学习的小学音乐素养培育策略研究[J].小学生(下旬刊),2024(08):130-132.

［2］倪瑾.小学音乐学科与美术学科的跨学科项目式学习探索——以"到郊外去"项目式学习活动为例[J].求知导刊,2024(22):116-118.

［3］何杰.小学音乐项目化教学实践[J].湖南教育(B版),2024(08):65.

体育教学中培养小学生社会素养的探索

——以三年级体育课"障碍跑"一课教学为例

倪　冰

一、案例背景

在当今教育改革的浪潮中,"启教育"理念如一缕清风,为东港小学教育改革注入了新的活力。这一理念强调"启智悟道,载德远航",旨在为每个学生的人生启航奠定坚实基础。人生的远航需要强健的体魄,体育教学的重要性愈发凸显,它不仅是锻炼身体的途径,更是培养学生社会素养的有效途径。通过体育活动,学生能在运动中培养合作、竞争、规则意识,为未来的成长积累宝贵经验。

（一）学情分析

三年级的学生正处于身心快速发展的阶段。他们精力充沛,好动好学,但注意力容易分散。这个年龄段的学生已经具备了基本的运动能力,但在协调性和技巧性方面还需进一步提升。同时,他们的自我意识开始萌芽,渴望得到认可和赞赏,但还未形成稳定的自我认知。在社交方面,他们已能初步理解并遵守规则,但在团队合作和情绪管理方面还有待加强。

（二）教学目标

基于学情分析,障碍跑课程设定了以下教学目标:

1. 知识与技能

（1）掌握基本的障碍跑技巧,如跨越、钻越等动作要领;

（2）了解障碍跑比赛的基本规则。

2. 过程与方法

（1）培养观察、模仿和创新能力;

（2）提高问题解决和团队协作能力。

3. 情感态度与价值观

（1）增强规则意识和公平竞争精神；

（2）培养坚持不懈的意志品质；

（3）提升团队协作精神和集体荣誉感。

（三）"启教育"理念在本课中的体现

本课教学设计紧扣"启教育"的核心理念，通过精心设计的教学环节，力求实现"启智、启慧、启行"的教育目标。在"启智"方面，通过介绍障碍跑的基本知识和技巧，开启学生的运动认知；在"启慧"方面，引导学生思考如何克服障碍，培养问题解决能力；在"启行"方面，通过实践和体验，激发学生的运动兴趣和参与热情。通过这样的课程设计，我们希望不仅能提高学生的运动技能，更能在活动中培养他们的社会素养，为他们的全面发展和未来成长打下坚实基础。

二、实施过程

（一）技能学习与实践

伴随着欢快的音乐，学生兴高采烈地跑进操场。我拍了拍手，示意大家集合。"今天我们要玩个有趣的游戏，叫'障碍物接力'。"我边说边用粉笔在地上画了几条平行线。

"大家分成四组，每组选一个同学站在起点。听到哨声后，第一个同学要跳过第一道线，然后弯腰钻过第二道线，最后绕过第三道线返回。记住，碰到线就要重来哦！"我一边讲解，一边示范动作。

随着哨声响起，游戏开始了。学生你追我赶，欢笑声此起彼伏。有的学生动作敏捷，轻松完成；有的则小心翼翼，生怕碰到线。我在旁边不时给予鼓励和指导。这个游戏不仅让他们热身，还为接下来的障碍跑的学习做好了准备。

热身结束后，我开始教授正式的障碍跑技巧，首先是跨越障碍。"记住，助跑要快，起跳要准。"我走到一个矮栏前，慢动作展示了跨栏动作，"看，起跳腿要快速抬高，落地要轻盈。"

接着，我又讲解了钻越障碍物的技巧。"弯腰要快，抬头要及时。"我反复强调着要点。最后，我向大家讲解了如何快速绕过障碍物。"重心要低，转弯要急。"我示范着说。

在练习时，我注意到了每个学生的不同表现。彤彤动作灵活，很快就掌握了要领;楠楠则显得有些笨拙,但他不断尝试的精神让我感动。我走到楠楠身边,耐心地指导他:"试着放松一点,别害怕,相信自己,你一定可以的。"

为了照顾不同水平的学生,我设置了三种难度的跑道:初级跑道只有低矮的栏架和简单的绕杆路线;中级跑道增加了一些难度,如稍高的栏架和更复杂的绕杆路线;高级跑道则设置了更具挑战性的障碍组合。

"大家可以根据自己的能力选择合适的跑道。"我向学生解释,"记住,选择挑战自己的道路才能进步。"

看着学生在不同难度的跑道上挑战自我,我深感欣慰。彤彤选择了高级跑道,虽然遇到了不少困难,但她的坚持精神令人钦佩。而楠楠从初级跑道开始,慢慢积累信心后,主动要求尝试中级跑道。

"老师,我可以试试中级跑道吗?"楠楠怯生生地问。

"当然可以!"我鼓励道,"相信自己,你一定行的。"

在练习过程中,我仔细观察每个学生的表现,记录他们的进步和遇到的困难。这些观察不仅帮助我及时调整教学策略,也为后续的个别化指导提供了依据。

(二)团队协作与挑战

个人练习告一段落,是时候进行团队合作了。"现在,我们要玩一个更有趣的游戏——障碍接力赛!"我宣布道。学生顿时兴奋起来。

我将全班分成四个小队,每队选出一名队长。"记住,这不仅是比赛,更是团队协作。你们要互相鼓励,共同进步。"我强调。

每个小队都要在不同难度的跑道上完成接力。我特意安排了能力较强的学生和相对薄弱的学生搭配。比赛开始后,场面十分热闹。有的学生动作敏捷,轻松通过障碍;有的则显得有些笨拙,但队友都在旁边加油鼓劲。

"加油,乐乐!你一定可以的!"

"太棒了,娜娜!我们队快要赢了!"

我注意到,一些平时表现不太突出的学生,在团队的鼓励下竟然发挥出了惊人的潜力。而那些平时很优秀的学生,也学会了如何帮助和鼓励队友。

比赛进行到白热化阶段,突然,晨晨在跨栏时摔倒了。她的队友们立刻跑过去扶她起来,其他队的学生也都停下来关切地看着。

"没事吧?"我赶紧过去查看。

"没事,我还能继续。"晨晨坚强地说。

在队友的鼓励下,她重新站了起来,完成了自己的那一段,全场响起了热烈的掌声。

这场比赛不仅锻炼了学生的运动技能,更培养了他们的团队精神和同理心。看着学生相互击掌、拥抱庆祝的场面,我感到无比欣慰。

(三) 总结与内化

比赛结束后,我组织学生围坐成一个大圆圈,进行课后总结。"今天的课上得怎么样? 有什么感受吗?"我问道。

"太好玩了!"乐乐兴奋地说,"我从来没想到过障碍跑这么有趣。"

"我觉得团队协作很重要。"娜娜若有所思地说,"如果没有队友的鼓励,我可能就放弃了。"

我点点头:"没错,运动不仅是锻炼身体,更是培养品格的过程。"

趁着这个机会,我引导学生回顾今天学到的技能和经历的挑战:"记住,遇到困难不要怕,要勇敢面对。就像你们今天做的那样。"

我特别提到了晨晨摔倒后重新站起来的事例:"晨晨的坚持精神值得我们学习。同时,大家对她的关心和鼓励也非常棒。这就是我们常说的团队精神和同理心。"

最后,我请每个小队分享他们的心得。学生踊跃发言,有的谈到了克服恐惧的喜悦,有的讲述了帮助队友的感动,还有的表达了对团队合作的新认识。

通过这样的讨论和总结,我希望能帮助学生将今天的体验内化,形成良好的品格和行为习惯。这正是"启教育"理念中强调的"启慧"和"启行"。

这节课结束时,我对学生说:"今天的课不仅让我们学会了障碍跑的技巧,更重要的是,我们学会了如何克服困难,如何团结协作。这些能力在你们未来的学习和生活中都会很有用。"

三、成效与反思

1. 分析目标达成,找寻改进空间

回顾这节课,我感到大部分教学目标都得到了很好地实现。学生基本掌握了障碍跑的基本技能,更重要的是,他们在活动中展现出了良好的团队精神和积极的态度。然而,仍有改进空间。

首先，在时间安排上，热身活动略显冗长，导致后面的技能练习时间有些紧张。今后应该更合理地分配时间，确保每个环节都有充足的练习机会。

其次，在难度设置上，高级跑道对某些学生来说过于困难，导致他们产生挫败感。未来可以考虑增加一个中高级难度跑道，使难度过渡更加平滑。

最后，在团队合作方面，虽然大多数小队配合得很好，但仍有个别小队内部协作不够充分。今后可以考虑在分组时更加细致地考虑学生的性格特点，以促进更好的团队合作。

2. 总结学生反馈，规划发展方向

课后，我收集了学生的反馈。大多数学生表示非常喜欢这节课，特别是分队接力赛环节。他们觉得既刺激又有趣，而且增进了同学间的友谊。

有学生提出希望增加更多有趣的障碍物。这给了我一个启发，增加课程的趣味性和挑战性。

还有学生建议可以举办班级间的障碍跑比赛。这是个不错的想法，可以考虑在学期末组织一次全年级的障碍跑嘉年华，让学生有机会展示自己的能力，同时增强年级凝聚力。

通过这次障碍跑教学实践，我深刻体会到"启教育"理念在体育课教学中培养学生社会素养的重要性和有效性。在"启智、启慧、启行"的指导下，学生不仅学会了障碍跑的技能，更重要的是在活动中培养了规则意识、合作精神、挫折承受能力和责任感等重要的社会素养。这次教学实践也让我看到了体育课程在培养全面发展的人才方面的巨大潜力。未来，我们将继续深化"启教育"理念在体育课教学中的应用，进一步探索将社会素养培养融入各项体育活动的有效途径。我相信，通过不断实践、不断创新，我们一定能为学生的全面发展和终身发展奠定坚实的基础。

关注信息问题解决，提升小学生信息素养

——以"当计算机小卫士"教学为例

金　波

一、案例背景

《义务教育信息科技课程标准(2022年版)》指出：要让学生领悟网络空间命运共同体对信息社会发展的重要意义，具备自觉维护国家信息安全、网络安全的意识，认识到自主可控技术对国家安全的重要性。采用一定的策略与方法保护个人隐私，尊重他人知识产权，安全使用数字设备，认识信息科技应用的影响。能遵循信息科技领域的伦理道德规范，明确科技活动中应遵循的价值观念、道德责任和行为准则。按照法律法规与信息伦理道德进行自我约束，积极维护信息社会秩序，养成在信息社会中学习、生活的良好习惯，能安全、自信、积极主动地融入信息社会。

"当计算机小卫士"这一课是华东师范大学版小学信息科技第二册第三单元"电子邮件"的最后一课，主要教学内容是对计算机安全知识的介绍，以及介绍如何提高计算机安全性。通过本课的学习，提高学生对计算机的安全性和可靠性的认识，掌握基本的预防计算机病毒的方法。

二、实施过程

(一) 真实情境，提出问题

三年级的学生对计算机病毒充满了神秘感，会从各种渠道听说过计算机病毒的破坏性，但是基本上没有接触过病毒，所以对计算机病毒既害怕又好奇。上课一开始我在课件上演示两张学校运动会学生竞技的照片，吸引学生的兴趣，并让学生打开桌面上"运动会精彩集锦"文件夹观看照片。我在文件夹中放置了一个"更多运动会精彩照片"的执行文件。学生观看了几张照片后忍不住就会点击

"更多运动会精彩照片"的执行文件,导致"运动会精彩集景"文件夹中的照片全部被删除,激发学生的兴趣。

(二)寻找原因,了解问题

为什么点击"更多运动会精彩照片"的文件后"运动会精彩集锦"文件夹中的照片会全部被删除呢?我在课件中展示照片和"更多运动会精彩照片"的文件的属性,让学生进行"大家来找碴"的活动,发现"更多运动会精彩照片"的文件的后缀名是"exe",是一个可执行文件,我利用记事本打开后让学生发现"更多运动会精彩照片"的文件其实就是 del /q *.* 的 dos 命令,它的作用就是删除文件夹内的所有文件。这时我让学生打开桌面上的"计算机病毒与计算机木马"的文件自学什么叫计算机病毒,明白计算机病毒是人为编写的破坏性的程序或指令代码,知道计算机病毒具有传染性、隐蔽性、潜伏性、破坏性四大特征。学生可能会对计算机病毒这种"看不见摸不着"的东西感到新奇,想要了解更多关于它们的信息。他们可能会好奇这些病毒是如何工作的,以及它们是如何对电脑造成损害的。于是我让学生继续观看视频,让他们知道计算机病毒会造成巨大的经济损失,所以我们在操作计算机的时候一定要预防病毒。

(三)互动交流,分析问题

在计算机使用过程中,难免会遇到病毒,那应该如何防范呢?让学生观看"QQ 木马"和"插件病毒"两个视频,观看视频后学生对这种通过伪装成正常文件或链接,诱导用户点击,从而窃取个人信息和账号的木马病毒感到震惊。他们意识到,即使是最常用的 QQ 聊天软件,如果不加以警惕,也可能成为黑客攻击的入口。他们意识到,在安装软件时,如果不仔细阅读权限说明,可能会不小心安装包含病毒的插件。他们开始更谨慎地选择和使用插件,只安装来自可信来源的插件。学生在课堂上,在学生小组交流、个人汇报和教师指导下会更加警惕网络安全风险,增强自己的安全意识,并积极探索和学习相关的安全知识和技术。这将有助于他们在未来的网络生活中更安全地使用计算机和互联网。

(四)成果展示,解决问题

如果我们的计算机中了病毒,那该怎么办呢?我们说预防胜于治疗,但是,亡羊补牢,为时未晚,治毒和预防都不可忽视。尽管我们有很多的预防病毒的方法,但有些病毒实在太厉害了,计算机还是可能感染。这时我们可以用网上的专杀工具来查杀这些病毒。对于通过系统漏洞传播的病毒还需要给系统打补丁,用杀毒软件杀毒。随后展示各种现在流行的杀毒软件，让学生尝试安装并查杀病毒，让完成任务的学生上台展示。通过现场教学，让学生知道防治计算机病毒始终要坚持一个原则：防杀结合，预防为主。人可以通过打各种疫苗来保护健康，而计算机同样可以通过及时更新操作系统安全补丁、安装防护软件的方法来防止病毒入侵计算机。最后，我出示计算机的病毒预防口诀《四要、四不要》：

1. 要安装正版软件，不要使用盗版软件；

2. 要定期更新杀毒软件，不要忽视病毒库的更新；

3. 要定期备份重要数据，不要将数据全部存储在计算机上；

4. 要提高安全意识，不要随意点击不明链接或下载不明文件。

《四要、四不要》对学生的作用是多方面的，既有助于提高他们的安全意识，又能指导他们的具体操作，培养他们的良好习惯，并增强他们的自我保护能力。通过学习和实践口诀，学生能增强自己的网络安全意识和自我保护能力，在面对计算机病毒等威胁时，能作出正确的判断和应对。

三、成效与反思

在"当计算机小卫士"的教学中，我通过创设真实情境，激发学生对计算机病毒的好奇心，引导他们主动探索和解决问题。学生通过观察文件属性、分析病毒行为，掌握了识别和防范网络威胁的基本技能，并学会了使用杀毒软件和系统补丁保护计算机安全。通过学习和实践"四要、四不要"口诀，学生增强了网络安全意识，养成了良好的行为习惯。然而在教学中也存在一些不足，如情境创设可能会使部分学生产生焦虑情绪。当学生在自主学习过程中遇到不易理解的问题以及实践操作中不易于掌握的技术问题时，这种焦虑会影响学生的学习效果。

今后，我在教学中将更加注重情境创设的适应性，加强学生对自主学习的引导，优化实践操作细节，深入渗透信息伦理与道德教育，帮助学生树立正确的网络价值观，全面提升他们的信息素养，培养他们成为合法、文明的网络公民。

新时代少先队光荣感培育
课程的设计与实施

——以"光荣的少先队"队课为例

唐靖雯

一、案例背景

2019 年 11 月 20 日,中国共产主义青年团中央委员会、中华人民共和国教育部及全国少先队工作委员会共同发布了一份重要文件——《关于构建阶梯式成长激励体系增强少先队员光荣感的指导意见》,该文件以增强少先队员光荣感为中心任务,凸显了教育工作者在培养少先队员光荣感方面的时代责任。在少先队组织内,少先队员通过积极参与,能显著增强其归属感与光荣感。这两者成为激励学生持续投入活动的核心动力。这种内生的动力直接影响着少先队教育目标的达成与整个少先队组织的发展。

《中共中央关于全面加强新时代少先队工作的意见》强调了未成年人思想道德建设的核心地位。少先队的组织认同教育,实质上是在少先队员心中播撒共产主义理想的种子。政治教育是儿童政治社会化的基石,只能通过少先队组织有效地推动与实施。因此,增强队员的光荣感,是"确保红色江山永不变色,做好政治启蒙源头工作",种下理想之根的重中之重。

少先队员在组织归属感的发展过程中,呈现出一种互动现象,这一过程不仅体现在队员如何主动产生对组织的理解和认同,还体现在辅导员如何运用合适的策略,有效地培养和发展队员的组织认同感。

二、实施过程

光荣感在儿童道德教育框架内扮演着重要角色,通过情感的浸润,少先队员们逐步建立起正确的价值观,随着实践经验的积累,他们对组织的归属感会愈发强烈。当前,少先队在认同教育中常以多样化的教育方式和渠道进行实践。首先,辅导员采用深入浅出的方式介绍组织的标识、运作模式、行动规则和礼仪规范,以此推广组织的文化内涵;随后,通过精心设计的体验活动,让队员参与其中,在亲身实践中深刻领悟组织的核心理念;最后,辅导员制定并实施统一的组织礼仪,激发队员的情感认同。

（一）目标设计

带领队员回顾少先队的光荣历程,进一步帮助队员了解队史、队章、队歌、队礼等基础知识;引导队员进一步了解红领巾,爱护红领巾,懂得要更加严格要求自己,努力成为优秀少先队员;增强队员光荣感、责任感和民族自豪感,从小立志听党话、感党恩、跟党走,做建设社会主义和共产主义的接班人。

（二）活动原则

1. 发挥队员主体性,激发队员的自觉性

少先队员作为少先队组织的主人翁,在活动中要充分发挥自觉性和主体性,明确自我角色定位,培育和提升少先队员的光荣感。

2. 丰富活动形式,激发队员的积极性

体验教育是少先队教育的灵魂,通过说一说、讲一讲、看一看、演一演、唱一唱、跳一跳、写一写等活动形式,促使队员全身心地参与实践,用心感受,用心体验,在沉浸式体验中提升光荣感。

（三）实施过程

1. 看一看——回顾少先队的光荣历史

结合 2023 学年第二学期学校大队部组织各中队开展主题为"打开记忆宝盒,追寻光荣队史"的队史角创建活动,各小队积极响应,通过查找图文资料、征集老物件、老照片等方式追溯少先队的光荣历史,再观看一段关于少先队历史的视频。从儿童视角出发进行宣传,将理论知识以生活化的方式展现,让队员喜欢看、听得懂、记得牢。

2. 演一演——演绎少先队的光荣历史

为了生动展现从 1924 年到 1949 年间少先队经历的劳动童子团、共产主义儿童团、抗日儿童团、儿童团和地下少先队、中国少年先锋队这五个重要阶段,五个小队分别以"演一演"的方式上台演绎。第一小队边摆动作边喊呼号"准备着,打倒帝国主义""准备着,打倒军阀""准备着,做全世界的小主人",第二小队唱响了《共产主义儿童团团歌》,第三小队演绎了情景剧《王二小》,第四小队根据《卖报歌》创编舞蹈,第五小队带领全体队员重温了入队誓词。五个小队的队员们通过生动的演绎,用自己的方式让少先队历史在队员心中"活"了起来。

3. 写一写——畅想少先队的美好未来

鼓励队员将自己的梦想写在中队的"启航号"火箭上。当火箭上升时,凝聚的是队员对党和祖国的热爱,提升队课凝心铸魂的育人作用。

三、成效与思考

1. 全员参与,提升队员的获得感

本次活动基于队员实际认知发展水平设计了可操作的环节,使每个小队的队员都能上台演绎。队员通过课堂学习和活动参与,更深入地了解了少先队的历史和意义,增强了他们的集体荣誉感和责任感。

2. 以人为本,提升队员的积极性

本次活动结合少先队员的年龄特点和身心发展规律设计了活动内容。如果活动内容不是队员熟悉的,就会削弱队员参与活动的积极性。因此,在设计活动时,应从队员的身边事物出发,采取适合的形式,更容易引发队员的认同感,使其更加积极主动地投入到活动中。

综上所述,本次活动在设计时重视以队员为主体,在实施时以丰富多彩的形式,让队员在真实情境中体验,从而产生光荣感和获得感。在教学实践中,辅导员应积极带领队员开展形式多样的活动,从而引导队员听党话、跟党走,传承红色基因,赓续红色血脉。

"芦丁鸡孵化"项目培养小学生自然学科核心素养的实践

杨玉凤

一、案例背景

随着教育改革的不断深入,培养学生的学科核心素养已成为当今教育的重要目标。核心素养是指学生应具备的、适应终身发展和社会发展需要的必备品格和关键能力,包括文化基础、自主发展、社会参与三个方面。在教育实践中,如何通过具体的活动和课程培养学生的核心素养,是广大教育工作者面临的重要课题。

芦丁鸡孵化活动作为一项生动有趣的实践活动,具有丰富的教育价值。它不仅能让学生体验生命的诞生与成长过程,还能培养学生的观察能力、动手能力、思维能力和责任心等。因此,探索如何将芦丁鸡孵化活动与自然学科核心素养培养相结合,具有重要的现实意义。

本研究具体包括以下两个方面:

第一,提高学生的学科核心素养,让学生了解生命科学知识,掌握科学探究的方法和技能,培养团队精神和合作意识,提升学生的合作能力,激发学生发现问题、解决问题的能力。

第二,培养学生的生命意识,让学生尊重生命、珍惜生命,树立正确的生命价值观。增强学生的责任感,让学生学会照护生命、承担责任,培养良好的品德和行为习惯。

二、项目内容

(一) 活动目标

1. 通过观察、记录和分析芦丁鸡孵化的过程,培养学生的科学探究能力和问题解决能力。

2.通过小组合作和交流,培养学生的合作能力和沟通能力。

3.通过参与芦丁鸡的喂养和照顾,培养学生的责任感和爱心。

(二) 活动准备

1.物质准备

(1)孵化设备:孵化器、照蛋器、温度计、湿度计等。

(2)鸡蛋:新鲜、无破损、受精良好的鸡蛋。

(3)饲料和水:喂养芦丁鸡专用的饲料和水。

(4)工具和材料:镊子、剪刀、卫生纸、记录本等。

2.知识准备

(1)学习生命科学知识,了解芦丁鸡孵化的过程和条件。

(2)学习孵化设备的使用方法和注意事项。

(3)对学生进行安全教育,提高学生的安全意识。

(三) 实施过程

1.孵化准备

学生在课前广泛查找相关资料,在课堂上热烈讨论。他们各抒己见,分析不同资料中的数据和观点,经过深入交流和探讨,为后续的孵化实验做好了充分的准备。最终综合得出具体方案:

(1)挑蛋:在照蛋器下挑出完好的受精蛋,保证出壳率。

(2)孵化环境:适宜的孵化温度(38℃)与湿度(60%—70%)。

(3)孵化过程:孵化前三天鸡蛋保持不动,从第四天起开始翻蛋,使蛋受热均匀。第14天,要给鸡蛋喷水以软化蛋壳,助力小鸡出壳。

(4)记录:要仔细观察鸡蛋的变化并做好记录,及时了解孵化情况,确保孵化顺利进行。(见表1)

表1 生物笔记——孵化芦丁鸡观察记录表

时 间	姓 名	动 作	完成情况	观察内容
第1天		无		
第2天		无		
第3天		无		

时　间	姓　名	动　作	完成情况	观察内容
第 4 天		无		
第 5 天		翻		
第 6 天		翻		
第 7 天		翻		
第 8 天		翻		
第 9 天		翻		
第 10 天		翻		
第 11 天		翻		
第 12 天		翻		
第 13 天		翻		
第 14 天		翻＋喷水		
第 15 天		翻＋喷水		
第 16 天		翻＋喷水		
第 17 天		翻＋喷水		
第 18 天		翻＋喷水		
第 19 天		翻＋喷水		

2. 出壳阶段

（1）经过大约 18 天的孵化，蛋壳会被啄出一个小口，再开始出现裂痕，雏鸡奋力挣脱束缚。慢慢地，一只湿漉漉的芦丁鸡破壳而出，带来新生命的惊喜，让人感受到生命的神奇与伟大。

（2）发现有的蛋壳较厚，出壳困难，通过查阅资料知道，可以帮助它在空隙处开个小口，但注意不要伤害到雏鸡。

（3）记录芦丁鸡出壳的时间和数量。

3. 喂养阶段

（1）查阅资料得知刚出壳的芦丁鸡需要保持环境的清洁和温暖并准备好专

用的饲料和水。保温可以用瓦数较高的灯,产生热量较大。

(2)定期给芦丁鸡铲屎、喂食和换水,观察芦丁鸡健康状况。

(3)芦丁鸡疾病预防。要保持饲养环境清洁卫生,定期消毒饲养箱。要提供优质饲料和干净饮水,控制饲养密度,避免过度拥挤。加强通风,保持适宜温度和湿度。

(四)活动评价

1. 评价内容

(1)学生对生命科学知识的掌握程度。

(2)学生在科学探究过程中的表现,包括观察能力、动手能力、思维能力和创新能力等。

(3)学生在小组合作中的表现,包括合作能力、沟通能力和团队精神等。

(4)学生对芦丁鸡的照料和责任感,包括爱心、耐心和责任心等。

2. 评价方法

(1)观察法:观察学生在活动中的表现,及时给予反馈和指导。

(2)记录法:汇总学生的观察记录、实验报告和心得体会,作为评价的依据。

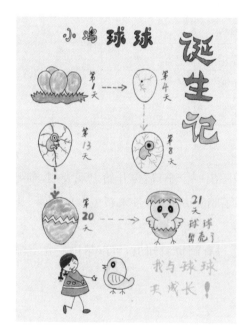

图1 学生笔记之一

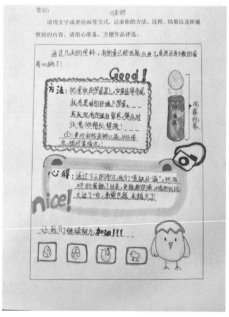

图2 学生笔记之二

（3）交流法：组织学生进行小组交流和全班交流，分享自己的经验和收获。

（4）作品评价法：评价学生制作的手抄报、观察日记、科技小论文等作品，展示学生的学习成果。

三、成效与反思

（一）活动成效

1. 学生的学科核心素养得到了显著提升

通过芦丁鸡孵化活动，学生在学科核心素养、生命意识、责任感、合作能力和创新思维等方面都得到了显著提升。

（1）科学意识的培养

学生通过观察、记录和分析芦丁鸡孵化的过程，了解了生命科学的基本知识，如鸡蛋的结构、胚胎的发育、芦丁鸡的生长等。同时，学生还学习了孵化设备的使用方法和注意事项，掌握了科学探究的方法和技能。

（2）科学探究能力的培养

学生不仅按照既定的方法和步骤进行操作，还在实践中发现问题、解决问题，提出自己的创新想法和方法。例如，学生可以尝试不同的孵化温度和湿度，观察对芦丁鸡孵化的影响；学生可以设计不同的饲料配方，观察对芦丁鸡生长的影响等。在探究过程中，学生学会了如何提出问题、如何设计实验、如何观察和记录数据、如何分析和解释数据、如何得出结论等，提高了科学探究能力。

（3）合作能力的培养

学生通常以小组的形式进行活动。每个成员都有自己的任务和责任，如观察记录、喂养照料、设备维护等。学生在小组活动中，要相互协作、共同完成任务。通过小组合作，学生学会了沟通、协调、分工、合作，培养了团队精神和合作意识。

（4）创新思维的培养

学生经常会遇到各种问题，如鸡蛋孵化率低、芦丁鸡出壳困难、芦丁鸡生病等。学生要通过观察、分析和实验，找出原因，并提出解决问题的方法。在活动中，学生可以进行创意设计，如设计芦丁鸡的家、制作芦丁鸡的玩具、编写芦丁鸡的故事等。通过创意设计，学生提高了创新思维和实践能力。

（5）生命意识的培养

学生亲眼看到了生命的诞生和成长过程，深刻体会到生命的珍贵和脆弱。

在照料芦丁鸡的过程中,学会了尊重生命、珍惜生命,不随意伤害小动物,学生的爱心和责任感得到了培养。

2. 学生的学习兴趣和积极性得到了提高

芦丁鸡孵化活动是一项生动有趣的实践活动,能激发学生的学习兴趣和积极性。学生在活动中,体验了生命的诞生和成长过程,感受到了科学的魅力和乐趣。学生的学习不再是被动接受,而是主动探索和实践,学习效果得到了显著提高。

(二) 活动反思

1. 活动设计还需要进一步优化

虽然活动目标明确、活动内容丰富、活动形式多样,但在活动设计上还存在一些不足之处。例如,活动的难度和深度还可以进一步提高,活动的评价标准还可以进一步细化,活动的拓展还可以进一步加强等。在今后的活动设计中,要充分考虑学生的年龄特点和认知水平,不断优化活动设计,提高活动的质量和效果。

2. 教师指导还需要进一步加强

在芦丁鸡孵化活动中,教师的指导作用非常重要。教师要及时给予学生反馈和指导,帮助学生解决问题、提高能力。但在实际活动中,由于教师的精力有限,有时不能及时给予学生指导。例如,翻蛋动作不对,使蛋破裂;翻蛋不及时,水喷少了影响了小鸡的出壳率。在今后的活动中,要加强教师的指导作用,提高教师的指导水平,确保活动的顺利进行。

3. 安全问题还需要进一步重视

在芦丁鸡孵化活动中,涉及一些电器设备和小动物,存在一定的安全风险。要加强安全教育,提高学生的安全意识,确保学生的人身安全和活动的顺利进行。同时,要定期检查和维护孵化设备,确保设备的正常运行和安全使用。

第三篇　启智润心·精思力行

基于"启教育"培养小学生语文学科核心素养的探索

孙燕华

东港小学在"启航文化"的引领下,实践"启教育"已取得了重大的进步与发展。语文教研组、备课组深入推进"五有四启"教学模式,以有趣、有联、有探、有创、有育"五有"为特征,以情境启思、策略启学、体验启悟、多元启评"四启"为路径。

语文教研组在学校、区级重点课题的引领下,确立了子课题,以文化自信、语言运用、思维能力、审美创造四个核心素养为抓手,各备课组分年段进行研究。我们不仅在日常备课中将核心素养和"五有四启"贯穿其中,还在课堂上结合语文教学目标,基于基本学情,加强与现实生活的联系,组织丰富多样的教学活动,引导学生积极参与,努力推进教学新模式的实施,打造高效的智慧课堂。

一、小学语文学科核心素养的内涵分析

《义务教育语文课程标准(2022年版)》提出:"义务教育语文课程培养的核心素养,是学生在积极的语文实践活动中积累、建构并在真实的语言运用情境中表现出来的,是文化自信和语言运用、思维能力、审美创造的综合体现。"结合小学语文教学的实际情况,我们对语文学科核心素养的内涵进行了分析。

(一)文化自信

教师要注重培养小学生对中华优秀传统文化的认同感和自豪感,以及对多元文化的包容和尊重。在这个过程中,教师要重视培养小学生的文化认知与理解能力、跨文化交际与合作能力、文化传承与创新能力,引导小学生深入思考文化的内涵,感受文化的独特魅力。

(二)语言运用

小学生在语言表达和交流中应具备的基本能力和素质,包括小学生的词汇积累与应用能力、句子结构与语法运用能力、阅读理解与鉴赏能力、写作与表达

能力、文字规范与书写技巧、语言思维与推理能力等。教师要重视培养小学生的语言运用能力,提升他们的语言表达能力,更好地运用语言进行有效沟通和表达,帮助他们树立学习自信心。

(三)思维能力

包括对学生批判性思维、创造性思维、逻辑思维、综合思维与跨学科思维等能力的培养。通过培养小学生的多元思维能力,帮助他们提高语文综合素养。

(四)审美创造

培养小学生欣赏美和创造美的能力,强调提高他们对语言、文学和艺术的审美能力,主要包括文学阅读与鉴赏、美的表达与创造、视觉艺术与设计、社会文化审美体验等能力的提升。教师可以通过引导小学生阅读文学作品、接触艺术形式、进行创作实践活动等,激发小学生的审美力和创造力,提升审美水平和综合素养。

二、核心素养导向下,进一步优化落实“启教育”

(一)理解内涵,深入认知,培育文化自信

文化自信是一个民族对自己文化的自信心和自豪感。中国特色社会主义文化包括中华优秀传统文化、革命文化、社会主义先进文化,中华优秀传统文化源远流长,想要让小学生能比较全面地吸收传统文化的精华,从而产生文化自信是一条漫长而艰巨的道路。培养小学生的文化自信需要引导他们继承与弘扬这些文化,使其具备一定的文化底蕴且拥有开阔的文化视野。因此,我采取以点带面的方式,利用典型人物或具有标志性的内容帮助学生初步了解中华优秀传统文化。现行小学语文教材中有一系列革命文化的课文,如《吃水不忘挖井人》《八角楼上》《朱德的扁担》《难忘的泼水节》《刘胡兰》《小英雄雨来》《黄继光》等。教师在讲课中,让学生习读了那些以身作则、吃苦在前、英勇无畏的“英雄”故事,感受到革命先辈的崇高品质,并由衷地产生敬意。最后拓展介绍革命先辈其他的光辉事迹,不仅能丰富语文教学的文化内涵,还能激发学生的文化认同,进一步坚定学生的文化自信。

在文化自信的背景下,教师除了挖掘资源,还要精心设计文化活动,通过活动给学生传递文化价值理念,加深学生的文化理解和认同,使其内化于心、外化于行。根据新课标内容,语文学习活动包含识字与写字、阅读与鉴赏、表达与交流等,教师应根据学生的认知水平与身心发展规律组织合适的文化活动,以此增

强学生的文化体验,帮助学生建立对文化的自信、自觉与自省。以识字教学为例,教师要适当地融入优秀传统文化,根据学生的兴趣、认知等组织文化活动,使学生充分感受汉字的魅力,在这个过程中建立汉语自信。例如,在讲授《田家四季歌》时,教师可以用多媒体出示几幅农事活动图,让学生了解古代"农事"的特点,在这个基础上分析"农"字的造字理据,通过融入字源文化增强学生的文化自信。此外,教师还可以开展有趣的"猜图画"活动,让学生通过猜象形字加深对汉字的认识,感受优秀传统文化的魅力。

教师可以组织学生开展课本剧表演活动、诵读活动、项目学习活动、主题活动等,在活动中渗透优秀传统文化、革命文化和社会主义先进文化,以此增强学生的文化自信。例如,在讲授五年级上册第四单元时,以"弘扬民族精神,传承红色文化"为主题开展综合性活动,要求学生以教材及相关的影视资源、史料资源为依托,开展实地探访、辩论赛等活动。引导学生研读革命文化书籍,认识那些英雄、先烈为了民族和国家发展做出的卓越贡献,体会其中所蕴含的伟大民族精神,使学生从内心深处产生自信心、认同感。在讲授"圆明园的毁灭"一课时,教师组织学生开展主题为"圆明园该不该重建"的辩论赛,将学生分成两组,每组各持一个观点展开辩论,这就是"有探、有创、有育"的最好体现。

在小学语文教学中培养学生文化自信是提升学生语文学科核心素养的需要,也是建设国家文化软实力的需要。教师要加大对文化自信教育的研究力度,探索科学的教学策略,还需要不断学习,借鉴优秀的教学经验,不断实践、反思,构建合理、完善的文化自信教育模式,让文化教育与知识传授有机结合起来,充分发挥语文课程的立德树人作用。

(二)创设情境,提升能力,丰富语言运用

语言运用是指学生在语言实践中积累、梳理与整合,形成初步的语感,积累个体语言经验,正确、规范地运用语言文字,在情境中进行有效交流。语言运用素养体现了语文学科的工具性与应用性,在培养学生语言运用意识与能力过程中实现从语文知识到语文能力的迁移。语言运用重在语言情境,要引导学生积极主动地读、说、写,在具体的语境中积累语感、提升语言能力。

要让学生走进真实的语言情境,避免灌输语言知识和进行缺乏生活情境的纯粹的语言的操练。例如,在讲授"ai ei ui"一课时,教师带领学生到大山上拔萝卜、听回声,将复韵母的教学融进情境,启发学生正确读准了这一组非常难的复韵母,再来学习复韵母的拼读方法,反复认知和操练,最终突破了本课的重难点。在讲授"大小多少"一课时,教师以探访农场为主线,设计认识农场的小动物、发现大小多少的秘密、为农场的动物名牌写字等环节,让学生在生活的情境中发现语序的奥秘,准确掌握语言知识。

教师结合教材,根据学情,挖掘语言运用能力的培养点,旨在将语文教学回归语言本体,提升学生的语言表达能力,最终实现核心素养的综合提升。例如,在讲授"黄山奇石"一课,让学生学习"仙桃石"和"猴子观海"时,首先,教师巧妙地引入奇石卡,指导学生圈画文中的关键词,并总结出从"名字、形态、位置"三方面描写奇石的神奇之处。然后,以"四人小组"的形式交流,深刻感受"仙人指路""金鸡叫天都"这两块奇石的奇特有趣之处。有了之前的合作和联系,学生后面的自由发言、互动讨论更为顺利。最后,结合课后练习中的三块石头,让学生仿照课文的写法,观察、讨论,展开合理想象,完成撰写介绍黄山其他奇石的"名片"作业。

在教学实践中,教师从"核心素养"的角度关注学生能力与品格的培养,充分调动小学生语言运用的兴趣,使其在丰富多样的实践活动中感知、积累、建构、运用语言,在语言运用的基础上获得思维的训练与发展,推动审美情感的建立。

(三)教给方法,提供策略,训练思维能力

在教学过程中,教师应当转变自身角色,从过去的主导者逐步向组织者和引导者转变,将自己当成与学生共同进步、成长的同路人,要多给学生创造发言的机会,鼓励学生在课堂上勇于发表观点,大胆提出疑问。在这种开放的课堂氛围中,学生才能敢于思考、乐于思考,才能真正调动他们思考的积极性和热情,对思维能力的发展大有裨益。例如,在讲授"将相和"一课时,教师先给学生介绍背景知识,包括战国时期的政治格局、各国之间的纷争以及主要人物的性格特点等,让学生形成初步认识。接着,教师鼓励学生自主阅读课文,引导学生对课文中主要人物、关键事件和情节展开讨论,激发他们的思考热情。在这个过程中,教师要给学生足够的时间和空间,让他们畅所欲言,阐述自己的看法。通过聆听学生的发言,了解到大部分学生都能抓住要点、得出结论,即主要人物是廉颇、蔺相如,主要讲述的是廉颇和蔺相如从不和到和好的故事。虽然个别学生发言缺乏全面性,但其思考与分享能为他人提供启发。教师要肯定和表扬那些勇于发言的学生,进一步调动学生的思考热情,让学生归纳课文主要讲述了哪几个故事,并说出故事的起止,用适当的标题概括故事。

学起于思,思源于疑。问题能引发学生思考,产生探究欲,进而产生一系列思维活动。基于思维能力培养的小学语文教学中,教师必须高度重视提问环节,牢牢把握教材内容,关注学情,精心设计问题,为学生提供足够的探究、思考和学习时间。这样就能为学生营造一种质疑设问、独立思考的氛围,让学生的思维处于活泼状态,为思维能力的发展奠定坚实基础。例如,在讲授"跳水"一课时,向学生提问:当孩子站在桅杆上命悬一线时,船长是怎么想出好办法的?引导学生关注船长的语言、动作,结合船上具体情况,推想船长那一瞬间的思维过程。接着出示推想思维过程的方法和思维导图,让学生以思维导图为支架,循序渐进地交流讨论,引导学生理解在那紧急时刻,船长的办法是唯一可行的办法,从而认识到船长的机智果断,进一步激发了学生的思维活力。

思维能力是学生学好语文的基础,更是学生语文学科核心素养的重要组成部分。为此,教师需要不断探索和尝试各种教学方法,采取切实可行的教学策略,将对学生思维能力的培养渗透到教学的各个方面,进一步提高学生的思维能力,促使学生全面发展。

(四)创设情境,多元评价,提升审美创造素养

在小学语文阅读教学中提升学生的审美创造素养是学科育人的要求,也是新课标的目标,更是素质教育的任务。想要丰富学生的审美经验,教师可以从感受和鉴赏两方面来努力。感受可以通过美读来实现,鉴赏则可以通过品析文本来实现。

课本中蕴含着丰富的美育因素,教师要引导学生对课文进行审美再创造,引导学生读出文本的美来,不断丰富学生的审美经验。对于小学低年级的学生来说,他们识字量有限,所以要采用引导他们借助拼音,跟随教师范读等方法指导朗读。读准字音、读通句子就是美。我们设计了三颗星的评价标准:一星读准字音;二星读通句子;三星声音响亮。评价时可采用自评、生互评、师评,以多元评价促进学生审美能力提升。对于中年级和高年级的学生来说,除了读准字音、读通句子,还需要增加难度,训练他们的阅读速度,教会他们阅读方法,引导他们进行略读和快读。不同的文体有不同的阅读侧重点,如阅读诗歌时,需要反复诵读,读出韵律、读出诗歌的节奏美。在阅读散文类作品时,应当重点体会散文的语言表达美、遣词造句的美,体验作者所表达的情感美和思想美。在阅读长篇小说类作品时,应当引导学生抓住关键人物、情节进行有目的的阅读。除了多种形式的美读之外,还需要加大美读的次数,俗话说"书读百遍,其义自见"。在学生一遍又一

遍地朗读中,读通了课文、读懂了意思、读出了作者的情感、读出了自己的理解,为审美鉴赏和审美创造打下了坚实的基础。

我们可以较为容易地发现文本外在形式和结构的美,但是隐藏在文本背后的美则需要我们去细细品味和鉴赏。课本中所选的文章,无不包含着特有的情境,教师应当引导学生进入这种情境,带入角色,去品析文本背后的美。教师和学生把自己想象成作品中的人物,作品中所描绘的场景就是他们所处之地,通过设身处地地感受、理解、欣赏、评价活动,学生就更能体会到作者文字背后传达的深刻情感,也更能体会到美。

小学语文阅读教学中最常用的教学方法就是对词语的理解、对句子的析读。这不仅能让学生累积词汇量,而且能让学生学习遣词造句的方法,为写作打下基础。教师需要注重引导学生抓住文章中的关键词、关键句来把握文章脉络、揭示文章思路,深入品析文本深层次的内涵,体会作者表达的思想情感。例如,"桂花雨"一课就紧扣桂花,教师在品读桂花香时可引导学生抓住两个"浸"字来体会桂花香气之浓,把看不见摸不着的桂花香写得真实可感,也正是"浸"写出了桂花香气持续时间之久、弥散范围之广,突出了作者琦君对故乡的思念之情,对儿时生活的怀念之情。我们以这样的方式让学生体会到汉语言文字的博大精深、感受到汉语言文字的独特韵味。

三、结语

综上所述,小学语文学习是打基础的阶段,抓好语文课堂教学,能为学生今后的语文学习铺好道路。教师应立足文化自信、语言运用、思维能力以及审美创造这四个核心素养,在识字与写字、阅读与鉴赏、交流与表达、梳理与探究等各方面语文学习内容中渗透好核心素养培养目标,从教师的教、学生的学和多元的评三个方面协同并进,继续探索优化"五有四启"的教学模式,深耕"启教育"。

参考文献

[1] 钟振裕,周娇娥.以"语文要素"促进"语文核心素养"发展的研究综述及其运用建议[J].福建教育学院学报,2022,23(08):67-69.

[2] 杨红梅.核心素养下低年级学生语言运用能力培养[J].甘肃教育,2021(13):104-106.

[3] 林晓燕.群文阅读教学中语文核心素养的培养策略[J].高考,2023(12):143-145.

培养小学生语文思维能力素养的实践

马翠红

随着教育改革的不断深入，核心素养逐渐受到广泛关注，在核心素养的框架下，小学语文课堂不仅要重视知识的传授，更要注重激发学习兴趣和主动性，让学生在积极的语文实践活动中积累、建构，努力为学生架构"有趣、有联、有探、有创、有育"的课堂。

小学语文核心素养主要体现在语言文字的运用、思维能力、审美创造和文化自信等方面。学生需要在学习过程中培养语言运用的机智，发展多种思维能力，形成积极的审美意识，以及坚定的文化自信。核心素养作为教育的重要理念，为小学语文的教学提供了全新的视角。在小学语文教学中，我们应以核心素养为引领，注重培养学生的思维能力，因为它是其他能力的基础。

一、课标解读

《义务教育语文课程标准(2022 年版)》指出，思维能力是指学生在语文学习过程中的联想想象、分析比较、归纳判断等认知表现，主要包括直觉思维、形象思维、逻辑思维、辩证思维和创造思维。

课标对于思维能力的定义，强调了思维能力在学生语文学习中的重要性。思维能力不仅仅是一种技能，更是一种在语文学习过程中的认知表现。

好的思维能力应具有敏捷性、灵活性、深刻性、独创性、批判性。有较好思维能力的学生会有强烈的好奇心、求知欲，崇尚真知，积极思考，勇于探索创新。

二、阻碍思维能力发展的因素

1. 刻板的教学方法

过于传统的教学方法往往忽视了学生的主动性和参与度，使学生只能被动地接受知识，缺乏主动思考和探究的机会。

2. 压抑的课堂氛围

课堂氛围过于严肃或紧张,会使学生感到有压力,不敢表达自己的观点或提出疑问,从而限制了他们的思维发展。

3. 缺乏教师引导

教师在课堂上未能有效引导学生思考,或者对学生的思考结果缺乏及时的反馈和指导,使学生无法形成正确的思维方式和习惯。

4. 过于注重知识灌输

过于注重知识灌输而忽视能力培养,导致学生虽然掌握了大量知识,但缺乏灵活运用和创新的能力。

在核心素养的理念下,小学语文课堂不仅仅是一个传授知识的场所,更是一个培养学生思维能力的重要阵地。结合学校提出的"启教育"落实到课堂,打造"五有四启"的课堂教学模式,我们更要不断更新教学理念和方法,营造轻松、积极的课堂氛围,注重培养学生的思维能力,采取有效的培养策略,让学生的思维在课堂中尽情绽放。

三、培养思维能力的策略和实践

1. 启发质疑,促进学生思维交流

学贵有疑,学则须疑。人的思维是一种精神活动,这种精神活动经常由产生疑问开始,一旦学生发现了某个问题,便是他们对知识的学习和研究的开始。疑是思维的开端,是创造的基础。勇于质疑、敢于质疑、善于质疑是一种良好的思维习惯。因此,启发学生的思维,应贯穿于课堂提问之中,让学生有的放矢地提出问题、解决问题,从而促进思维发展,打造有效课堂。

四年级下册第7课《纳米技术就在我们身边》是一篇介绍科学技术的文章。课文里出现的几个科技术语对于学生来说是比较陌生的。我们针对这一问题,引导学生提出疑问,学生跃跃欲试,纷纷提出心中的疑惑,有的说:"纳米技术是什么意思?"有的说:"纳米技术会在我们身边哪些地方存在呢?"学生带着问题徜徉在课文里深入思考,等到理清文章脉络以后,学生又针对全文提出:"课文第三自然段就告诉了我们纳米技术就在我们身边,为什么还要写第二自然段和第四自然段呢?"整堂课,学生在质疑、解疑、再质疑的过程中学习课文,收到了意想不到的效果。启发质疑,不仅能培养学生质疑问难的能力,还能激发学生的学习兴

趣,促进学生思维的交流,也培养了学生独立思考能力和批判性思维。

2. 创设情境,激发学生思维兴趣

情境教学是一种有效的教学方法,能帮助学生更好地理解和掌握知识。在课堂教学中,通过创设和课文内容相关的情境,引导学生自然而然地进入情境,从而促使学生在情境中开启思维。《火烧云》是三年级下册第七单元的一篇课文,文中对于人们彼此美好祝福的着墨不多,为了能让学生切身感悟霞光带给人们的快乐,教师利用多媒体展示相关视频,并创设情境:此时,邻居周大叔从田里回来,他扛着锄头,手里拎着一条鱼。教师提问:"会发生什么变化?村里的人又会送上怎样的祝福?"在轻松愉悦的氛围中,学生的学习积极性被激发了,形象思维也丰富起来,有的说:"邻居周大叔从田里回来,黑锄头变成金的了,张大妈笑眯眯地对他说:'周大叔,你的金锄头种出来的庄稼一定是最多最好的,等着大丰收吧。'"有的说:"邻居周大叔从田里回来,红红的大鱼变成金的了。村长笑眯眯地对他说:'周大叔,祝你年年有余,因为你的鱼变成金色了。'"还有的说:"邻居周大叔从田里回来,红红的大鱼变成金的了。'我'笑眯眯地对他说:'周大叔,这条鱼肯定是世界上最美味的,一定可以香飘全村。'"这样,在创设的情境下,把语言训练寓于其中,唤起学生学习的内驱力,激起学生深入学习的欲望,使学生在轻松、愉悦的情境中获取知识,促成思维的自然生成,形成能力,从而取得最优化的教学效果。创设情境,激发学生思维兴趣,这正是情境启思的体现。

3. 有效朗读,提升学生思维能力

有效朗读是一种重要的教学方法,对于学生的思维发展有着举足轻重的作用。朗读不仅仅是语音的输出,更是思维和情感的表达。采用朗读策略,可以引导学生深入地理解文本内容,提升语言感知能力,进而促进思维的发展。《短诗三首》是四年级下册第三单元的一篇课文,内容是冰心的三首短诗,本单元的教学要点之一是让学生初步了解现代诗的特点,读出诗的节奏美。此环节设置四处朗读,引领学生走进诗歌的大门。先请学生读一读三首短诗,说一说"你觉得诗歌好读吗",学生在朗读中发现诗歌很有韵味。随后指导学生将韵脚读足一点、读长一点,读出诗歌的节奏美。接着引导学生一边读,一边找找诗歌中哪些句子读起来特别有节奏感。通过一次又一次的朗读,学生发现相同的短语、相同的句子以及相同的分句放在一起,读起来很有节奏感,让朗读不再单调、无味,而是充满趣味。最后组织朗读比赛,引导学生再次感受诗歌的形式特点——富有节奏感。在反复朗读中,学生和文本多次接触,在读中思、在思中读,以不同形式、不同层次的朗读,使教学环节步步相连,环环相扣。学生在有效的朗读策略中感悟了诗歌的特点,也在朗读中提升了思维能力。

4. 多元评价,关注学生的思维发展

《义务教育语文课程标准(2022 年版)》指出,课堂上应该注意将教师的评价、学生的自我评价以及学生之间的相互评价相结合,加强学生的自我评价和相互评价。评价是教学的重要环节,也是促进学生思维发展的重要手段。在课堂中,教师采用多样的评价手段,如教师评价、学生自评、同伴互评、智乐徽章评价等,激发学生的创新思维和自主学习的能力,全面了解学生的思维发展状况。讲授《短诗三首》一课时,设计了创编诗歌环节,学生在理清《繁星(七一)》和《繁星(六九)》的相似之处后,自创诗歌、自评作品,思维能力在创编诗歌中悄无声息地得到了发展,一篇篇诗歌新鲜出炉。其次,邀请同伴评一评自己写的诗歌,肯定优点,提出不足。在同伴互评中,学生各自修改诗歌,在修改中提升创作能力,学生的创新思维得到了展现。最后在掌声中,对于优秀作品给予肯定,不足作品给予鼓励。实施评价时尊重学生的主体地位,切切实实地将"多元启评"落实在课堂中,从而促进每个学生的健康发展。

在核心素养的引领下,小学语文课堂正逐步从传统的知识传授向思维能力培养转变。小学语文思维能力的培养,如同为学生播下智慧的种子。只要教师遵循教学规律,变革教与学的方式,落实核心素养的培养,深耕"启课堂",践行"五有四启",那么学生的思维之花定会在课堂中尽情绽放。

参考文献

[1] 孙燕.例谈核心素养导向的小学语文教学设计优化策略[J].小学语文教师,2023(06):26-28.

[2] 魏星,李新.让思辨过程可见,促思辨学习发生[J].小学语文教师,2023(06):13-15.

基于"启教育"培育低年级学生语言运用素养的实践

——以《古对今》一课教学为例

唐 菲

一、案例背景

(一) 关于"启教育"

东港小学根据所处的地域环境与教育资源,以"启航"作为关键词构建学校课程体系,提出了"启教育"理念,开展了一系列"新课标"背景下构建"启教育"的实践研究。语文教研组的研究课题是:"新课标"背景下培育小学生语文学科核心素养的实践研究。我们备课组的子课题是,"新课标"背景下培育小学生语言运用素养的实践研究。

我们的目标是,根据学生认知基础,遵循学生学习规律,落实"五有四启"特色,构建以学习活动为中心的课堂。引领学生增强文化自信、语言运用、思维能力、审美创造等核心素养,培养学生适应社会与自身发展所需要的正确价值观、必备品格和关键能力。

(二) 教材分析

《古对今》借鉴了传统韵语识字形式,由三组对子组成,每组对子十六个字,呈现了各种意象,营造出自然之美,描绘出了一幅"莺歌燕舞、鸟语花香"的美丽景象。对一年级学生来说,他们生活阅历浅,光靠语言描述,不能使学生建构起认知。因此我们要利用《对韵歌》情境优美、语言精练的特点,培养学生的语感,引导学生体会大自然的美妙,产生对大自然的热爱之情和表达愿望。

二、实施过程

(一) 情境启思,融会贯通

我们采用情境启思,通过复习第一学期的课文,初步体会《对韵歌》的特点,培养学生在真实的情境中运用已学知识解决新问题的能力。

片 段 一

师：小朋友，上学期我们学过一首有趣的《对韵歌》。你们还记得吗？第一句谁来对？

生：云对雨。

师：这是天气对天气。

生：雪对风。

师：雪对风也是？

生：天气对天气。

师：第三句，你来。

生：花对树，植物对植物。

生：鸟对虫，动物对动物。

师：最后两句，一起对。

生：山清对水秀，柳绿对桃红。

师：景物对景物。你们的记性可真棒。那我们一起打着节奏来读《对韵歌》。（生读）

师：《对韵歌》里有一个"对"字，像这样每句话中都有对，我们就把他叫作对子歌。（出示"对子"）

师：一起读读这个词。（齐读）

师：《对子歌》都是一对一对的，今天，我们再学一首新的《对子歌》，这个对子就是古对今。来，齐读课题。谁知道古是什么意思？今是什么意思呢？

生：都是时间。

师：他读懂了，古和今都表示时间，所以这个对子是……

生：时间对时间。

片 段 二

师：接下来这一个小节，老师请小朋友与同桌两两合作，一起读一读对子，不会读的地方互相帮助，要把每个音都读准确。读完以后，和同桌说一说，在这个对子中你发现了什么？

师：我们先来请一对同桌来读一读。

同桌一起：桃对李，柳对杨，莺歌对燕舞，鸟语对花香。

师：真好听，像黄莺唱歌一样。哪对同桌愿意再来读一读？（生读）

师：真棒呀！像小鸟在说话一样动听。让我们一起来读一读。（生读）

师：第二个问题：你读懂了哪一句？你发现了什么？

生：我发现最后两段只要去掉中间那个对字，就是两个成语。

师：掌声送给他。谁和他一样有相同的发现？最后两句去掉中间的对字，就是两个成语。的确，对子就是由成语前后两个词分开来组成的（出示成语"鸟语花香"），我们读一读这个词：鸟语花香，对，鸟语花香 可以拆开来，鸟语对花香，还有一个词"莺歌燕舞"，那么就是？

生：莺歌对燕舞。

师：那前面这两个对子呢？你有什么发现？他们都有一个共同的属性是……

生：都是水果。

师：是呀，桃子和李子，它们俩都是水果，所以水果也可以相对。那柳对杨呢？

生：它们都是木字旁的，都是树。

师：你们有见过柳树吗？河岸边往往种着许多柳树，瞧！那垂柳很漂亮。杨树见过吗？（出示杨树图片）我们在高速公路两边见到的最高大的树就是杨树，他们像卫兵一样，一棵棵都站着，直直的。杨和柳在汉语中能组成一个词叫杨柳（出示词卡"杨柳"），我们一起来再读一遍。

生：桃对李，柳对杨，莺歌对燕舞，鸟语对花香。

（二）策略启学，关注识字方法

识字教学要注意儿童心理的特点，要运用多种识字教学方法和形象直观的教学手段，创设丰富多彩的教学情境，提高识字教学效率。"策略启学"即因材施教，因人导学，根据类别来进行识字，运用不同的识字方法。《古对今》这篇课文是低年级识字课文，低年级教学以反复诵读为基本方法。当学生在掌握字形或理解字义有困难时，我们就要通过看图片、看视频、听故事等方法来帮助学生识记和理解。同时,我们也要向学生传授汉字文化和中华优秀传统文化,让学生受到优秀传统文化的熏陶。

片 段 三

师:我这里有两枚硬币。你来判断一下哪一枚硬币是古代的,哪一枚硬币是现在的?(出示图片"古代的"和"现代的")

师:这一枚是古代的,这一枚是今天的。请你仔细看古代的那枚铜钱,这枚铜钱里还藏着刚才我们读过的一个对子。看看它的外圈,再看看它中间。

生:圆对方。

师:你怎么知道的?

生:因为外轮廓是圆的,中间那个是方的。

师:观察得真仔细呀!这个古代的铜钱,外面是圆形的,中间是方形的。所以这里藏着一个对子。

生:圆对方。

师:这个对子是形状对形状。圆是我们今天要学的一个生字,仔细看看这个"圆"字。

生:它里面这个字念 yuán(员),整个字念 yuán(圆),所以它是一个形声字,形旁表意,声旁表音。

师:你可真会学习,对呀,掌握形声字规律就能认识更多字了。(出示"古对今"和"圆对方")那这两个对子,我们一起再来读一读。古对今,一起读!

生:古对今,圆对方。

师:这两个对子读懂了,也记住了这个圆字。

片 段 四

师:这里还有个词叫秋凉。很明显是哪个季节?是秋天,(秋凉移到秋天下面)秋天是很——凉快的,很凉爽的。

师:(出示字卡"凉")来读这个生字!(师读一遍生读一遍)我们生活中,凉可以和谁交朋友的呢?让我们一起来做一字开花的游戏。比如,吹来了一阵风,我们可以说凉风。(出示词卡"凉风")对,一起读"凉风"。

师:那还有什么凉? 你来。

生:清凉。

师:对清凉。请你做小老师,来读一下。

师:像冰那样的凉,就叫冰凉。请再说一个词。

生:凉爽。

师:老师这里还有一个词叫凉水。你看,像这样一字开花,给生字找朋友可有意思了。我们一起来读一读。

师:那还有两个词,严寒、酷暑,它们对应什么季节呢? 我们先来看这两个字。先看上面这个字念(齐读)——寒(出示生字卡片,抽生读)。

师:下面这个字(齐读)——暑(出示生字卡片,抽生读)。老师把寒和暑很早很早以前的样子请出来了,你来猜一猜:哪一个是寒呢? 哪一个是暑呢?

生:第一个是暑。第二个是寒。

师:真聪明!

师:那为什么寒是这样写的呢? 寒的外面这一个框表示房子,冬天水结成了冰,人们钻在稻草里取暖,可还是很冷,后来慢慢地就写成我们现在的寒了。一看见寒这个字,你就觉得怎么样?

师:再看看这个暑,跟寒正好相反。你看,这个字里面有几个太阳? 两个。一个在上面,一个在下面,一个太阳就够热了,有两个太阳,热死啦! 寒表示冷,暑表示热。严寒就表示非常冷。

师:酷表示什么意思啊? 也是非常的意思,酷暑就是非常非常热。来,读一读这个词,读酷暑。

(三) 体验启悟,尝试创编

我们教师应该充分利用当今丰富多彩的教学素材,将它们转化为学生语言实践或语言交流的基石,让学生融会贯通。我们需要科学指导,使学生建立一定的语感,了解并学会字、词、句,掌握连词成句、连句成段、连段成篇的原理,能用自己的语言准确表达内心的想法。因此在课堂中要让学生多说、多练、多表达,试着自己编一编对子,体验成功的快乐。

片 段 五

师：读完课文，我们一起来玩玩"我说你对"的小游戏吧。课本上是没有这几个对子的。需要你自己动脑筋。敢接受挑战的，挺直腰杆，人坐正。寒对什么？

生：暑。

师：没错！寒对暑，也就是寒冷的冬天对酷暑的夏天。第二个，暖对什么？

生：凉。

师：你怎么就想到暖对凉了？

生：因为它们两个是反义词。

师：书上说，春暖对秋凉，你可以联系书上已经有的东西来学。这里暖对凉。最后一个，天圆对什么？天对地，你想想天圆对什么？

生：天圆对地方。

师：送他一颗小炮仗。看来你们都会了。

师：太厉害了！那我们能不能自己来试着编一编呢？

生1：东对西。

生2：天对地。

生3：苦对甜。

生4：花红对柳绿。

三、成效与反思

(一) 注重识字，巩固语言运用基础

1. 有趣——充满情趣的课堂

低年级语文教学以反复诵读为主，而这篇《对韵歌》的特点是节奏鲜明，音韵和谐，读起来朗朗上口，我们利用它的节奏特点进行多种形式的朗读。在本节课中我采用了伴乐吟唱，引导学生读出节奏、韵律，激发了他们的学习兴趣。课堂营造了有趣的学习氛围，设计了"我问你答""一字开花""开双轨小火车""将课文请进古书中"等多种游戏，有助于学生在识记背诵的同时，在轻松的过程中感受汉字文化的魅力。

2. 有悟——学生自悟的课堂

这篇课文在识字单元。识字是重中之重,低年级学生识字的重点不能只是让学生掌握简单且常用的汉字,在了解到汉字的字形结构同时,我们还要让他们学到背后的字义、字理。因为他们刚接触汉字,我们不能一味地灌输,而要培养其自主识字的兴趣和拓展识字的范围,这正是"启教育"背景下"有悟"课堂的体现。在学习"寒、暑"这两个字时,我出示了象形图片,让学生通过猜一猜、想一想的活动来了解这两个字的意义。

3. 有联——联系生活的课堂

课文《古对今》中还有三个带有"日"字旁的生字,分别是"晨、暮、朝",在讲授这三个字的时候,我先让学生观察它们的特点,找到这三个字都有"日"这个相同点。然后进行汉字文化的渗透指导,将"日"这个字标红出现在这三个字中的不同位置。再提示学生,让他们思考"你在一天的哪个时间段能看到朝霞?你见过夕阳吗?什么时候见到的呢?"等一系列问题,引导学生联系自己的生活来理解。课堂源于生活,知识也源于生活。这样,不仅能让学生更容易识记这三个字的意思,在今后的学习过程中他们也会联系生活来思考问题。这体现了我校"五有"中的"有联",能让学生体会到汉字文化的博大精深。

(二) 联系实际,增强语言运用实践

在教学实践中,低年级学生由于语言比较贫乏,语感不够,所以语言表达时常常会出现不通顺、不流畅的现象。例如,我班的学生无法将"莺歌燕舞"的意思解释出来。这个时候我利用图片,出示了"莺歌燕舞"的画面和音频,引导学生说一说图片上的内容,这样学生就能说出黄莺在歌唱,燕子在飞舞。随后让学生加一点修饰词,怎样的黄莺在怎样地歌唱,怎样的燕子在怎样地飞舞。让他们理解这个美好的画面就是"莺歌燕舞""鸟语花香"。也可以用这样的方法来引导学生感受大自然的神奇与美好。一、二年级以识字教学为主,字词的出现更多是以句子和课文的形式,所以我们教师需要借助一定的语言环境进行指导。本课新词较多,描写的都是学生熟悉的自然现象,但是比较书面化,学生理解有一定难度,因此我们运用不同的方式来引导学生对词语的理解。如找近义词,让学生说说"和风"和"微风、大风、狂风"中的哪个意思相近,从而理解"和风"是"微风",是温和的风;"细雨"也可以采用这个方法理解,进而提高学生的语感,大大增强了学生语言运用的实践。

总之,培育和提高低年级学生的语言运用素养需要教师在课堂教学和课外活动中采用多种方法,以"启教育"的视角关注学生,激发学生的学习兴趣,培养学生的语言表达能力。还要注重评价与反馈,及时给予学生指导和鼓励,使他们在语言运用实践中获得思维的发展,促进他们各项素养全面提升。

参考文献

［1］邹红燕.指向语文核心素养培育的小学中高年级古诗词教学研究［D］.上海:上海师范大学,2021.

［2］刘彤.基于语文核心素养的小学童话教学研究［D］.哈尔滨:哈尔滨师范大学,2023.

利用插图培养低年级学生语言运用能力的实践研究

尹晓磊

在低年级语文教学中,插图作为教材的重要组成部分,具有直观、形象、生动的特点,对于激发学生的学习兴趣、帮助学生理解文本内容、培养学生的语言运用能力具有重要作用。本文旨在探讨如何有效利用语文教材中的插图来培养低年级学生的语言运用能力。通过对低年级语文教材插图的特点分析,结合教学实践,提出了一系列具体的教学策略,包括引导观察、激发想象、组织表达等,以提高学生的语言表达水平和语文素养。

一、低年级语文教材插图的特点

(一)色彩鲜艳,吸引学生注意力

低年级学生对色彩有着极高的敏感度,教材中的插图往往运用鲜艳夺目、五彩斑斓的色彩。这些绚丽的色彩就像一把把神奇的钥匙,能快速抓住学生的目光,将他们引到文本所构建的奇妙世界中。这种色彩上的强烈吸引力能有效激发学生对学习的浓厚兴趣。

(二)形象生动,贴近学生生活

插图内容大多围绕学生熟悉的生活场景、可爱的动植物等主题展开。无论是校园里的课间活动、家庭中的温馨画面,还是森林中的小动物、花园里的花朵,这些形象被描绘得栩栩如生、活灵活现,仿佛跃然纸上。这种贴近生活的设计,使学生在看到插图的瞬间就能产生共鸣,让知识变得易懂,易于理解和接受。

(三)富有故事性,激发学生想象

插图往往蕴含着丰富的故事元素,它们像是一扇扇通往故事王国的大门。每一幅插图都仿佛在无声地讲述着一个精彩的故事,引导学生展开想象,去猜测故事的发展走向、情节变化以及最终结局。在这个过程中,学生的语言表达能力得到了锻炼和提高,他们可以将脑海中的想象用自己的语言描述出来,使故事更加生动和丰满。

二、实施策略

(一)引导观察,培养学生的观察力

1. 指导学生有顺序地观察插图

可以按从左到右、从上到下、从整体到局部等顺序进行观察,让学生学会有条理地观察事物。

例如,在《小蝌蚪找妈妈》一课中,引导学生先观察整个画面,看到一群小蝌蚪在水中游来游去,然后再观察每只小蝌蚪的形态,以及周围的环境,如荷叶、水草等。这样引导学生:"同学们,先看看这幅图的整体,你们看到了什么呀? 对,有很多小蝌蚪在水里。那我们再仔细看看每只小蝌蚪长什么样呢? 它们的尾巴是什么样的? 接着我们再来看看周围有什么,是不是有绿绿的荷叶和细细的水草呀?"通过这样的引导,学生能逐步学会有顺序地观察插图。

2. 引导学生抓住插图的重点

通过提问、提示等方式,让学生关注插图中的关键人物、事物或场景,提高学生的观察能力。

例如,在《雪地里的小画家》一课中,让学生重点观察不同动物的脚印形状,从而理解课文中"小鸡画竹叶,小狗画梅花,小鸭画枫叶,小马画月牙"的描述。这样引导学生:"同学们,看看这幅图上都有哪些小动物呀? 它们在雪地上留下了什么形状的脚印呢?"引导学生仔细观察每个动物的脚印,加深对课文内容的理解。

(二)激发想象,培养学生的想象力

1. 利用插图留白,引导学生想象

有些插图中会有一些留白部分,教师可以引导学生根据上下文和自己的想象,填补这些空白,培养学生的创造力和想象力。

例如,在《坐井观天》一课中,插图中只有青蛙和小鸟在井边对话,教师可以引导学生想象井里还有什么,天空中还有哪些景象。这样启发学生:"同学们,看看这幅图,青蛙坐在井里,小鸟在井边。你们想想:井里除了青蛙还会有什么呢? 天空中又会有哪些美丽的景象呢?"学生可能会想象井里有小虫子、水草等,天空中有白云、太阳、彩虹等。

2. 创设情境,让学生想象插图中的故事

可以通过提问、讲述等方式创设情境,让学生想象插图中的人物在做什么、说什么、想什么,从而提高学生的语言表达能力。

例如,在《狐假虎威》一课中,教师可以提问:"狐狸和老虎走在森林里,其他动物看到会有什么反应呢?"让学生发挥想象进行描述。学生可能会说:"其他动物看到老虎都很害怕,纷纷逃跑。但是当它们看到狐狸走在老虎前面,很威风的样子,又觉得很奇怪。"或者说:"有的动物可能会悄悄议论,这狐狸怎么这么大胆,敢走在老虎前面呢?"

(三) 组织表达,培养学生的语言表达能力

1. 描述内容

让学生用自己的语言描述插图中的人物、事物、场景等,锻炼学生的语言表达能力和观察能力。

例如,在《曹冲称象》一课中,让学生描述插图中的场景,包括人物的动作、表情,以及大象和周围环境的样子。教师可以先示范描述一部分:"同学们,看这幅图,我们可以看到曹冲很聪明地在指挥大家称象。他的表情很认真,眼睛紧紧地盯着大象。大象站在船上,看起来非常庞大。周围的人有的在拉绳子,有的在搬石头,大家都很忙碌。"然后让学生模仿老师,用自己的话来描述插图。

2. 续编故事

让学生续编故事,培养学生的想象力和创造力。

例如,在《小壁虎借尾巴》一课中,在学生理解课文内容后,让他们根据插图续编小壁虎还可能向谁借尾巴,以及借尾巴的过程。学生可能会编出"小壁虎向小兔子借尾巴,小兔子说:'我的尾巴太短了,不能借给你。'",或者"小壁虎向小松鼠借尾巴,小松鼠说:'我的尾巴是用来保持平衡的,不能借给你。'"等各种有趣的故事。

3. 角色扮演

让学生扮演插图中的人物,进行对话和表演,提高学生的口语表达能力和交际能力。

例如,在《小马过河》一课中,组织学生分别扮演小马、老马、松鼠、老牛等角色,表演小马过河的故事,让学生在表演中更好地理解故事内容,提高语言表达

能力。比如,小马可以说:"妈妈,我能过河吗? 我好害怕。"老马可以说:"孩子,你要勇敢尝试,不要害怕。"松鼠可以说:"小马,千万不能过河,河水很深,会把你淹没的。"老牛可以说:"小马,河水很浅,你可以放心过河。"通过这样的角色扮演,学生不仅能提高语言表达能力,还能增强对故事的理解和感受。

　　通过这些丰富多样的实践研究,我们可以清晰地发现,利用语文教材中的插图培养低年级学生的语言运用能力,是一种行之有效且充满趣味的教学方法。教师在教学过程中要充分认识到插图所蕴含的教育价值,精心引导学生全面观察、巧妙激发他们的想象、有序组织多样化的表达活动,以全面提高学生的语言表达水平和语文素养。同时,教师还应秉持探索创新的精神,不断创造新的教学方法,结合实际教学情况,灵活运用插图资源,为学生创设更加丰富多彩、充满活力的语言学习实践,让他们在语文学习的海洋中畅游,收获知识与茁壮成长。

参考文献

[1] 周凯媛.小学语文古诗文教学中插图运用研究[D].扬州:扬州大学,2023.

[2] 何思清.部编版小学语文教科书插图使用现状研究[D].银川:宁夏大学,2023.

[3] 张敏.统编小学语文教材插图中的中国元素探析[D].长沙:湖南师范大学,2020.

挖掘写作训练点，打通读写结合路径

张丽娜

一、引言

"启教育"的核心在于因材施教，因材施教的关键在于适合，适合的才是有效的。通过策略启学可以帮助学生开展更有效的学习。在小学语文教学中，阅读与写作如鸟之双翼、车之两轮，紧密相连。读写结合不仅能提高学生的阅读理解能力，还能有效提升学生的写作水平。要实现读写的有机结合，关键在于挖掘适合而有效的写作训练点，引导学生将阅读中所学到的知识和技巧运用到写作中。

二、读写结合的重要性

(一) 相互促进

阅读为写作提供素材和灵感，丰富学生的语言积累和思维方式；写作是对阅读的深化和拓展，检验学生对阅读内容的理解和运用能力。两者相互促进，共同提高学生的语文素养。如学生在阅读《草船借箭》后，对诸葛亮的足智多谋有了深刻的认识，在写作中就可能会运用到这种智慧人物的塑造方法。

(二) 提高学习效率

读写结合可以使学生在阅读和写作的过程中进行知识的迁移和能力的转化，提高了学习效率。如当学生阅读了描写景物的文章后，马上进行景物描写的写作练习，能更好地巩固所学。

(三) 培养综合能力

通过读写结合，学生不仅能提高语言表达能力，还能培养思维能力、创造能力和审美能力等综合素养。如阅读诗歌培养学生的审美能力，写作时能发挥创造力表达自己的情感和想法。

三、紧扣文本展开写作训练

（一）借助文本内容，挖掘写作训练点

1. 主题挖掘

统编版小学语文课文的主题丰富多样，教师可以引导学生围绕课文主题进行写作，加深对主题的理解，同时提高写作能力。

在讲授《富饶的西沙群岛》时，教师先引导学生深入分析课文主题，即通过对西沙群岛美丽景色和丰富物产的描写，表达对祖国山河的热爱之情。课后，教师布置写作任务，让学生以"美丽的家乡"为主题进行写作。在此过程中，教师首先引导学生回忆家乡的特色内容，如家乡的美景、美食、有趣的地方，帮助学生确定写作内容。然后，教师提醒学生可以模仿课文的描写方法，从多个方面展现家乡的美丽。

2. 情节拓展

对于故事性较强的课文，教师可以引导学生进行情节拓展，培养学生的想象力和创造力。

学习《穷人》一课后，教师引导学生探讨桑娜和渔夫一家未来可能的困难。先组织分组讨论，鼓励学生积极发言以激发思维碰撞。接着让小组代表发言，拓宽思路，再引导学生思考克服困难有什么方法，如渔夫延长出海时间努力捕鱼，或邻居给予帮助。最后布置续写任务，提醒学生写作时注意人物性格要连贯、情节要合理，使续写与原文风格保持一致，让故事自然推进。

3. 细节描写

课文中的细节描写能生动地展现人物形象和景物特点。教师引导学生学习细节描写的方法，进行仿写练习，可以提高学生的写作质量。

在讲授《鸟的天堂》一课时，教师重点分析课文中对大榕树的细节描写，如"一簇簇树叶伸到水面上。树叶真绿得可爱。那是许多株茂盛的榕树，看不出主干在什么地方"。教师让学生找出这些描写细节的句子，并分析其作用，让学生明白这些描写是如何将大榕树的繁茂生动地展现出来的。然后，教师布置仿写任务，让学生描写自己喜欢的一种植物。教师可以提供一些描写的角度，如植物的叶子（颜色、形状、纹理等）、花朵（颜色、姿态、香气等）、果实（形状、色泽、口感等）。在学生写作的过程中，提醒学生要仔细观察植物的特点，用生动的语言进行描写，让读者能通过文字感受到植物的独特魅力。

（二）借助文本结构，挖掘写作训练点

1. 篇章结构分析

统编版小学语文教材中课文的篇章结构各具特色，教师引导学生分析篇章结构，学习写作方法，能使学生的文章条理更加清晰。

在讲授《桂林山水》一课时，教师引导学生观察其总分总的篇章结构。开篇总述"桂林山水甲天下"，确立全文基调。中间分别细致描绘桂林的山与水的特征，运用比喻、排比等修辞手法生动呈现其独特之美。结尾总结全文，再度强调桂林山水的美丽，给人完整而深刻的印象。教师让学生找出相似句子并分析其作用。课后，布置写作任务，要求学生用总分总的结构写喜欢的风景，如校园花园、家乡湖泊等。引导学生思考开头如何总述风景特点，中间怎样分别描写各方面，像花园不同季节的花、独特园艺造型，结尾如何总结。写作时提醒学生注意段落过渡衔接，使文章结构紧凑、逻辑连贯。

2. 段落结构分析

分析课文的段落结构，让学生学习如何组织段落内容，能使文章更加生动有趣。

在讲授《狼牙山五壮士》一课时，教师着力分析描写战斗场面的段落结构，总结为"先总述场面，再细描人物表现"。教师引导学生找出如"五位壮士一面向顶峰攀登，一面依托大树和岩石向敌人射击。山路上又留下了许多具敌人的尸体"这样的总述句，展现战斗之烈、壮士之勇；以及"马宝玉抢前一步，夺过手榴弹插在腰间，他猛地举起一块磨盘大的石头，大声喊道：'同志们！用石头砸！'"这样的人物描写。教师让学生体会这种结构的优势，即先给读者展示场面全貌，再以人物描写深化印象。接着布置写作任务，让学生模仿这个结构写熟悉的活动场景，如运动会百米赛跑或文艺表演舞蹈等，使读者有身临其境的感觉。

（三）借助文本语言，挖掘写作训练点

1. 词汇积累

课文中有很多优美的词汇，教师引导学生积累词汇并运用到写作中，可以丰富学生的语言表达。

在讲授《美丽的小兴安岭》一课时，教师让学生找出课文中描写四季景色的词汇，如"葱葱茏茏""密密层层""严严实实"等。教师首先让学生理解这些词汇的意思，通过图片、实物等方式让学生直观感受词汇所描绘的场景，然后引导学生用这些词汇造句。课后，教师布置写作任务，让学生在描写自然景色的作文中使用这些词汇。教师可以提供一些描写自然景色的题目,如"春天的公园""秋天的田野"等。如在描写春天的公园时,学生可以写:"春天的公园一片生机勃勃,树木葱葱茏茏,花儿密密层层地盛开着,青草严严实实地铺满了大地,仿佛给大地披上了一层绿色的绒毯。"

2. 句式仿写

课文中的句式多种多样,教师引导学生进行句式仿写,能提高语言表达的丰富性。

在讲授《秋天的雨》一课时,教师分析课文中"它把黄色给了银杏树,黄黄的叶子像一把把小扇子"这样的比喻句。教师让学生找出课文中的其他比喻句,并深入分析其特点,如本体和喻体之间的相似性、比喻词的运用等。然后,教师布置仿写任务,让学生仿写比喻句。教师提供一些仿写的主题,如"春天的花朵""夏天的阳光"等。

3. 修辞手法学习

学习课文中的修辞手法,在写作中恰当运用,可以使文章更加生动形象。

在讲授《白鹅》一课时,教师分析课文中对鹅的拟人化描写,如"鹅的步态从容,大模大样的,颇像京剧里的净角出场"。教师让学生找出课文中的其他拟人句,并分析其作用。然后,教师布置写作任务,让学生运用拟人的修辞手法描写一种动物。教师先让学生确定要描写的动物,然后引导学生思考如何将动物拟人化,赋予动物人的动作、表情、语言等。

四、结论

通过挖掘统编版小学语文教材课文中的写作训练点,打通读写结合的路径,可以有效提高学生的写作能力和语文综合素养。教师应在教学中注重从文本内容、结构和语言表达等方面引导学生,让学生在阅读中学习写作,在写作中深化阅读,实现读写的有机结合。同时,教师要加强对学生写作的指导,及时给予反馈和建议,帮助学生不断提高写作水平。

参考文献

［1］吴忠豪.小学语文课程与教学论［M］.北京:北京师范大学出版社,2004.

［2］丁有宽,等.丁有宽小学语文读写结合法［M］.济南:山东教育出版社,1999.

［3］王荣生.语文课程与教学内容［M］.北京:教育科学出版社,2015.

阶梯式搭建"文学阅读与创意表达"学习任务群

——以三年级下册《花钟》一课教学为例

魏春雨

一、案例背景

在小学语文教学中,落实《义务教育语文课程标准(2022 年版)》(以下简称《课程标准》)的要求,构建有效的学习任务群,提升学生的核心素养至关重要。"文学阅读与创意表达"学习任务群旨在引导学生在文学阅读中感受语言之美、领悟情感之深,并通过创意表达展现自己的独特感悟。本项研究以三年级下册《花钟》的第一课时教学为范例,深入开展了阶梯式搭建"文学阅读与创意表达"学习任务群的实践探索。通过构建渐进式学习情境、阶梯式学习任务以及分层式评价体系,打造出有机统一进阶策略,切实落实了"文学阅读与创意表达"学习任务群的要求,进而为提升学生的语文学科核心素养开辟出一条行之有效的途径。

统编教材三年级下册第四单元围绕"观察与发现"这一人文主题,编排了《花钟》《蜜蜂》《小虾》三篇课文以及语文园地,从不同角度展现了留心观察所带来的丰富发现。我们通过习作《我做了一个小实验》引导学生运用本单元所学的方法,将实验过程写清楚,进一步体会留心观察、细致观察所带来的好处。

该单元重点落实的语文要素为"借助关键语句概括一段话的大意"。学生在之前的学习中已接触过这种方法,本单元在此基础上对学生提出了更高层次的学习要求,旨在提升学生的阅读理解和概括能力。

二、《花钟》概说

(一) 文本特点

《花钟》作为该单元的第一篇精读课文,生动地描述了一天之内不同的花在不同时间开放的奇妙现象,并深入地探究和分析了这一现象产生的原因。其表达层次分明,语言优美生动,具有很高的教学价值。

1. 结构清晰

第一、二自然段各有能概括段落大意的关键语句,采用总分式,条理清晰。正如《课程标准》中强调的"在阅读中,要引导学生理解文本的结构和逻辑关系",这种结构有助于学生理解段落的逻辑关系,为学习概括段落大意提供了良好的范例。

2. 语言生动

写花开放的部分句式多样,用词生动,避免了表达的单调重复。如"牵牛花吹起了紫色的小喇叭""艳丽的蔷薇绽开了笑脸"等语句,运用了拟人的修辞手法,把花朵的开放描写得更加形象生动,富有感染力。这正契合了《课程标准》中关于"感受语言之美"的要求。

(二)重点难点

本文以讲授《花钟》第一课时的教学为例,介绍一种阶梯式搭建学习任务群的策略方法,能帮助学生逐步提升文学阅读与创意表达能力。

我们将本课教学的重难点归纳如下:

1. 教学重点

本节课的教学重点是"借助关键语句概括一段话的大意"。正如《课程标准》中明确指出:"在阅读中,要培养学生提取关键信息、概括主要内容的能力。"通过引导学生掌握这一方法,能提高他们的阅读理解和概括能力。

2. 教学难点

本节课的教学难点是"能体会用不同的说法表达鲜花开放的好处,并借鉴课文的表达进行仿写"。此教学目标旨在培养学生的语言表达能力和创造力,让学生在体会课文生动表达手法的基础上,进行创意表达,提升语文综合素养。这也与《课程标准》中"通过创意表达展现自己的独特感悟"的要求相呼应。

三、实施过程

(一)解构学习内容内核,奠定坚实基础

1. 立足大单元整体视野与班级具体学情

教师应从大单元的宏观视角出发,同时充分考虑学生的具体学情,深入挖掘学习内容之间的内在联系,找到承接点和提升点,为搭建阶梯式学习任务做好充分准备。其一,首个承接点在于关联三年级上册第六单元曾接触过的"借助关键语句理解一段话的意思"的相关方法,通过温习旧知、获取新知,实现学习新方法的提升。其二,《花钟》作为本单元的开篇第一课,且又是精读课文,在学生能力培养的单元链式结构中占据基础地位。其教学目标是经由本课的学习,引领学生熟练掌握"借助关键语句概括一段话的大意"的方法,为后续的运用奠定基础。

2. 深入挖掘单课文本内涵

《花钟》一课的泡泡图明确指出了学习内容的内核。学生需先找出能提示段落主要意思的关键语句,再借助关键语句概括段落大意。此外,课文生动多样的表达手法为学生提供了丰富的学习资源,有助于学生达成"尝试用语言文字表达自己热爱自然、珍爱生命的情感"的目标。在教学过程中,将学生的理性阅读与感性品味相链接,促进思维与情感的协调发展,实现从整体感知到审美体验的逐步进阶,形成深度阅读。

(二)搭建学习任务框架,构建高效路径

1. 渐进式的情境助推,激发学习兴趣

教师可根据《花钟》语言优美兼具科学性的特点,创设"漫游花海"这一充满吸引力的主题情境。配合多媒体等直观教具,让学生从欣赏美景美图开始,仿佛身临其境,产生强烈的代入感。在此基础之上,引入"花钟"这一概念,带领学生逐步探寻其神秘之处。设置"揭秘花钟—感悟花韵—独创花钟"这样具有渐进性的情境,引导学生实现"研读—思辨—体验"的逐步递进式学习过程,感受文学之美,学习阅读方法,表达自己的感受,促进精神成长。

2. 阶梯式的任务链接,实现能力提升

设置三个学习任务群,全面提升学生的核心素养。在"概括大意,揭秘花钟"的学习任务群中,引导学生借助关键语句概括段落大意,培养他们的思维能力和语言运用能力;在"品析表达,感悟花韵"的学习任务群中,引导学生品读文本的生动语言,感受其背后的文化底蕴和审美价值;最后,在"依循方法,独创花钟"的学习任务群中,我们鼓励学生运用所学方法自主创作,将科学知识与文学创作巧妙结合,创作出属于自己的"花钟",这一过程不仅是对学生综合能力的考验,更是对其创新意识和审美创造力的培养。

表 1 《花钟》学习任务群

学习任务群	概括大意,揭秘花钟	品析表达,感悟花韵	依循方法,独创花钟
活动一	明确要求	读句子	初试身手
	明确本课时的教学重点为"借助关键语句概括一段话的大意",为后续的学习活动指明方向	让学生读一读自己喜欢的语句,感受课文语言的生动优美,引导学生关注课文的语言表达	课后,学生查阅资料,运用课上学到的方法编排创作属于自己的独特"花钟",巧妙融合了科学性与文学性
活动二	复习旧知	说原因	交流评议
	出示三年级上册语文课文段落,引导学生复习,借助关键语句概括段落大意的方法之一"直接引用"	组织学生在组内交流喜欢某种花的原因,培养学生的语言表达能力和思维能力	师生交流评议,针对共性问题进行集中探讨和解决
活动三	学习新知	悟表达	好文多磨
	通过"理清句子关系、找出关键语句、删减修改概括"三步,学习借助关键语句概括段落大意的方法之二"删减修改"	引导学生交流花开的语句,品读语言的生动之处,体会作者的写作技巧和表达方式	学生自查,按照方法修改习作
活动四	迁移运用	仿句子	佳作登报
	出示同类文章,引导学生运用所学方法概括段落大意	仿照课文,选择一种喜欢的花进行仿写	挑选和编辑优秀的习作刊登在班级文学小报上,激发学生的创作热情

这三个学习任务群通过构建阶梯式的链式结构,践行了《课程标准》中"文学阅读与创意表达"学习任务群的教学提示:阅读描绘大自然、表现人类美好情感的诗歌、散文等文学作品,结合自己的生活体验,尝试用文学语言表达自己热爱自然、珍爱生命的情感。将文学阅读与创意表达能力的培养植根于学生的语文实践活动中,使学生在自主、合作、探究的阅读过程中,成为主动的阅读者、积极的分享者和有创意的表达者,达到深度学习。

3. 分层式的评价落实,确保教学成效

《课程标准》强调,"文学阅读与创意表达"学习任务群的教学评价"应围绕学生阅读文学作品的过程性表现进行"。其中,第二学段应"在阅读全文基础上,侧重考查学生对重要段落和语句的理解,以及对作品的语言和形象的具体感受"。

评价设计应伴随任务同步进阶,体现学生语文能力的链式递进。教师根据学习任务群的特点和教学目标,制定有针对性的评价指标,确保评价的全面性和有效性。教师围绕三个主要学习任务群,构建有梯度的表现性评价量表,通过评价量表,教师可以及时了解学生的学习进展和存在的问题,为调整教学策略提供依据。

表 2 《花钟》学习任务群评价表

学习任务群	概括大意,揭秘花钟	品析表达,感悟花韵	依循方法,独创花钟
活动一	明确要求	读句子	初试身手
初级表现	能基本理解教学重点,但表述不够清晰	能认真阅读描写花开的语句,初步感受语言的生动优美	能尝试查阅资料,但编排的"花钟"缺乏科学性和文学性
高级表现	能深刻理解教学重点,并能与后续学习活动联系起来	能深入阅读描写花开的语句,体会作者的情感和写作技巧	能独立查阅资料,创作出兼具科学性和文学性的"花钟"
活动二	复习旧知	说原因	交流评议
初级表现	能回忆起部分三年级上册语文学习内容,但概括不够准确	能简单说出喜欢某种花的理由,但表述不够清晰	能参与交流评议,但提出的建议不够具体或针对性不强
高级表现	能准确回忆并使用直接引用法概括课文段落大意	能清晰、有条理地说出喜欢某种花的理由,并尝试使用生动的语言进行表述	能积极参与交流评议,提出具体、有针对性的建议,并能接受他人意见进行修改
活动三	学习新知	悟表达	好文多磨
初级表现	能理解"理清句子关系、找出关键语句、删减修改概括"的步骤,但操作不够熟练	能简单理解描写花开语句的生动之处,但难以表述清楚	能认真按照方法修改习作,提高作品质量,但仍需教师指导

学习任务群	概括大意,揭秘花钟	品析表达,感悟花韵	依循方法,独创花钟
高级表现	能熟练运用该方法,快速准确地概括段落大意	能结合个人经历和情感体验,深入赏析描写花开语句的表达方式	能自主、深入地修改习作,使作品在科学性、文学性和创新性方面都有显著提升
活动四	迁移运用	仿句子	佳作登报
初级表现	能尝试运用所学方法概括同类文章段落大意,但存在错误或遗漏	能简单模仿文中语句进行创作,但缺乏独创性或欠贴切	能提交作品参与评选,但作品质量一般或不符合要求
高级表现	能灵活运用所学方法概括同类文章段落大意,并给出合理的解释	能模仿文中的生动语句,创作出具有个人特色的作品	能提交优秀、独特的作品,并在班级文学小报或更高级别的平台上获得展示和认可

四、成效与反思

(一) 学生层面

1. 阅读理解与概括能力的提升

通过学习任务群"概括大意,揭秘花钟"的实施,学生在"明确要求—复习旧知—学习新知—迁移运用"的过程中,逐步掌握了借助关键语句概括一段话大意的方法。在课堂练习和课后作业中,能准确地找出关键语句,并进行合理的删减修改,阅读理解与概括能力得到了显著提高。

2. 语言表达与创意能力的发展

学习任务群"品析表达,感悟花韵""依循方法,独创花钟"的实施,让学生在品析课文、尝试表达的过程中,体会到了用不同说法表达鲜花开放的好处,创意能力得到了充分激发。许多学生能运用丰富的修辞手法,将自己喜欢的花描写得栩栩如生,展现出了较高的语言素养。

3. 学习兴趣与积极性的增强

渐进式的情境助推和阶梯式的任务链接,使课堂教学充满了趣味性和挑战性。学生在"漫游花海"的情境中,积极参与研读、思辨和体验活动,学习兴趣和积极性得到了极大的提高。课后,不少学生主动查阅课外资料,进一步拓展了自己的知识面。

（二）教师层面

1. 教学方法的创新与优化

在阶梯式搭建"文学阅读与创意表达"学习任务群的过程中，教师巧妙地将情境教学、任务驱动教学和评价指导教学等方法进行有机融合，并开展同步的进阶设计。这种创新的教学方法组合极大地丰富了课堂教学形式，为学生营造了生动且富有吸引力的学习氛围。情境教学让学生仿佛置身于真实的文学场景中，增强了他们的代入感，激发了学习兴趣；任务驱动教学为学生明确了学习目标和方向，促使他们积极主动地参与到学习任务中；评价指导教学为学生提供了及时、准确的反馈，帮助他们不断调整学习策略，提高学习效果。

2. 对学生学习过程的关注与引导

构建分层式评价体系使教师能更加全面、深入地关注学生的学习过程。教师可以通过评价量表，实时了解学生的学习进展情况，精准把握学生在不同阶段存在的问题。在教学过程中，教师依据学生的具体表现，给予针对性的引导和反馈。这种个性化的指导帮助学生有效地克服了学习困难，极大地提高了学习效果。此外，评价量表还能让教师敏锐地发现学生的闪光点和潜力，为实施个性化教学提供了可靠的依据。

参考文献

［1］王爱华."文学阅读与创意表达"学习任务群的内涵、意义与实施建议［J］.语文建设,2022(24)：18－22.

"教—学—评"一体化的语文微项目实践

——以部编版教材二年级下册《要是你在野外迷了路》一课教学为例

孙晓怡

一、案例背景

(一)"教—学—评"一体化

《义务教育语文课程标准(2022年版)》(下简称《课程标准》)在"课堂教学评价建议"中明确提出,"教师应树立'教—学—评'一体化的意识,科学选择评价方式,合理使用评价工具,妥善运用评价语言,注重鼓励学生,激发学习积极性"。

(二)微项目

微项目式学习是以真实的问题情境为出发点,以明确的目标和具体的任务为导向,以学生的主体地位为核心,以多元化的评价为保障的一种学习方式。

(三)微项目助力"教—学—评"一体化推进

1. 目标契合,提升素养

"教—学—评"一体化和微项目式学习的目标都是为了培养学生的核心素养,提高学生的语文能力。"教—学—评"一体化借助明确的教学目标、丰富的学习活动和科学的评价体系,引导学生在学习过程中不断提升自己的综合素养。微项目式学习则以具体的项目任务为驱动,让学生在实践中运用语文知识和技能,培养学生的创新精神和实践能力。

2. 过程互补,优化效能

"教—学—评"一体化强调教学过程的整体性和连贯性,注重教学、学习和评价的有机结合。微项目式学习则通过项目的实施过程,让学生在自主探究、合作学习和展示交流中,实现知识的构建和能力的提升。二者在过程上相互补充,

"教—学—评"一体化为微项目式学习提供了指导和保障,微项目式学习则为"教—学—评"一体化提供了具体的实践路径。

3.方法相通,以生为本

"教—学—评"一体化和微项目式学习都注重以学生为主体,采用多元化的教学方法和评价方式。在"教—学—评"一体化中,教师要根据学生的实际情况,选择合适的教学方法和评价手段,激发学生的学习兴趣和积极性。在微项目式学习中,学生通过自主探究、合作学习等方式,完成项目任务,教师则通过过程性评价、发展性评价等方式,对学生的学习过程和结果进行评价。

以微项目助力"教—学—评"一体化推进,既可以有效落实教学目标,又可以促进学生的个性发展,这与我校的"启教育"理念不谋而合,让教育回归"育人"本位。

二、实施过程

(一) 在微项目中教——顺学而教,有的放矢

1.紧扣课标,明确项目目标

《课程标准》是小学语文教学的指导性文件,它规定了学生在不同阶段应该掌握的语文知识和技能,以及培养的核心素养。教师要根据课程标准的要求,结合学生的实际情况,确定微项目的主题和目标。

以二年级下册第六单元课文《要是你在野外迷了路》为例,就体裁角度看本文属于"文学阅读与创意表达"的范畴,但从内容角度看,同时符合"实用性阅读与交流"任务群中规定的"学习阅读说明大自然的短文,感受、欣赏大自然的奇妙与美好""展示自己观察自然、探索科学世界的收获"。为进一步落实"新课标"理念,强化学科关联与知识融合,促进学生综合素养的提升,本微项目将带领学生走进大自然,学习课文《要是你在野外迷了路》,挖掘教材内在资源,引领学生一起去寻找天然的"指南针",探索"指南针"帮助人们辨别方向的原理,从而实现实用性阅读的目的。

2.细化目标,勾勒清晰任务

在明确项目目标的基础上,教师要将原本的教学目标转化为项目目标,并细化为具体的任务,让学生清楚地知道自己在该微项目中需要做什么。任务的设计要具有可操作性和可评价性,能引导学生逐步完成项目。

在微项目开展时,我将教学目标设置成微项目目标:

1. 利用"野外生存手册",让学生运用"提取主要信息"的方法,找到四种天然"指南针"并了解它们是怎样帮助人们辨别方向的。

2. 介绍"野外生存手册",让学生掌握"_____(时候),你在野外迷了路,千万别慌张,_____会帮助我们辨认方向:_____"的表达句式,从而实现实用性阅读目的。

3. 完善"野外生存手册",让学生亲身走进大自然,了解生活中的其他天然"指南针",拓展知识面,产生探索生活的兴趣,实现语文与生活的融通。

为了进一步让学生清楚地知道在微项目中自己需要做什么,我又将项目目标细化为三个子任务:

子任务一:任务驱动,寻找天然"指南针"。

子任务二:掌握方法,学会用天然"指南针"辨方向。

子任务三:亲近自然,探寻其他天然"指南针"。

通过这样为学生细化项目目标,使得学生在参与微项目的过程中,能明确自己的任务,积极主动地投入到学习中,层层递进、环环相扣、步步深入地推动教学活动的开展,从而更好地实现项目目标,达到提升综合素养的目的。

3. 创设情境,激发学习兴趣

"新课标"在教学建议中明确指出要"创设真实而富有意义的学习情境,凸显语文学习的实践性","语文学习情境源于生活中语言文字运用的真实需求,服务于解决现实生活中的真实问题"。我校"五有四启"的教学模式中也明确提出"情境启思"的教学路径要注重培养学生在真实的情境中综合运用知识解决问题的能力,加强知识间的内在关联,促进知识结构化,实现综合学习。教师在创设情境时要注意贴近学生生活,从而激发学生的学习兴趣。

《要是你在野外迷了路》一课的教学基于"实用性阅读与交流"学习任务群理念,以"提取主要信息,了解课文内容"为导向,以"要是你在野外迷了路,怎样利用'天然的指南针'辨别方向"作为驱动问题,结合当下的露营热点,播放野外复杂地形的视频,成功创设出"在野外迷路"的真实情境,进而发布"制作一本'野外生存手册'"的核心任务。

为学生创设真实的情境,能开启探索的大门,激发他们学习的热情。以真实情境为依托的教学方法,让学生更愿意投入到项目任务中,积极思考、合作交流、勇于实践;让课堂充满活力与生机;让语文学习不再是枯燥的知识灌输,而是一场充满趣味与挑战的探索之旅,为语文学习注入源源不断的动力。

(二) 在微项目中学——任务驱动,主动求知

1. 方法引领,培育自主学习能力

在微项目式学习中,教师要引导学生掌握科学的学习方法,培养学生的自主学习能力。教师可以通过示范、讲解、讨论等方式,让学生了解不同的学习方法,如阅读、观察、调查、实验等。同时,教师要鼓励学生根据自己的兴趣和需求,选择适合自己的学习方法,自主探究问题。

在"要是你在野外迷了路"这一微项目实施时,前半节课重在对"读一读、画一画、填一填、说一说"这四步学习法的指导,让学生在课文中找到关键词语,提取重要信息,填写"野外生存手册",最终把主要信息通过语言进行整合并表达出来。具体设计如下:

师:我们到底需要怎样观察,怎样思考呢? 让我们以太阳为例,先来看看它是怎么帮助人们辨别方向的。

1. 教师随机抽选学生读课文第二小节,其他学生在书本上圈一圈,讨论:在什么时候,太阳是怎么帮助人们辨别方向的?

2. 生:中午的时候,太阳在南边,它的影子正指着北方。

师:你真会阅读,一下子就找到了课文中的关键词句。

3. 师:你们能把刚刚捕捉到的关键信息填写在我们的手册上吗?

师:随机引导,时间是中午的时候,再多多思考一下,还需要满足什么条件呢? 天气必须是……

4. 师:这是什么原理呢? 让我们一起看一个视频。

师:原来太阳是利用光线的直线传播来为我们指点方向的。

5. 师:现在你能借助句式"＿＿＿＿＿＿＿(时候),你在野外迷了路,千万别慌张,太阳会帮助我们辨认方向,＿＿＿＿＿＿＿＿＿＿＿＿＿＿＿

＿＿＿＿＿＿＿。"连起来说一说吗?

171

6. 师：其实太阳早上和傍晚也能为我们指点方向,谁来说一说?"早上的时候太阳在(　　　　),地上的树影正指着(　　)。傍晚的时候太阳在(　　　　),地上的树影正指着(　　)。"

7. 师：太阳公公就是这样从早晨到傍晚利用光线的直线传播来为我们指引方向的。所以课文中这样说,太阳是个……

生：忠实的向导。

师：太阳就是这样一直在天空为迷路的人们指点方向,从不会出错。

8. 指导朗读。

师：现在谁能夸一夸这位忠实的向导?请小朋友们一起来夸一夸。

师总结：小朋友们你们看,我们刚才先读了第二小节,圈画关键词句,提炼重要信息,填写了手册,并深入思考了靠太阳辨别方向的方法。下面就要考验大家是不是掌握了这个方法。请小朋友们用这样的方式来合作学习。

在教学过程中,运用"读一读、画一画、填一填、说一说"的教学策略,让学生在"读"中提升阅读能力,培养语感;在"画"中落实语文素养,锻炼提取关键信息的能力;在"填"中强化知识的巩固和运用;在"说"中发展学生的语言运用与思维能力。引导学生逐步掌握这种有效的学习方法,提升学习的效率,为此后的合作学习奠定基础。

2. 合作共进,彰显主体提升实效

微项目式学习强调合作学习,学生可以以小组合作的方式,共同完成项目任务。在合作学习中,学生可以相互交流、相互启发、相互帮助,提高学习效率和质量。同时,合作学习也可以培养学生的团队合作精神和沟通能力。教师要引导学生明确小组分工,制订合作计划,加强小组管理,确保合作学习的顺利进行。

在探索其他三种天然"指南针"时,教师设置任务,让学生挑选自己喜欢的"指南针"进行合作学习：

1. 读一读：课文第3—5小节,选择你最喜欢的天然"指南针"。

2. 画一画：请你圈出"什么时候",用曲线画出北极星是怎样帮我们指点方向的。

3. 填一填：小组内讨论,选择完成手册第二页。

4. 说一说：_____(时候),你在野外迷了路,千万别慌张,_____会帮助我们辨认方向,_____

_____。

最后,以小组汇报的方式,锻炼学生提取主要信息以及语言表达的能力,增强课堂的互动性,提升学生自主探究的学习兴趣,落实"自主、合作、探究"的"新课标"理念。

3. 探究引导,挖掘学生潜在能力

第斯多惠曾言:"教育的艺术不在于传授本领,而在于激励、唤醒和鼓舞。"在语文探究性学习中,教师要激发学生的主动探究欲望,唤醒他们对知识的渴望,鼓励他们在探究中不断前进。在微项目中可以通过精心设计的问题和任务,激发学生的好奇心与求知欲,促使他们主动深入地探索语文的奥秘,提升学生的思维能力。

在前半节课教授方法的阶段,通过探秘天然"指南针"的原理,揭秘靠太阳辨方向,引领学生充分挖掘课本内容,拓展课外知识。先让学生细读文本,了解中午的时候,太阳在南边,它的影子指向北方。在此基础上秉承"启教育"的"三择"原则,择时而启地点拨学生:"这是什么原理呢?"随后和学生一起观看视频,知道原来太阳是利用光线的直线传播来为我们指点方向的。让学生知其然并知其所以然。又择适而教,进行拓展,思考太阳早上和傍晚是怎么为我们指点方向的,同时给学生提供学习支架:"早上的时候太阳在(　　　),地上的树影正指着(　　　)。傍晚的时候太阳在(　　　),地上的树影正指着(　　　)。"让学生在提升思辨能力的同时锻炼自己的表达能力。

在后半节课学生合作学习的过程中,在学习"积雪"这一天然"指南针"时,鼓励学生从不同角度思考问题,培养学生的创新意识。具体操作如下:

师:雪特别怕太阳,沟渠里的积雪会给你指点方向。看看哪边雪化得快,哪边的雪化得慢,就可以辨别北方和南方。

生交流。

师:你怎么知道北边快南边慢的? 你已经发现了语序的秘密。

师：因为光线不会转弯，直线照下来，所以沟渠里的雪北边化得快，南边化得慢。（出示图片）

师：问题又来了，山坡上的积雪呢？谁能借助老师的提示说一说？

生填空：雪特别怕太阳，山坡上的积雪会帮你指点方向，看看哪边化得快，哪边化得慢，就可以分辨（　　　）和（　　　）。

师总结：所以在利用积雪辨别方向的时候我们要关注积雪的位置以及太阳光线的方向。

教师课后又拓展情境，丰富任务，通过课后作业的方式让学生用上本课学的"多多观察、细细去想"的方法，走进大自然，完善手册的其他页面并拍摄视频讲讲自己的发现。（见图1）

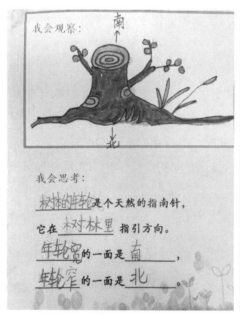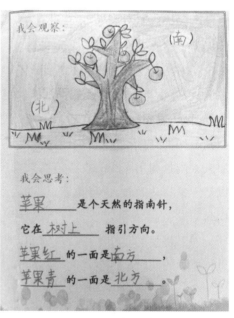

图1　学生成果

总之，在学生自己探索的过程中，教师应适时转变角色，从传统的讲授者转变为引导者，积极为学生搭建探究的平台，择时而启；精心挖掘丰富的学习资源，择适而教。鼓励学生从不同角度去思考问题，发表独特的见解，培养创新意识。

让学生在自主探究与合作交流中,逐渐发现语文的魅力和价值,充分挖掘出潜在的语文能力,培养核心素养。

(三)在微项目中评——紧扣目标,多元评价

教学、学习、评价这三者逐渐被视为不可分割的三位一体关系。评价并非孤立存在,而是持续地包含在教学与学习的过程之中。开展教学活动应时刻关注评价,以确保朝着正确的方向推进;学习过程也同样需要及时关注评价,以评促学,激发学生的学习动力和积极性。

在具体的教学实践中,每一项小活动都要确保评价标准与学习目标的高度一致性。通过这种方式,进行多维评价,使整个教学过程紧紧围绕目标而展开。要做到依标而教,让教学有明确的方向指引;情境助学,借助生动的情境激发学生的学习兴趣和参与度;任务驱动,以具体的任务推动学生积极探索和实践;多元评价,从多个角度全面评估学生的学习成效。

如在"掌握方法,学习用天然指南针辨方向"这个子任务的第三个小活动中,我们制作了如下的评价量表:

表1 天然"指南针"辨方向学习评价表

要　素	标　准	得　星
有声	声音响亮,口齿清楚	☆☆☆
有招	条理清晰,简洁明了	☆☆☆
有法	内容恰当,方法有效	☆☆☆
有情	表情丰富,情感真挚	☆☆☆

获得八颗星以上的小组就能获得野外露营的邀请函。这样的评价量表在充分调动学生学习积极性的同时,为学生的交流明确了具体的方向和标准。当学生在交流时注重"有声、有招、有法、有情"四个要素,便能使交流更加丰富、有意义。其他学生评价时也能有据可依,也会更加客观、具体。

在课后"拓宽情境,丰富任务"的任务中,我们提供了评价量表:

表 2 《要是你在野外迷了路》课后实践评价单

评 价 标 准	自 评	互 评	教师评
了解天然的"指南针"	☆☆☆	☆☆☆	☆☆☆
仿照课文,创编诗歌	☆☆☆	☆☆☆	☆☆☆
内容恰当,方法有效	☆☆☆	☆☆☆	☆☆☆
拍摄视频,同伴分享	☆☆☆	☆☆☆	☆☆☆
条理清晰,表达清楚	☆☆☆	☆☆☆	☆☆☆

这样的课后评价量表为学生在课后走进大自然,寻找其他天然"指南针"并仿照课文创编诗歌提供了明确的导向,让他们在整个过程中有章可循。学生可以根据评价量表的要求,有针对性地进行探索和创作,不断提高自己的观察能力、创造力、思维能力以及语言表达能力。同时,评价量表也为教师和其他学生提供了客观的评价依据,促进学生之间的相互学习和共同进步。

在微项目式学习的过程中,围绕任务进行教与学是关键环节。然而,如果缺乏评价的及时跟进,就容易出现脱离教学目标,仅仅为了完成活动而活动的情况。因此评价在微项目式学习中起着至关重要的作用。适时的、有针对性的评价能够为教学和学习提供明确的方向指引,确保各项任务始终围绕教学目标展开。而多元的评价具有重要意义,可以从多个角度、多个层面全面地评估学生的学习成效,更有助于教学目标的有效落实,提高微项目式学习的质量和效果。

三、成效与反思

(一) 成效

1. 贴近学生生活与兴趣

该微项目选择了部编版小学语文教材二年级下册的《要是你在野外迷了路》一课,巧妙创设了野外露营的情境。这一情境抓住了当下流行露营的热点,贴近学生的生活和兴趣,能更好地激发学生学习的兴趣。

项目精心设置了"制作'野外生存手册'"和"录制介绍天然'指南针'的视频"

这两项具体任务,明确学习的目标,将学习与实际应用相结合,增强了学习的实用性和趣味性。学生在完成任务的过程中,更能切实感受到知识和生活的紧密联系,使得他们能更主动地投入到学习中。

2. 学科知识与生活实践深度融合

该微项目不仅涉及语文学科,如阅读理解、信息提取、语言表达等,还融合了自然科学知识,如太阳、北极星、大树、积雪等自然现象。通过巧妙的设计,将语文知识和自然科学知识融合。课后布置了走进大自然的实践活动,让学生亲身体验和观察,增强了学习的实践性和趣味性,同时也有助于培养学生的观察能力和探索精神。学生在实践中能将所学知识与实际现象相结合,进一步加深对知识的理解和掌握,从而有效提升综合素养。

3. 注重思维能力与探究精神的培养

该微项目通过提出问题、寻找答案、验证原理等过程,借助"读一读、圈一圈、填一填、说一说"的学习步骤,引导学生主动思考、探究和解决问题,使学生掌握学习的方法,培养他们的思维能力和探究精神。并通过小组合作学习和评价的方式,促进了学生之间的交流与合作,学生们共同探讨问题、分工协作完成任务,彼此之间相互学习、相互启发,提升了自己的团队协作能力。

4. 情境化教学与多元化评价

在项目实施过程中,注重情境化的学习。以一项项具体的任务为引导,为学生营造出充满情境性学习氛围,使学习更具情境性和趣味性,让学生更加积极地参与到课堂中。同时,采用多元化的评价方式以及具体的评价标准,使评价更加全面、客观和公正。这样的评价在准确地反映学生的学习情况的同时也为学生提供了更有针对性的反馈和指导,更有力地促进学生的全面发展。

(二) 反思

1. 加强核心素养的融合

可以进一步融入审美创造和文化自信等核心素养。例如,可以在引导学生感受野外环境的恶劣时,适时加入美丽的自然风光的欣赏环节,让学生感受到大自然的奇妙,从而培养学生的审美情趣;也可以深入介绍一些有关指南针的历史文化知识,增强学生对民族文化的认同感和自豪感,进而有效增强文化自信。通过这些举措,使项目学习能够更加全面地涵盖核心素养的各个方面,促进学生综合素质的全面提升。

2. 优化课堂实施流程

可以适当调整教学的顺序和节奏,使教学更加流畅和高效。例如,可以将任务一和任务二相整合,让学生先整体感知课文,再逐步深入探究利用其他天然"指南针"辨别方向的方法。这样的调整更符合学生的认知规律,有助于学生构建系统的知识体系,提高学习效果。同时,在教学过程中应密切关注学生的实际学习情况,灵活调整教学进度和方法,确保每个学生都能顺利跟上教学节奏,充分参与到学习活动中来,实现教学效用的最大化。

凸显爱国主义情怀，优化传统节日文化教学的课堂实践

——以低年级语文教材节日类资源课堂教学为例

张　曦

一、案例背景

《义务教育语文课程标准（2022 年版）》强调了语文课程对继承和弘扬中华优秀传统文化的重要作用。统编版教材强化了中华优秀传统文化的学习要求，必将对语文教学带来重大变化。

统编版低年级语文教材中蕴含着一些传统节日类的教学素材。这些素材也是语文教学的宝贵资源。

本课题从教学资源开发、利用的角度入手，对低年级语文教学中如何开展中华传统节日文化渗透，凸显爱国主义情怀进行研究，力求使统编版低年级语文教材中节日类素材在小学语文教学中得到最优化的开发和运用。

二、实施过程

（一）趣味识字促兴趣，了解节日育情怀

在低年级语文教学中，识字教学是最基础、最根本的教学目标之一。要把枯燥的识字教学同传统节日文化有机结合起来，让识字教学变得丰富、新颖、有趣，有效促进学生对传统节日文化的好奇心和求知欲，培育爱国情怀。

低龄儿童身心发展的特点决定了教学手法要灵活多样，这需要教师精心设计。如在《端午粽》一课中，笔者运用多种识字方法进行生字教学，以调动学生对生字的学习兴趣。

1. 插图识字

出示课文中的粽子插图和汉字"粽"，请学生猜这个是什么字。学生通过对

图片的理解和部件"宗"的读音,猜出是粽子的"粽"字。

2. 象形识字

动画演示,知道"米"字是从古代的实物演变而来的,它的甲骨文就像是六粒米从中间被上下分开,逐渐地中间两粒相连,慢慢演变成我们现在所看到的"米"字。

3. 字谜识字

提出字谜:一人在内,打一字。学生抓住关键字"人""内","内"字里面加一个"人",就成了"肉"字。

教师要根据具体节日知识体系的特点,合理采用恰当的教学手法,让学生在快乐中汲取知识,增长学习的能力。

(二) 深情朗诵增感悟,热闹节日品情怀

诵读是语文学习的重要方法之一。诵读能使学生切实感受文本的音律之美、形式之美。

1. 正字音,读规范

指导学生将每一个字的读音读准确,不出现错读,是诵读的第一步。例如:在诵读之初,对《传统节日》中的"重阳节",《端午粽》中的"箬竹叶""糯米""又黏又甜",《难忘的泼水节》中的"凤凰""蘸",《春节童谣》中的"哩哩啦啦""磨豆腐"等字词的读音进行细致推敲,确保学生不会读错。

2. 明节奏,诵韵味

作品都有一定的形式,在诵读时要注意朗诵的节奏。诵读时,如果能准确把握和体现文本节奏,就会让诵读更有韵味,更具魅力。在对学生进行诵读指导的时候,明确诵读节奏很有必要。明确诵读节奏,主要是让学生明确在诵读时如何停顿,引导学生发现并运用规律。

诵读的停顿与语句的字数紧密相关,不同字数的语句所适用的诵读节奏也不同,同字数的语句的诵读节奏也会有区别。例如:《春节童谣》的朗读节奏划分如下:

"小孩小孩/你别馋,过了腊八/就是年。腊八粥,喝几天,哩哩啦啦/二十三。二十三,糖瓜粘。二十四,扫房子。二十五,冻豆腐。二十六,去买肉。二十七,宰公鸡。二十八,把面发。二十九,蒸馒头。三十晚上/熬一宿,初一初二/满街走。"

3. 解含义,促情感

文本诵读要读准字音、读好节奏固然重要,但最重要的还是要准确表达出文本的思想情感。传统节日文化类作品多是通过写景、叙事来抒发作者的爱国情怀，因此在诵读时一定要准确地体现文本所表达的情感。在指导学生进行文本诵读时，要引导他们理解文本情感并在诵读时加以表现。

第一，通过调整诵读的语速来表现情感。粗略地区分，一般文本所要表达的情感可分为欢快和沉郁两类。例如《传统节日》一课，全文句式整齐，是一篇朗朗上口的韵文。分别介绍了春节、元宵节、清明节、端午节、乞巧节、中秋节、重阳节这七个一年中最重要的传统节日和相关习俗，体现了传统节日的热闹、喜庆，总基调是轻快而富有韵律美的。唯独在读"清明节，雨纷纷，先人墓前去祭扫"一句时，要声音低沉，以表达对先人的缅怀之情。

第二，通过联想和想象来促进情感的更好表现。传统节日类文本以叙事抒情居多，如果学生能对文本所描绘的景象有正确、丰富的想象，那么在诵读时学生可以借助这些想象来调整自己的感情，从而诵读出文本所表达的感情。如在诵读《难忘的泼水节》时，要抓关键词句，合理想象，感受傣族人民期待见到总理的心情。

教 学 片 段

师：我们一起来感受一下节日现场的气氛吧。（播放泼水节现场视频）

师：看着，看着，听着，听着，我们仿佛也变成了傣族人，也许你就是那个撒花瓣的人，你就是那个放花炮的人，你就是那些划龙舟的人，为了欢迎总理，你们做了什么？ 你的心情怎样？请大家再读课文，一边读，一边想象，一边做动作。（生再读）

师：我从东村来，为了多采些新鲜的花瓣，太阳还没出来就上山了。

生：我从西村来，为了见总理，也是天不亮就起床了，坐了两个小时的车才到这里。

生：我从北面来……

师：大家都从不同的方向来，这就叫作——从四面八方走来（有意把"赶"错读成"走"，有学生提出异议）

师：为什么不能读成"走"？

生："赶"听起来比较着急。

师：你们真会读书，这里的"赶"字写出了人们急于见到总理的心情。读懂了这个字，理解句子就容易了。

生齐读第一句。

可见,正字音、明节奏、促情感这三点是教师在指导学生进行文本诵读时能使用的基本方法。如果能结合学生和教学的实际调整细节,相信学生的诵读能力会有所提高。

（三）情境演绎说文化,传承节日叙情怀

教师要通过创设真实生动的情境,把学生引到文本所描绘的传统节日情境中,拉近传统节日文化与学生现实生活的距离,使正在逐步消失的传统节日文化重新回到学生的生活中,为学生主动参与、传承发展传统节日文化开辟现实的途径。

例如"泼水节"这个节日,是少数民族的节日,学生感觉距离遥远,对它的了解也非常少。那么如何拉近距离呢？可以先从介绍泼水节的寓意和活动开始,让学生在脑海里勾勒出泼水节的情景。并请学生寻找我们的节日中与它的寓意最为接近的一个,学生比较后猜测应为"春节"。这样,学生就能将两个节日联系在一起,能更好地想象出傣族人民过节时的愉悦心情。文中又恰逢敬爱的周总理在百忙之中和大家一起过节,傣族人民难掩激动之情。在这些铺垫之下,再通过小组合作的方式演绎泼水活动,使学生切身体会到周总理和傣族人民如何互送祝福,以及周总理亲民、爱民的情怀,也体会了傣族人民对周总理的崇敬和爱戴。

这一切都是潜移默化地让学生体会、领悟的,这就是"润物细无声"的作用。

（四）整合资源多拓展,优化节日悟情怀

我们还整合资源,多途径进行校外拓展,让学生感悟爱国主义情怀。

1. 课内知识的延伸

例如《传统节日》一课,课文共提及了七个传统节日,如果只靠语文课堂,学生是没有充裕的时间感悟节日文化内涵的。于是笔者通过课外延伸活动,让学生在亲身体验中了解各传统节日的来历、习俗,感受传统节日的文化内涵和独特魅力。

（1）阅读课

温儒敏教授说过,语文课一定要延伸到课外阅读才算成功,让学生养成读书的生活方式。作为本课的补充阅读,笔者选取了《清明》一诗,因为本诗可以说是有关传统节日文学作品中最耳熟能详的,但是大部分学生只处于诵读阶段,也就是"小和尚念经,有口无心"。有些学生甚至对诗中所含的内容都不一定清楚。在原有的归纳积累的基础上,笔者以"解题目—知作者—读押韵—懂诗意—品诗味"的思路进行教学,让学生在了解节日背景和诗人杜牧写诗时的生活环境的基础上,感受作者创作时的心境以及所感所想,设身处地地感受诗词所传达的情感。

"授之以鱼不如授之以渔"，课堂上的阅读是有限的，课外阅读就成为习得知识、培养素养的重要途径。讲授此诗的目的是要让学生习得阅读传统节日类古诗词的方法，进而能涉猎更多描写中国传统节日文化的古诗，拓展知识面。

（2）探究课

课外探究活动能培养学生收集、整理、分析资料和处理信息的能力。本次探究活动从《传统节日》一课中提及的七个节日入手，对传统节日文化的民俗进行探究，使学生在课堂教学之后对传统文化有一个更为具体的认识，增强民族自豪感，感悟爱国情怀。

活动之前，因考虑到二年级学生年龄较小，笔者设计了一份"小组课外探究活动实施计划表"（见表1），为学生的探究明确方向，并在课堂上成立探究小组，帮助组长进行组内分工，让每位成员明确自己的任务和方法。

表1　小组课外探究活动实施计划表

探究主题	中国传统节日		时　间	
组　名			组　长	
组　员				
探究内容	1. 了解节日是怎样来的？节日里有哪些习俗？ 2. 找一找和节日有关的故事、传说和古诗			
探究过程	1. 本组要了解的传统节日是什么？			
	2. 了解传统节日的途径是什么？			
	3. 组员具体分工			
	组员姓名		任　务	
探究结果	节日		节日时间	
	习俗			
	和节日有关的故事、传说			
	和节日有关的古诗			

上述任务完成后,各小组在规定时间内开展探究活动。为了督促各成员能积极参与探究活动,笔者设计了一份"探究活动参与度评价表"(见表2),评价包含自评、小组成员互评。以此为依据,在探究活动尾声时,进行活动积极分子的评选。

表2　探究活动参与度评价表

探究小组		姓　名	
评价项目	评价结果		
	自评	互评	评价结果
能服从任务分工	☆☆☆☆☆	☆☆☆☆☆	☆☆☆☆☆
能认真完成自己的任务	☆☆☆☆☆	☆☆☆☆☆	☆☆☆☆☆
能倾听别人的观点	☆☆☆☆☆	☆☆☆☆☆	☆☆☆☆☆
能积极参与讨论	☆☆☆☆☆	☆☆☆☆☆	☆☆☆☆☆
能主动协助他人	☆☆☆☆☆	☆☆☆☆☆	☆☆☆☆☆
能整理完善自己的成果	☆☆☆☆☆	☆☆☆☆☆	☆☆☆☆☆

最后进行全班探究成果展示,并对活动过程和活动效果进行评价。在探究课上,学生用不同的形式生动展示小组的探究成果,有绘制手抄报、讲故事、诵古诗的,有展示PPT的,还有带来和节日有关的实物的。根据各组的展示成果,评选出一个团体优胜奖和若干名积极分子。

2. 课外知识的补充

根据本班情况,笔者选择《三字经》作为阅读素材,主题定为——"悦"读国学,开启智慧之钥。因为《三字经》历经数百年经久不衰,是中国古代启蒙教材中具有代表性的一种,蕴含着许多典故丰富的哲理。其中不乏有关传统节日的内容,且文本短小精悍,读起来朗朗上口,便于学生记忆。

但只是诵读是不够的,尤其对于刚刚入学的一年级学生来说,识字还是问题。于是,在教学进度的安排上,一年级第一个学期的阅读节奏一定是放慢的,每周一次的阅读课上只诵读两个句子,以"识字—诵读—理解—体会—背诵"为基本环节。学习方式灵活多样，在帮助学生理解的过程中，有时放一段小视频，有时讲一个小故事。每个月拍摄视频，将最新的成果以集体朗诵的方式展现给家长。不同的活动方式极大地激发了学生的学习兴趣和学习热情，收获阅读带来的快乐。

在一年级第二学期时，根据学生的阅读能力，诵读计划从每周两句变成每周四句。二年级时，学生基本掌握阅读的方法，笔者将校内的被动学习转化为校外自主学习，每周的阅读课成了学生交流学习心得的平台，并乐在其中。将被动的学习转化为主动的学习，不但有效地提高了学生的学习兴趣，让每个学生都能参与其中，还能让学生在交流中更深层地了解中国传统节日文化，感受中国传统文化的博大精深。我们将"'悦'读国学，开启智慧之钥"这一阅读主题真正落到了实处。

三、成效与反思

时代在变迁，文化在发展，在中国传统节日文化的课堂实践过程中，教师要取其精华、去其糟粕，让学生明白什么是积极向上的优秀文化，将落后、愚昧的风俗摒弃。如春节放鞭炮和清明焚烧纸币等，都是自古流传下来的习俗，可以从安全和低碳这两个因素考虑其利弊，而现实中这两个习俗正被渐渐弱化。

对中国传统节日文化的传承不仅是学校的任务，还要辅以家庭教育、社会教育，如进行亲子阅读，组织具有传统特色的节庆活动等，家校社联动，在学生学习的同时，让更多的人了解和传承中国传统节日文化。

第四篇　启悟增慧·覃思前行

"启教育"理念引领下以体验式教学培养小学生量感的实践

金爱国

随着教学改革的深入推进,课堂教学正逐步从"以教师为中心"的传统课堂向"以学生为中心"的新型课堂转变。但在有些课堂上,教师占用时间过多,在教师"独角戏"式的自我表演影响下,学生机械地听和记,程序化地做和练,抹杀了个性,缺乏独立思考、深切感悟、充分表达的能力。学生在学习过程中主体性缺失,探究不充分,合作流于形式,课堂效率不高。基于这样的观察和思考,我们以学校"启教育"特色教育思想为指导,在小学数学课堂教学中运用"体验式"的策略,旨在将先进的教学理念和数学课堂实践有机结合,探索课堂教学的有效范式,努力做到把课堂还给学生,让课堂充满生命的气息。

在《义务教育数学课程标准(2022 年版)》中,数学学科核心素养是按中小学分别表述的,小学偏重依托经验初步形成的感悟、意识,小学阶段的核心素养主要表现有 11 个:数感、量感、符号意识、运算能力、几何直观、空间观念、推理意识、数据意识、模型意识、应用意识、创新意识。与 2011 年版课标对比,只有量感是一个全新的内容。

对数学课程中与量感有关的内容,如测量,大家并不陌生。从具体的测量中提炼出量感,并列入核心素养的主要表现,是 2022 年版课标的一个重要变化,"新课标"赋予了量感非常重要的地位。

一、新增"量感"的意义

从量感中"量"字的读音出发,可以初步将这个问题厘清。

通常,我们把这个"量"读成第四声 liàng,而教育科学出版社出版的《义务教育小学数学课程标准课例式解读》一书中认为,如果读第四声,那么这个"量"是个名词,"量感"就与 2011 年版课标 10 个核心词中的"数感""空间观念"高度重合。这样的话,新增量感的意义就不是那么大了。如果读第二声,那么"量"是个动词,"测量"是一个真实的动作,而空间观念的关键词是"抽象""想象""描述",都是思维活动,这些与"量"都没有直接关系。综上我们可以这样理解:"量感"作为 2022 年版课标中的新增内容,是为了弥补数感、空间观念中的"缺失"而来的,所以"新课标"中这一词所表达的应该是以"量(liàng)感"为基础发展"量(liáng)感"的整个过程,两者需兼顾。

当然,仅仅把"缺失"作为新增的理由并不充分。那就要上升到核心素养的层面来解读。增长"知识见识"和培育"核心素养",都是义务教育课程面向信息时代需求而设置的新目标,也指明了数学课程的发展方向。知识可以灌输,但见识灌输不了;规则可以灌输,但意义灌输不了;测量可以灌输,但量感灌输不了。所以,数学课程既要有作为具体内容要求的"测量",也要有作为核心素养主要表现的"量感",通过量感拓展学习者主动参与、主动探索、主动尝试的可能性,使学会测量的过程同时成为长见识、悟道理、发展核心素养的过程。这是新增"量感"的另一个原因,且是更重要的原因。把单纯以培养知识技能为目标引向培育核心素养为旨归,就是新增"量感"的意义。

二、理解"量感"的内涵

以上是我在学习 2022 年版数学"新课标"时的一些初步理论思考,但是对"量感"这一词的读法和意义,我还是存在疑惑:"量"是一个动作,被"量"的对象是一个真实物体,是需要动手操作的,何来"感"这一说法呢?我用两个学期重点研究了"克、千克的认识与计算""千米的认识"这两节课,于是有了较为深入的思考,我目前也比较认同"量感"这一读法。下面我就来谈谈我对"量感"内涵的理解,主要有三个阶段。

第一阶段,以测量教学为起点,对日常生活中物体长短、大小、轻重、容积等进行测量。从了解测量工具、开展测量、整理数据的过程来看,这都与"灌输"式教育有一定距离,学生由此对计量单位产生一定的量感。这一阶段的测量只是一个技能教学,量感难以深入。

第二阶段,在脱离测量工具的环境下,有能找到测量方法的一种能力。简单来说,在学习重量单位时,"量感"可以是用掂一掂、估一估的方法进行估测的能力,也可以是借助已知重量进行对比、推算的能力。在学习长度单位时,"量感"

可以是用尺、脚步等进行测量的能力,也可以是用走廊、操场等进行估测、推算的能力,还可以是针对真实情境选择合适的度量单位进行度量的能力。

第三阶段,在脱离测量工具的环境下,仍能对观测对象做出合理判断。这反映了量感的核心内涵,2022 年版课标对此给出了三个关键词:

一是"直观感知":"对事物的可测量属性及大小关系的直观感知",是判断的基础,与"三会"中的数学眼光有关。

二是"选择":"针对真实情境选择合适的度量单位进行度量",是判断的依据,与"三会"中的数学思维有关。

三是"估计":"合理得到或估计度量的结果",是对判断结果的表达,与"三会"中的数学语言有关。

这三个反映量感内涵的关键词,构成了作出"合理判断"的基础,也沟通了量感与核心素养之间的关系。

三、培养量感的策略

量感不是与生俱来的,也不是教出来的,而是一个需要不断"悟"的过程。学生需要在学习、实践中不断积累经验,逐步形成和发展量感。

1. 链接生活,在感知猜想的过程中萌发量感

低学段的学生往往习惯形象思维,像"1 千克""1 千米"对学生来说比较抽象,要建立相应的量感存在一定的难度,因此,要充分运用生活中的素材,唤起学生的直接经验,能初步感悟"1 千克""1 千米"的量感。

在"克、千克的认识与计算"教学前,我布置了这样一个预习作业:收集整理一些常用物品的重量,小组合作完成调查表。

表1　常见物品重量调查表

调查物品	重量标识	我们的发现或猜想

通过预习作业的交流学生知道了生活中常用克与千克来表示物品有多重。克可以用"g",千克可以用"kg"表示,根据文字对比会产生这样的推想:轻的物品用"克"计量,重的物品用"千克"计量。预习作业充分链接生活实际,以学生已有经验为基础,运用调查法收集有关"克"和"千克"的信息,充分体现数学知识的应用属性,以实例说明数学是源于真实生活的。同时,学生通过前期调查,寻找发现并进行猜想,拓宽了学习、体验的空间,对课程知识的学习产生了探究的兴趣,也收获了对"克"与"千克"的量感体验。

2. 关注体验,在亲历度量的过程中逐步形成量感

学生要在真实情境下的数学活动中亲自经历测量的过程,感知量的属性,从自创单位测量到统一单位,体会单位实际的大小,根据需要选择合理的测量单位和方法。

比如在"克"和"千克"的探究过程中,通过"称一称"这一学习活动,感知物体的轻重,初步建立对两者的量感。特别是选择合适的工具这个要求,就是帮助学生增强对两者的感性认识。这样以操作体验为主要方式,通过真实的体验感知物体的实际重量,逐步形成对一些物品重量的估测能力。通过这样的探究活动,引导学生乐学会学,形成主动探究意识。同时也更深刻地体会统一重量单位的重要性,形成物体重量数值化的意识。

类似的体验活动还有很多,如以"体会时间单位的实际大小"为例,为建立 1 分钟的直观体验,可以鼓励学生跟着秒针的转动,听着嘀嗒嘀嗒的声音,一边拍手一边数,1 秒 1 秒地数到 60 秒,1 秒 1 秒地感受 1 分钟的长度。

3. 丰富活动,在想象、推理等活动中发展量感

在学生学习的过程中,并不是所有的"量"都可以直接感受,如吨、千米、平方千米等。对于这些远离生活的"大量",量感的培养主要依靠想象和推理进行。

在探究"千克"的环节,1 枚 2 分硬币重约 1 克,我们逐步增加到 10 枚、100 枚、300 枚、1 000 枚,重约 1 000 克。一包糖 500 克,2 包糖是 1 000 克。基于已有对克的认识基础上,鼓励学生进行推测,从克到千克,感知重量单位间的差异。在探究"千米"的时候,用熟悉的参照物如教学楼走廊、操场等做比照,引导学生感知体会 1 千米有多长。通过估测、推算等探究活动,学生对 1 千米的认知从模糊到清晰、由抽象到具体,在此过程中建立对千米的量感。

这些探究活动都创设了适宜量感发展的环境,学生通过"直观感知""选择"

"估计"等得出正确结论,反映了量感的核心内涵。

新课程、新教材背景下的教学不再强调学科本位,不再偏重知识习得,而是加强了课程内容与生活和社会发展的联系,关注学生的学习兴趣和经验,培养学生主动参与、乐于探究、勤于实践的学习习惯,培养搜集和处理信息的能力、分析和解决问题的能力。因此,"新课标"中"量感"的新增,也是遵循这些原则并反映了这些原则,强调了教学内容和生活实际的密切联系,能有效引导学生搜集信息、分析数据,形成抽象能力和应用意识。

参考文献

[1] 钟珍梅.基于体验式教学下小学数学"量感"培养策略[J].学苑教育,2022(16):37-38+41.

[2] 庄雅芬.体验式教学模式下小学数学量感培养策略探究[J].试题与研究,2023(01):106-108.

小学数学基于"启教育"培养学生核心素养的实践研究

吴凤芬

一、研究背景

在当前的课改背景下,学校教育越来越重视对学生核心素养的培养,特别是在课堂教学中,如何提升学生的学科核心素养更成为各学科教师共同关注的话题。《义务教育数学课程标准(2022年版)》也对小学数学课堂教学提出了新的要求,教师不能局限于数学基础知识的讲授,还要让学生会用数学的眼光观察现实世界、会用数学的思维思考现实世界、会用数学的语言表达现实世界,重视学生数学学科核心素养的培养。作为一线教师,我们要立足课堂教学过程,丰富教学引导方式,提高学生自主学习意识,创建良好育人环境,提升学生探究热情,体现数学学科育人特色。我们要指导学生积极实践,提高学生任务执行力,真正将培养解决问题的能力落到实处。本文以"启教育"为指导,聚焦小学数学课堂,致力于有效发展学生数学学科核心素养,促进学生综合能力稳步提升。

二、基于"启教育"培养学生核心素养的思考

"启教育"是以"择时而启,择适而教,择势而育"为主旨的教育理念。"择时而启"强调在学生处于求知欲旺盛、"不愤不启"的状态时进行启发,激发学生的学习兴趣,引导学生顺利进入学习状态。"择适而教"是以学生为中心,根据每个学生的特点因材施教,注重加强个别化指导,致力于为每一位学生提供最适合他自身发展的教育。"择势而育"是以育人为根本,注重加强对学生价值观、必备品格以及关键能力的培育,培养顺应时代发展趋势,能够适应未来社会需求、具有良好综合素质的人才。

课堂是践行"启教育"的重要途径,经过我校教师团队的共同研究,我们认为

课堂要有"五有"特征,即有联——知识联结的课堂;有趣——充满情趣的课堂;有探——积极探索的课堂;有创——富有创造的课堂;有育——综合育人的课堂。教师在课堂中要运用"情境启思、策略启学、体验启悟、多元启评"的"四启"模式,营造"探究＋有效"的课堂氛围,在夯实学生基础的同时,促进学生核心素养的发展。

三、基于"启教育"培养学生核心素养的课堂实践

(一)让学生沉浸情境启思的氛围

情境启思可以是一种富有趣味的故事情境;可以是源于生活实际的应用情境;可以是产生认知冲突的探索情境;可以设置驱动问题,启发思考,激发他们对未知的浓厚学习兴趣。学生一旦被这样的情境所吸引,往往会积极主动地投身其中,乐此不疲。

三年级"千米的认识"一课,教师利用学校周边的沃尔玛超市、金湾佳园、张闻天故居,展示沃尔玛超市到金湾佳园、金湾佳园到张闻天故居的两张导航地图,让学生从中寻找有关的数学知识,发现沃尔玛超市到金湾佳园 464 米,步行需要 7 分钟;金湾佳园到张闻天故居 2 公里,步行需要 32 分钟,公里就是千米。自然地引出本节课的学习内容"千米的认识"。

五年级"表面积的变化"一课,以环保理念为出发点,设计了有真实情境的驱动性问题:"现在网购是一种流行的便捷购物方式,如果你是快递员,当你要包装多个相同长方体物品时,你该怎么做才能节约包装材料呢?"在问题的驱动下,学生主动探究几个相同长方体的不同摆放方式,自主归纳出表面积的变化规律,解决了问题。这样的问题来源于生活实际,为学生提供了生动有趣且富有挑战的学习情境。

发掘一些生活中的数学元素,让学生主动从生活中去思考,学生的兴趣被有效地激发,产生了强烈的求知欲,课堂变得更有趣。

(二)让学生经历策略启学的过程

教师选择的方法和策略对促进数学课堂生成、催化学生认知发展至关重要。策略启学可以是猜想—验证—归纳;练习—发现—开拓;孕伏渗透;动手操作,构建模型。利用合作、探究,引导学生自主学习,让学生"亲身经历"知识的发现、形成、发展过程。

　　三年级"植树问题"一课，教师运用了动手操作、建构模型的教学策略。教师先让学生在线段图上动手摆一摆，创设模拟种树的环境。学生在四人小组合作、交流、质疑中发现可以有三种种树的方法：两端都种；一端种一端不种；两端都不种。当学生找出三种方法后再次组织讨论交流这三种情况中棵数与段数之间有怎样的规律。教师给予学生充分的动手操作的空间与时间，让不同思维水平的学生参与其中，学生能从自己的数学认知出发去尝试解决问题，形成自己的想法。正是有了种种不同的想法，才有了同学之间的思想交流、互相质疑。在这个过程中，我们以动手操作、建构模型的策略帮助学生理解植树问题，从复杂的现象中抽象出植树问题的本质，降低了学习的难度。

　　四年级"加法交换律和乘法交换律"一课，教师以"猜想—验证—归纳"策略为主线，带领学生学习新知。首先由故事"朝三暮四"引入，引发学生猜想：任意两数相加，交换加数的位置，和都不变？通过举例、验证、归纳得出正确结论。在此基础上老师提问："根据加法交换律你联想到什么？你又有什么猜想？"学生会联想到减法、乘法和除法。"那这些运算中有没有交换律呢？你们的猜想正确吗？"教师让学生拿出"学习记录单"，小组合作探究。在反馈中，学生思维非常活跃，对乘法有交换律，大家没有异议，但对减法、除法有较大的争议：有的认为没有交换律，例如6除以2等于3，交换位置答案不成立；有的认为有交换律，因为1除以1等于1，交换位置结果成立。究竟除法中有没有交换律呢？在大量的例子中学生逐渐认识到除法没有交换律，1除以1只是特例，不适合除法所有的算式。两次探究活动学生兴趣盎然，经历了猜想、验证、观察、归纳的过程，既深化了对交换律的理解，习得了探究方法，又提升了思辨能力。

　　在策略启学的奇妙旅程中，学生踏上了一条充满挑战与机遇的道路，让数学课堂焕发出别样的光彩。它变得有思，学生在思考中总结数学规律；有探，他们勇于探索未知的领域，挖掘知识的宝藏；有育，不断地尝试、失败、再尝试，逐渐积累经验，培养出坚韧不拔的学习品质。

　　（三）让学生感受体验启悟的时间

　　数学学习活动要引导学生主动参与学习的全过程，在体验中启迪新知识、新感悟。学生可以在游戏中体验、操作中体验、尝试中体验、经验中体验，在体验中发现数学知识、总结数学规律、启悟数学思想。学生亲身经历体验，就能思路通畅，热情高涨，充满生机和活力。

一年级"分彩色图形片"一课,教师以游戏为载体,让学生在玩乐中体验。利用白板课件的资源,引入"PK"游戏,学生两两上台比赛,在众多图形中找到红色三角形,体会学习的乐趣,初步认识分类的概念。在学生已经具备简单的分类能力,并会按一定要求把不同的物体进行简单分类的基础上,教师又向学生提供了更多的材料——15张彩色图形卡片,四人一组合作分一分,目的在于让学生探究按不同的标准把一些物体作不同的分类,使学生能正确地认识图形与描述图形的特征。亲身经历知识的形成过程,体会因观察的角度不同,分类的结果也会不同,从而引导学生多角度思考问题。在体验的过程中真正领悟和掌握基本的数学知识技能、数学思想和方法,同时获得广泛的数学活动经验。

五年级"三角形的面积"一课,讲授推导面积计算的方法,学生经历了三次体验活动。

体验1:平行四边形剪去两个完全相等的锐角三角形拼成一个矩形。

体验2:两个完全相等的直角三角形、钝角三角形拼成一个平行四边形。

体验3:猜想、验证直角三角形、钝角三角形和平行四边形的关系。

在体验过程中,不仅把学习的主动权给了学生,学生学会积极主动地探究,空间观念也得到了发展。在这里还要注重"转化"思想的无痕渗透,引导学生以推导平行四边形面积计算公式所积累的活动经验为基础,一方面启发学生设法把三角形转化为已经会计算面积的图形,渗透"转化"思想方法;另一方面引导学生探究三角形与转化后的图形之间有什么联系,从而找到面积的计算方法。通过几次体验活动,让学生把自己"操作—转化—推导"的过程叙述出来。自己悟出三角形面积的计算方法,发展了学生的数学思维和表达能力。

学生在体验中,联结新知与旧知,打破知识间的壁垒,使它们相互交织、相互融合,形成一个有机整体,课堂变得"有联"了。而随着知识联结的不断打通,学生在面对数学难题时,会运用亲身体验中积累的知识和经验,尝试创造出新颖的解题思路和方法,形成良好的数学素养和创造能力,课堂变得"有创"了。

(四) 让学生享受多元启评的快乐

在课堂中有效实施多元启评是优化课堂教学结构、提高课堂教学质量的必要手段。多元启评,主要侧重于引导学生自我评价、自我反思,利用评价结果改进。评价不是目的,评价只是手段,是引导学生自我改进的手段,评价也是一种学习方式。

班级：_____
姓名：_____

图　学习能量瓶

四年级"升与毫升"一课，教师运用"学习能量瓶"的评价方法（见图）指导学生自评。能量收集瓶瓶中每一格表示 1 mL，学生根据自己的表现，可以获得相应的学习能量液，每次获得的能量液都在之前的基础上进行累加。这种评价的重大的特点是：评价的可视化、操作的简单化，注重学习过程性评价。在堂课评价中，巧妙地把容量单位比作学生评价指数，在学生心理上培养"积少成多"的学习态度。当瓶内装满"能量液"时学生学习的成就感就会油然而生。

五年级"三角形的面积"一课，教师巧妙地找到本课与七巧板之间的联系，设计了相应的评价表，结合面积公式的探究学习，让学生用七巧板的块数来进行自我评价，激发了学生的学习兴趣。课程开始，教师先出示评价说明，让每个学生对评价的方法有初步的了解。然后在每个环节结束后，让学生进行自主评价，学生会更加主动，兴趣更加浓厚。不过，评价活动并没有到此结束，当很多学生收集满了一副七巧板时，他们对教师为什么要这样做还是不够明白，可能只是觉得今天的评价很有新意。这时教师适时抛出问题"请结合今天所学，用转化的思想去解析七巧板各部分的组成，它到底巧在哪里？"这样的多元启评有效激发了学生进一步的求知欲，课虽已结束，但学未停止。

评价内容重视学生的综合素养，关注学生的多元思维。如果再加上教师幽默机智的教学语言，设计与教学内容匹配的评价标准，通过自评、互评、及时评等方式激励学生，充分表达参与教学全过程的学习效果和情趣体验，这样的课堂就会更有趣。当然在这个过程中还可以渗透学科育人，促进学生全面发展。

四、主要成效

（一）实现了教师的能动指导和学生的主体地位

传统教学中，教师是权威，与学生是"我教你学"的关系。而在"启课堂"中，学生不再只是接受，而是凭借自己的思考和理解，可以勇敢地提出"为什么除数不能是 0？""为什么乘法、加法有交换律，而除法、减法没有？"等一系列疑问。这不仅体现了学生的质疑精神、对知识的渴望和追求真理的态度，而且激发了他们深入探究的动力。同时，这也促使教师进一步思考如何完善教学内容和方法，为课堂带来了更多的可能性和活力。

（二）学生学习动机得到激发，潜能得到挖掘

在"启课堂"中，我们特别注重策略启学的实施，学生在教师有意识的策略引导下，学习动机明显增强。课堂上，他们主动提问、积极参与讨论的次数大大增加。在作业完成方面，学生不再满足于完成任务，而是尝试多种方法解题，展现出更强的探索精神。尤其在解决综合性和创新性问题时，表现出更强的能力。他们在思维的灵活性、逻辑性和创新性上都有了很大的进步，能将所学知识灵活运用到实际问题解决中。

（三）学生数学学科核心素养得以全面发展。

在"启课堂"中，学生养成善于倾听、主动思考、注重合作、勇于探究的习惯。通过对学生的问卷调查和访谈，我们了解到他们在数学学习过程中的自我认知和体验有了积极的转变。学生普遍反映对数学的兴趣明显增强，不再将数学学习视为枯燥的任务，而是能从中感受到挑战和乐趣。他们意识到自己在数学抽象、空间想象、数据分析等多种能力上都有了不同程度的提高，并且对自己解决数学问题的能力更有信心。

五、几点思考

第一，如何使数学课堂更体现有探、有思、有创？

"启课堂"是属于学生的，我们要引导学生学知识、提能力、更要长智慧，而智慧不是教出来的，是学生自己通过思考感悟出来的。但是在实际教学中，有时因教学策略选择不当，会造成学生在课堂中思考和感悟不够充分。这是因为受时间的局限，我们急于教给学生结论或答案，显然学生的思、探、悟还不够深。如何在有限的教学时间里，组织有效的教学探究活动，点燃学生的思维，促进学生思维的不断进阶，让我们的课堂更加有探、有思、有创，还需要我们不断努力。

第二，如何使课堂评价更凸显激励作用？

课堂教学中大家对评价的重视程度有了显著提升，评价方法也日益多元化。但是有时是为了评价而评价，部分评价仅仅是为了完成教学流程中的一个环节而已，这种评价往往重结果轻过程，缺乏深度和针对性，未能真正触及学生的学习核心。如何把学校的善学习、乐学习、勇创新等评价指标和数学课堂更好地融合起来，凸显评价的激励作用，进一步激发学习的主动性，还需我们持续研究。

第三,如何确立高阶思维发展的教学目标?

在提升学生数学学科核心素养的过程中,确立高阶思维发展的教学目标是关键环节。这就需要教师整合意义联结的学习内容、创设促进学习的真实情境、选择持续关注的评价方式进行积极引导。要让"启课堂"激发学生"深度思考",拓宽学生思维的广度、增加学生思维的深度。如何让学生在"启课堂"的环境中不断挑战自我,实现高阶思维的发展和数学学科核心素养的提升,这是我们需要进一步思考与关注的。

"顺木之天,以致其性。"小学数学基于"启教育"培养学生核心素养的实践研究,尊重学生的认知天性和个体差异,如同顺应树木的生长规律,启迪学生自我成长,这是新的挑战和机遇。我们要及时革新教育理念,切实提升教学水平,积极优化课堂教学,通过情境启思、策略启学、体验启悟、多元启评落实以生为本的理念,帮助每一个学生在数学学习中发展数学素养、锻炼数学能力、提升数学思维,实现综合能力稳步提升。

参考文献

[1] 李永刚.立足核心素养,建构小学数学"自主课堂"[J].江西教育,2024(39):59-61.

[2] 毕波.聚焦核心素养培育,打造主体思辨课堂[J].小学教学研究,2024(30):62-64.

[3] 李书红.核心素养视角下小学数学高效课堂构建策略探究[J].数学学习与研究,2024(28):34-37.

培养小学生数学应用意识的实践探索

金　花

近年来,东港小学以"启航"作为关键词构建了学校的文化体系,"启航"对于小学生而言,主要在于知识的启蒙、智慧的启迪、人格的启发、人生的启程,其核心价值在于"启"。而"启教育"是以"五有四启"的教学模式,将学生置于教学的核心,推行面向个体差异的教学方案和引领式的学习导向,以激发学生的内在潜质。该模式以有趣、有联、有探、有创、有育"五有"为特征,并通过情境启思、策略启学、体验启悟、多元启评"四启"为实施路径,以寓教于乐、启迪思维、提升领悟力、实效性和实用性为五个特色,其目的是为每个学生量身定制最适宜的教育方案,培养学生成为在现实生活中能综合应用所学知识解决问题的能手;增强不同知识点之间的深层联系,推动知识的系统化整合,突出综合性学习过程,培养学生数学应用能力。

数学教改方案明确指出,应该以学生的个人实际体验为数学教学的基石,并激发他们把实际生活中的问题转化为数学问题,进而加以分解和解决。这种教育思路不仅有助于学生深入掌握数学知识,还能激励他们在思维能力、情感偏好和价值观辨认等多方面进步。此外,该方案还主张数学应深植于日常生活,致力于服务生活的理念,并把培养数学应用意识及提高应用能力定为主要教学目标。这一点和学校"启教育"教学模式"五有四启"中的"有趣、有联、有探"不谋而合。

一、小学生数学应用意识的内涵

对于如何理解数学应用意识,2022 年修订的《义务教育数学课程标准》提供了根本参考。该标准指出,在小学数学教育过程中,培养学生对数学应用的意识主要涉及以下三个重点:

1. 应用意识主要是指有意识地利用数学的概念、原理和方法解释现实世界中的现象与规律,解决现实世界中的问题。

2.能感悟现实生活中蕴含着大量的与数量和图形有关的问题,可以用数学的方法予以解决。初步了解数学作为一种通用的科学语言在其他学科中的应用,通过跨学科主题学习建立不同学科之间的联系。

3.应用意识有助于用学过的知识和方法解决简单的实际问题,养成理论联系实际的习惯,发展实践能力。

二、小学生数学应用意识的培养原则

(一)生活性原则——情境启思,激发兴趣

在小学阶段,学生对于数学学习的热情和积极性很大程度上受课程素材引起的体会与喜好的驱动。因此,教师在进行数学课程的教学过程中应当注重创设与学生日常生活息息相关的实际情境,充分运用那些源于生活而富含数学理念的精彩例子,促使学生主动展开探究。借助这种教学手法,可让学生在动手操作的过程中逐渐发现数学的魅力,领会数学知识的深刻内涵,体会数学带来的乐趣,从而乐于学习、渴望探索、善于思考、懂得应用。

(二)探究性原则——策略启学,探求新知

在我们的现实生活中,许多现象与问题中都蕴含着某些数学原理,我们要用数学的视角去揭示、去探究、去寻求解决方案。探究性的原则要求学生在纷繁复杂的事物中挖掘出数学要素,并提出相应的数学问题,积极主动地以数学的视角,运用所学知识和技巧寻找解题之道,构建对日常生活情境的数学认知。可以这么说,对生活情境和现实的问题进行数学研究,是培养数学应用意识的一条有效途径。

(三)适切性原则——因材施教,以学定教

在培养小学生的数学应用意识时,教学应致力于挖掘并善用学生的发展潜力。要以学生为本,既不能制定超出其认知范围的目标,也不宜失去挑战性和学习兴趣,应适当整合教材内容并制定恰当的教学计划,让学生在尝试中获得进步,有效促进其普遍与个性能力的共同成长。

三、小学生数学应用意识的培养策略

(一)引导学生从日常生活中探寻数学的根源,体会在实际应用中的重要性

在传统的数学课堂上,教师在阐述知识点时很少提及知识来源和与生活应

用的关系,即便在讲解应用题时,教师往往也只是将预先设计好的题目直接展示给学生,学生仅仅依据现有的条件机械性地运用某些特定方法和步骤来解题,并不了解在解决实际问题时应如何筛选信息和数据,对解答这类问题的意义更是一知半解。而随着"新课标"的实施,并在"启教育"教学理念倡导下,教师应当引领学生去思考数学知识的来源和应用,在生活中感受数学的价值与意义。

1. 借用生活实例进行数学教学,让学生认识数学知识的实际用处

马克思曾经指出,一门科学之所以能达到其成熟阶段,至关重要的是该领域数学应用的成效。生活中处处有数学,作为一名数学教师,我们应该善于把生活中的种种现象转化成数学问题,让学生感到数学就在身边,领悟数学的现实意义,并由此点燃他们对数学的热爱。

例如,当教师向学生讲解关于"三角形"的概念时,习惯性地借用学生日常生活中比较熟悉、普遍存在的物品,如用滑滑梯、红领巾、自行车的车架、桥梁的支架等来介绍三角形的形状。随后引导他们亲自动手,通过拉推等操作,亲身感受三角形结构的稳定性。学生学会以后,能把这个概念运用到现实场景中去。接着提出问题:怎样修理一把摇晃的椅子? 有的学生能迅速联想到刚刚所学的"三角形稳定性"的原理,给椅子腿加上木条形成三角形,从而起到加固的作用。通过这样的教学方式,不仅让学生易于理解,还深深印在他们的脑海里,教学效果特别好。其实在日常生活中,数学符号和图形无处不在。作为数学老师,我们应当坚持把讲授的内容与学生的日常生活紧密联系起来,让学生在掌握知识和技能的同时,能体会到数学在生活的各个方面都有重要作用。

2. 多角度搜集应用案例,有助于学生更加深刻地领悟数学的应用价值

随着科技的快速发展,数学知识已融入众多领域的深处。智能家电、空间探索、健康监测、数据分析乃至天气预报等,都离不开数学知识的应用。教师鼓励学生搜集相关资料,既可以提升他们对数学的理解,体会数学的重要性,也可以激发他们对数学的学习热情,更可以帮助他们领悟数学知识的应用价值。例如,在教学"认识小数——水电煤费用"这节课时,课前指导学生搜集、整理了近几个月家庭水、电、煤气的耗用数据。通过搜集、描述、分析数据(涉及家庭人口数量、结构等多个因素)的过程,他们对家庭能源消耗状况进行了评估,并在此基础上进行了恰当的判断和决策,同时渗透有关节约的教育。通过这类实践活动,学生能够直观体会到怎样在日常生活中联系数学应用,理解真实世界中充满了数学

原理。因此,他们更加清楚地认识到数学与人类生活的紧密联系,有助于他们更全面地理解数学问题并培养对数学的浓厚兴趣。

(二) 引导学生发现生活中的数学问题,渗透数学应用意识

在进行数学教学时,应充分利用学生的现有生活知识作为教学的起点,重视唤起他们的亲身体验,带领他们进行深入的思考和探索。小学数学的许多概念都源自日常的工作和生活场景,通过创设具体的生活情境,构建问题环境,学生可以从中观察到数学元素、发现数学问题,在解决这些问题的过程中感受数学应用的奥妙和广泛性,同时增强他们应用数学的能力。

教学片段:减法的运算性质

搭建教学场景:以课件方式呈现书店场景,图中小明携带 41 元前去选购图书,选定了一册《安徒生童话集》(定价 12 元),又挑选了一册《365 夜故事集》(定价 8 元),教师指导学生就此情境提出与数学相关的问题。

学生甲:一共支付了多少钱? 口头作答:$12+8=20$(元)。

学生乙:他还剩多少钱?

请学生自己进行计算,展示不同算法并说明算理。

算法 1:$41-(12+8)=41-20=21$(元)。

计算步骤:首先累加购两册图书的花费,然后从携带的钱中扣除已支出的金额,余额即为剩余现金。

算法 2:$41-12-8=29-8=21$(元)。

计算步骤:首先确认购入《安徒生童话集》之后的余款,继而扣除购《365 夜故事集》的花费,得出最后的剩余金额。

再让学生观察两个算式,有什么发现?

得出:$41-12-8=41-(12+8)$。

最后让学生试试是否还能找到类似的等式。

学生独立完成,同桌核对。经反馈后总结出其中的规律。

在此案例中,教师利用学生熟悉的日常生活实践以及他们已有的知识,创设了一个紧扣实际生活实际的学习场景。学生在这样的场景里自主提问,独立探寻解答,在此过程中他们发现并确认了某些规律,再对发现的规律做了实证检

验。通过一系列的探究过程,他们发现了这个规律:要从一个数里连续减去几个数,可以从这个数里减去这几个数的和。

(三) 引导学生经历数学实践活动,强化数学应用意识

数学来源于实践,又服务于实践,要在应用与实践活动中不断感知和经历,将生活实例引入课堂,进行情境模拟,启发学生思考。要把学习内容与生活情境紧密结合起来,让学生参与具体的实践活动,在解决实际问题的探索中应用数学,强化数学应用意识,初步培养数学应用能力。例如,在学生掌握了货币单位元、角、分的基础知识之后,教师策划了一项模拟超市购物的活动,将学生分成若干小组进行角色扮演:每组指派一个学生扮演收款员,其余学生扮演消费者,手中握有各种额度的货币卡,自主选购商品。在这个过程中,学生需要完成应用元、角、分之间的换算来计算付款、找零和预算等多个数学任务。活动总结时,让学生分享在这次模拟超市购物活动中运用到的数学知识,碰到了什么困难,以及如何找到解决问题的方法。

在教学过程中,应致力于发掘有价值的专题活动和实践任务,设计的实践活动内容和形式要符合学生的年龄特征和认知特点。如低年级学生掌握的数学知识非常有限,对外部世界的了解面也较为狭隘,因而适合以模仿生活情境、结合数学游戏的方式来开展实践活动。

总之,在学校"启教育"的理念下,首先,教师可以通过各种载体和方式增强学生的数学应用意识,从而推动学生数学学科核心素养的全面发展,提高他们利用数学知识解决问题的能力,以达到"学以致用"的目的。其次,在课堂中教师要本着探究的目的,把数学教学生活化、生活材料数学化,努力让学生认识到数学与自然、社会、生活之间的密切联系,进而从整体上形成正确的数学学习态度,认识到数学的应用价值,树立应用意识。让学生拥有一双能用数学眼光观察世界的眼睛,拥有一个能用数学思维思考的大脑。

参考文献

[1] 马云鹏.小学数学核心素养的内涵与价值[J].小学数学教育,2015(09):3-5.

[2] 王尚志,孔启平.培养学生的应用意识是数学课程的重要目标[J].数学教育学报,2002(02):43-45.

小学生量感意识的培养

乔丽芬

"量感"是 2022 年版数学课标中出现的新概念,作为数学学科核心素养的一个方面,课标明确了量感的具体内涵。作为一种直观感知,量感并不是借助测量工具就能简单习得的,而是需要学生基于对量的理解结合具体情境灵活运用的一种感知,是学生结合数感、运算、估计、比较和生活实践而形成的一种感悟。这种感知感悟,是学生形成数学学科核心素养不可或缺的一种能力,也是以数学眼光观察现实世界,并将现实世界用数学语言表达出来的重要基础。

小学阶段是量感形成和发展的关键阶段,我们年级组的教师认真研读"新课标",充分认识量感的意义和价值,结合学校"启教育"理念和"五有四启"教学模式,把握小学阶段量感培养的要求,分析影响量感形成的因素,探索量感培养的有效策略与方法,促进学生量感的形成。

一、影响量感形成的因素

(一)学生生活经验不足

小学生还没有丰富的生活经历,他们在日常生活中对不同事物的感受还是比较少的。在关于"量"的学习中,与身高、体重等相关的量,比较贴近学生的生活,他们的认识可能比较深,但也有一些量,如与面积、体积有关的量比较抽象,学生在生活中接触较少,较难直接感知,认识起来就比较困难,即使经过学习对其有所了解,可能也仅仅停留在概念层面。

(二)课堂教学缺乏足够体验

因为量感的学习涉及较多的实践活动,但受教学时间、教学成本、教学材料以及评价导向等因素影响,教师常常无法在课堂上用充分的时间和空间带领学生参与实践,不能使学生充分理解不同的量,导致学生对量感的学习没有足够和持续的体验。比如关于"吨""平方千米"等这样大的单位,学生对所提供的学习素材,也许会发出感叹,知道它们是表示较重物体、较大面积的单位,但因为客观因素的局限,对 1 吨、1 平方千米究竟有多重多大还是无法真切感受。

(三) 理想与现实的差距

其实教师已经意识到量感对学生数学学习的重要性,但这方面的知识在小学数学学习中占比不大,安排的课时也不多。而量感的内涵又很丰富,在这种情况下,教师在实际教学中可能会出现重视技能训练、忽视活动体验的情况。在平时的练习中,我们发现量与量之间的单位换算学生的正确率较高,但在做"填合适的单位"这样的练习时,经常会出现让人啼笑皆非的错误。可见教师在单位换算的教学方面花了较多的时间,学生也可以通过机械记忆将这些知识与技能牢记于心,但不能合理选择学过的单位去描述身边的事物,说明真正的量感还是没有形成。

当然,影响学生量感形成的因素是多方面的,作为教师如何突破这些因素的局限,帮助学生形成一定的量感,促进数学素养的发展,是我们思考并实践的方向。

二、培养量感的策略与实践

(一) 汲取生活素材,沟通生活经验

数学源于生活,量感与生活的关系更为密切。小学生学习数学的基础主要来源于感性认识,特别是在实际生活中的经验,所以在进行量感培养的时候,我们一定要抓住这一特点,更多地运用生活素材,帮助学生找准知识生长点,用生活中具象化的事物唤醒学生的生活经验,引导学生依靠熟悉的生活经验去感知学习内容,这样就在知识与经验之间建立了有效联结,充分激发学生的探究兴趣,推动学生量感的建立。这也是"五有四启"教学模式中"有联"的具体实践。

例如,在认识长度单位 1 毫米、1 厘米、1 分米、1 米的实际长度后,通过测量、对比等实践活动,去找一找身边的 1 毫米、1 厘米、1 分米、1 米,学生很容易发现自己校园卡的厚度、食指的宽度、一拃的长度、一庹的长度大约就是 1 毫米、1 厘米、1 分米、1 米。这样能使他们对不同长度单位有一个实际的认知,在测量其他物体时自觉地以这些作为参照物,恰当地选择合适的计量单位,久而久之学生对计量单位就能运用自如。

不仅在课堂上,课前就可以让学生去生活中找相关的素材,帮助学生构建相应"量"的感觉。例如，在认识"克与千克"之前，先让学生在家里、去超市找一找、掂一掂、称一称各种物体的重量；在学习"吨的认识"之前，去生活中调查、搜集用"吨"来计量的例子。以学生自己搜集的实例作为课堂素材，更加亲切、更加实际，也更容易理解，从而促进学生对"量"的感知。

（二）创设丰富活动，加强"具身体验"

小学生的年龄特点告诉我们，只有亲自体验、亲身经历，才会有深刻的印象。因此，我们在关于量的教学中，要给予学生充分的观察、操作、体验、思考的机会，通过一系列有意义的操作活动，让学生对量的概念有清晰认识，并积累经验，学生在这样的"具身体验"中修正调整、渐进发展、逐步完善、孕育"量感"。例如，教授"吨的认识"时，我们设计了以下学习活动：

活动一：尝试拎一拎、抱一抱1袋10千克的大米，说说自己的感受。

活动二：观看堆放100袋每袋重10千克的大米的过程，想象一下1吨有多重。

活动三：课件出示学生熟悉的5千克的课桌椅、20千克桶装水、40千克的小朋友等，分别算一算多少个物品或小朋友是1吨。

学生经历三个不同维度的学习活动，多重感官被积极调动的同时，也能较深刻地体验"吨"这个质量单位。

又如，在"千米的认识"一课教学时，我们也从学生原有的知识基础出发，设计一系列体验活动，从课内到课外，帮助学生逐步建立"千米"的量感。

活动一：想象1000个小朋友手拉手站一排的长度大约就是1千米，初步感受"千米"的长度。

活动二：利用身边熟悉的操场跑道作为参照物，计算出沿学校操场跑道走5圈正好是1千米。

活动三：通过步测记录，推算出一般情况下，小朋友走1千米大约需要走一千步、十几分钟，建立起时间与长度、步数与长度之间的关系。

活动四：实际体验从校门口往东沿航城五路一直到川南奉公路路口的距离大约是1千米。在这个体验过程中，不仅感受到了1千米很长，也帮助学生直观目测、感知了 1 千米的长度,增强了量感的直观性。

活动五:通过其他出行方式了解 1 千米,丰富学生对千米的认识。

课堂上,学生有了一定的体验感悟,课后布置亲子作业,回家与爸爸妈妈一起走 1 千米,感受 1 千米有多长。要求先估测,从家出发,走到哪里大约是 1 千米,然后再实际走一走,看看自己的估测是否准确,从而提高量感的准确度。

让学生参与体验是培养量感的重要方式之一,也是我们"五有四启"教学模式中"体验启悟"的有效落实。与"量"相关的体验,可以让学生积累对量的经验,我们在教学时,要为学生提供丰富素材,创设实践体验活动,并增强活动的可视性,用推理、对比等方式让学生体会、触碰量感,使量感的培养变得更加真实和形象。

(三)重视估测实践,积累估测经验

学生能不能在不借助工具的前提下,合理估计被测对象的长度、大小、轻重等,是判断学生量感水平的一个重要标准,这种估测能力也是量感培养的目标之一。

在进行量的教学时,我们首先要把估测活动与实际生活联系起来,学习长度单位时,让学生估估课桌、黑板、教室的长度、高度等;学习质量单位时,让学生估估书包、笔袋、水杯等的质量;学习面积单位时,让学生估估教室地面、学校宣传版面的大小等。学生在用眼观察、用手比一比、用脚步量一量等方式的估测中,初步建立对所学量的感性认识。对学生估测的结果,我们也需要及时反馈与指导,利用仪器或工具等准确测量,将"定量刻画"的精确结果与估测推断的相比较,及时对估测做调整,提高估测的准确性。

例如"毫升与升"的学习,在学生已经感知了 1 毫升、10 毫升的多少后,出示一组液体让学生估一估大约是多少毫升,再进行精确测量。利用测量数据验证每一次的估测,最后引出"升"这一单位也就顺理成章了。通过"估"和"量"的交替活动,学生在一次次试错或试对中,不断修正对"1 毫升"这个量的大小感觉,从而提高学生合理得到或估计度量结果的能力。

估测经验的积累也是学生思维能力的提升过程。估测实践活动中,我们要引导学生运用已有知识经验,选择合适的估测标准、方法,通过有逻辑的数学推理,做出合理估测。我们也要组织学生多交流,分享不同的估测方法,拓宽思路,完善策略,从而积累估测经验。从动手操作走向动脑思考,量感的发展也逐渐由感性走向理性。

总之,量感的形成不是一蹴而就的,小学生量感的培养也需要一个系统而长期的过程。在"启教育"相关课题的实践中,学生积极参与各种量的体验活动,意识到量与生活密不可分,利用身边的素材加强感知和积累,逐步获得量感,数学理解能力、观察能力、逻辑思维能力以及生活应用能力得到了不同程度的发展。当然,每个学生的认知水平和学习能力不尽相同,在量感培养过程中,我们还要关注个体差异,对于量感较弱的学生,如何给予不同程度的指导和帮助,如何提供更多的实践机会等,还需要继续探索和实践。

参考文献

[1] 相平平.核心素养视域下学生的"量感"培养[J].数学教学通讯,2023(34): 29-31.

[2] 张秀梅.基于"具身认知"的小学数学量感可视化教学策略[J].数学学习与研究,2023(36):59-61.

核心素养导向下培养小学生
数学空间观念的探索

杨佳莉

随着教育改革的不断深入,核心素养已成为教育领域的关注重点。数学学科核心素养包括数感、量感、符号意识、运算能力、几何直观、空间观念、推理意识、数据意识、模型意识、应用意识、创新意识等多个方面,其中空间观念是直观想象的重要组成部分。培养小学生的数学空间观念,对于提高他们的数学学习能力、解决实际问题能力以及发展创新思维具有重要意义。

一、空间观念的内涵

空间观念是指对空间物体或图形的形状、大小及位置关系的认识。它主要包括以下四个方面:

1. 对物体形状的认识,如认识常见的平面图形和立体图形,能够辨别它们的特征。

2. 对物体大小的感知,如理解图形的长度、面积、体积等度量概念。

3. 对物体位置关系的判断,如辨别点与点、线与线、面与面之间的相对位置。

4. 对空间图形变化的感知,如描述图形的平移、旋转、对称等运动规律。

二、培养小学生空间观念的重要性

(一) 有助于提高数学学习效果

空间观念与数学的许多知识密切相关,如几何图形的认识、测量、计算等。具备良好的空间观念,学生能更好地理解数学概念和原理,提高解题能力。例如,在五年级第一学期学习"三角形的面积"一课时,在学习过平行四边形的面积的基础上,教师通过图形的转化,引导学生通过空间想象将三角形转化为平行四边形,就能更深刻地理解公式的推导过程,从而更好地掌握和运用公式。

（二）增强解决实际问题的能力

在日常生活中,我们经常会遇到与空间有关的问题,如装修房屋时计算面积、摆放家具时考虑空间布局等。培养学生的空间观念,能使他们将数学知识与实际生活联系起来,运用所学知识解决实际问题,提高生活实践能力。例如,在五年级第一学期学习"组合图形的面积"一课时,结合学校启耕园的项目,让学生计算启耕园中菜地的面积,合理规划每个班级菜园的布局。这既能巩固本课所学的知识,又能培养学生解决生活实际问题的能力。

（三）促进创新思维和空间想象力的发展

空间观念的培养需要学生进行观察、想象、推理等思维活动,这有助于激发学生的创新思维和空间想象力。在解决空间问题的过程中,学生需要不断尝试新的方法和思路,探索不同的解决方案,从而培养创新意识和创新能力。

三、培养小学生空间观念的策略

"启教育"的课堂教学模式是"五有四启"。"五有"指的是有趣、有联、有探、有创、有育这五个特征;"四启"指的是情境启思、策略启学、体验启悟、多元启评。

（一）情境启思

创设富有趣味的故事情境、源于生活实际的应用情境、认知冲突强烈的探索情境、结构化学习知识的迁移情境等,设置问题,启发思考,让学生达到"愤悱状态",激发求知欲。

在小学数学教学中,要注重将空间观念的培养贯穿于各个知识领域的教学中,加强学科内知识的整合。例如,在数与代数的教学中,可以通过数轴、坐标等概念,培养空间观念;在统计与概率的教学中,可以让学生用图表来表示数据情况,培养空间感知能力。通过将空间观念与其他数学知识有机结合,帮助学生构建完整的数学知识体系。

例如,在四年级第二学期"位置的表示方法"一课中,教师创设来源于生活又富有活动性的学习情境——猜位置,使数学知识因贴近生活而变得生动有趣。在有趣、好玩的过程中使学生掌握位置的表示方法——数对,并能运用数对完成游戏任务,真正体现"玩中学,学中玩"的教学理念。通过这个游戏,学生已经初步感知到可以用两个数来表示位置,然后由学生熟悉的教室延伸至数轴中,由具体场景到空间坐标,由行和列引申到数轴上的数。学生自然而然发现可以用数对来表示空间中的位置,再合作探究如何规范地书写数对及数对的读法,理解数对的含义。

(二)策略启学

例如:"猜想—验证—归纳"策略;"练习—发现—开拓"策略;促进知识迁移结构化学习策略;利用思维导图,构建知识网络的策略;利用合作、探究,引导学生自主学习的策略;大单元整体学习的策略;让学生"亲身经历"知识的发现、形成、发展过程的策略;等等。

"三角形的分类"一课是在学生认识了三角形的特性的基础上进行教学的,教材用两个标准对三角形进行分类。我们认为,分类是一种数学思想,是根据一定标准对事物进行有序划分的过程,三角形的分类能给学生一种数学思维,为学生今后更好地应用三角形,进一步认识和研究三角形奠定知识基础。教学中充分发挥学生主体作用,让学生进行自主学习。再让学生到小组中进行分组活动,充分交流思想,为学生营造了一个宽松开放的课堂,能充分展露学生最原始的想法。然后利用电子白板分组进行展示,既激发了学生探索求真,勇于创新的精神,也加深了学生对不同类别的三角形的特征的认识。课堂上由于使用了电子白板,有效地激发了学生的学习兴趣,使整个课堂充满活力,同时提高了学生的逻辑思维能力和空间推理能力。

(三)体验启悟

体验指的是在操作中体验、在应用中体验、在创新中体验、在迁移中体验、在体验中感悟。开展测量活动,让学生实际测量物体的长度、面积、体积等,感受空间度量的概念。如:测量教室的长、宽、高,计算教室的占地面积和空间体积;测量校园内花坛的周长和面积等。通过实际测量,学生不仅能掌握测量方法,还能体会到数学与生活的紧密联系,提高运用数学知识解决实际问题的能力。

在"千米的认识"一课中,我们设计了实践推理活动,具体如下:

活动一:手拉手

1. 我们已经认识了"米",请你们比画一下1米有多长。

2. 5个小朋友手拉手站成一排,有多长?大约是几米,为什么?10个、100个小朋友手拉手站成一排,大约有多长,为什么?1千米需要多少个小朋友手拉手站成一排?

3. 想象：学校大约有1 000名学生，手拉手站成一排的长度。

4. 小结：1 000个小朋友手拉手站一排的长度大约就是1千米。

活动二：算一算

1. 学校操场跑道一圈大约是200米，沿跑道走几圈正好是1千米？

2. 小结：5个200米就是1千米。

3. 闭上眼睛，想象一下，1千米是什么样？

活动三：步测体验

1. 观看视频：走100米大约183步，用时1分30秒。

2. 计算步数：根据视频中小朋友走100米的步数，推算走1千米的步数。

3. 根据课前体验，估测、交流自己走1千米的步数。

4. 计算时间：根据视频中小朋友走100米所用的时间，推算走1千米需要的时间。

5. 课后推算自己走1千米的时间。

活动四：加深体验

1. 根据学校附近的地图（见图1），猜测从学校到什么地方的距离大约是1千米？

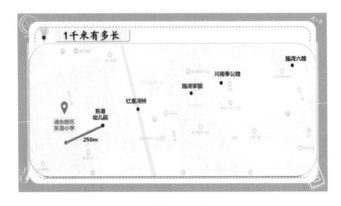

图1　学校附近的地图

2. 观看视频,导航验证猜测。

3. 小结:一般情况下,小朋友走 1 000 米大约需要十几分钟。

活动五:其他出行方式体验

1. 小胖说他走 1 千米只要 5 分钟,对于小胖的说法,你有什么想说的?

2. 通过其他出行方式了解千米。

自行车每分钟大约行驶 250 米,照这样的速度,行驶 1 千米需要( )分钟。

汽车每分钟大约行驶 1 千米,照这样的速度,1 小时行驶( )千米。

飞机每秒大约飞行 200 米,照这样的速度,( )秒飞行 1 千米。

结合学生的生活实际,提供动态化的学习材料,学生在多种体验活动中,通过想象、估测、推算、验证等方法感知、体验 1 千米的长度,使 1 千米的长度形象化,从而比较清晰地建立 1 千米的量感。之后通过对不同出行方式中的 1 千米的描述,使学生对 1 千米的体验更加丰富、饱满。

(四) 多元启评

引导学生自我评价、自我反思,利用评价结果改进学习。评价不是目的,评价只是手段,是引导学生自我改进的手段,评价也是一种学习方式。在"三角形与四边形"一课中,我们也设计了相应的闯关评价体系,旨在激发学生学习的兴趣。

四、总结

培养小学生的空间观念是数学教学的重要任务之一,也是落实数学学科核心素养培育的关键举措。在教学实践中,通过多种教学策略和方法相结合,如利用直观教学、开展实践活动、引导想象推理、运用信息技术以及加强知识联系等,激发学生的学习兴趣,调动学生的多种感官参与学习,让学生在丰富的数学活动中积累空间经验,逐步形成和发展空间观念。

总之,培养小学生的数学空间观念是一个长期而系统的工程,需要教师在教学中不断探索和实践,以促进学生数学学科核心素养的提升,培养适应社会发展需要的创新型人才。

参考文献

［1］王奎.小学数学智慧课堂教学中的核心素养发展路径探索[J].当代家庭教育，2023(10)：80－83.

［2］戚如忠.核心素养背景下小学《数学广角》教学方法研究[J].小学生(上旬刊)，2023(05)：16－18.

［3］王明珍.基于核心素养的小学四年级数学教学创新教学[C]//中国陶行知研究会.2023年第三届生活教育学术论坛论文集.山东省菏泽市牡丹区实验小学，2023：374－377.

培养小学低年级学生模型意识的实践研究

严佳琳

一、引言

在当前的教育环境中,培养学生的创新思维和实践能力已成为教育改革的重要目标。模型意识的培养是培养学生创新思维和实践能力的重要途径。模型意识是指学生能理解和掌握模型的基本概念,能运用模型解决问题的能力。在小学低年级阶段,通过实践活动培养学生的模型意识,可以帮助学生建立科学的思维方式,提高学生的创新能力和实践能力。

二、研究方法

本研究采用了文献研究法、观察法和实验法等多种研究方法。首先,通过文献研究法对模型意识的培养理论进行了深入的研究,明确了模型意识的内涵和培养策略。其次,通过观察法对学生的模型意识进行了初步的观察和分析,了解了学生模型意识的现状。最后,通过实验法设计了一系列的实践活动,对学生的模型意识进行了系统的培养,并对培养效果进行了评价。

三、研究过程

本研究分为三个阶段:准备阶段、实施阶段和评价阶段。

(一)准备阶段

在这个阶段,我们首先对模型意识的培养理论进行了深入的研究,明确了模型意识的内涵和培养策略。数学模型可以理解为"用格式化的语言概括地表征所研究对象的特征及其数学结构"。小学数学中的公式、图形、符号等都是数学模型。然而,我们对小学低年级的学生进行了初步的观察和分析,发现教师普遍对建模概念非常模糊,很少让学生从建模的角度来思考问题。小学数学每节课的知识点都是比较浅显的,如"进入"用加法、"飞走"用减法、"平均分"用除法、"几个几"用乘法,学生只需要直接吸收应用即可。数学建模并非学生无法掌握的方法,只是学生没有足够的能力去探索和深究。那么教师是否可以通过实践活动,引导学生了解"数学模型"其实到处都有? 一旦掌握了如何用模型意识去分析常见问题的方法,能为学生将来的数学学习服务,进一步增强学生的创新思维和实践能力。

(二) 实施阶段

在这个阶段,我们设计了一系列的实践活动,包括模型制作、模型应用和模型反思等,对学生的模型意识进行了系统的培养。下面以"单价、数量、总价"一课为例。

1. 提出问题

超市里现有两种羽毛球,你觉得买哪个更划算? 你是怎么比较的?

(白羽毛球 2 盒 80 元;黑羽毛球 3 盒 120 元。)

生 1:当数量不同、总价不同时,我们只能分别计算出 1 盒的价格,再进行比较。

学生通过感知比较,发现"只比数量"或者"只比总价"行不通时,产生计算"1 盒的价格"(即单价)的想法。老师通过 3 个应用例子,列出算式后让学生总结计算单价的方法,即:单价=总价÷数量。

2. 讨论比较

教师出示同类型题目,尝试用公式直接解决问题:买 6 本同样的笔记本一共用了 108 元。问笔记本每本多少钱?

教师让学生找到两个条件,分别对应公式中的一项,通过公式直接求单价。

在大量的练习中,学生能感知"和钱有关的实际应用问题可以与这个公式进行联想",并能使用这个公式解决特定的一类问题。教师顺理成章地引出,其实,这个"求单价的过程"就是一个"数学模型"。

3. 类比总结

教师出示题目:"速度、时间、路程"。

速度的定义：每分钟(每小时、每秒)走的路程叫速度。

教师出示题目："工作效率、工作时间、工作量"。

工作效率的定义：每小时(每天、每分钟)完成的工作量叫工作效率。

请学生将"单价、数量、总价"做比较，发现三者的相同之处。

学生1：单价和速度、工作效率的概念有些相似之处，都是在求单位为1的价格、路程、工作量。

学生2：总价和路程、工作量有相似的地方，都是在求一个总数，用乘法。

学生在类比的过程中，发现生活中的这些实际问题都是类似的，只是在不同的环境中叫不同的名字。其计算方式也是相似的。通过建立一个"数学模型"，迁移学习了类同的知识点，增加了创造性学习的能力和自信。

(三) 评价阶段

在这个阶段，我们通过观察和测试，对实践活动的效果进行了评价。我们发现，通过这样的一个实践活动，学生的模型意识得到了明显的提高。在小学阶段虽然只要求形成初步的模型意识，但仅仅是这样简单的模型意识，都能让学生认识到现实生活中大量问题都与数学有关，能更好地激发学生对数学的探索欲望，学校提供探索的途径。

四、研究结果

通过对小学低年级学生模型意识的培养实践研究，我发现：

第一，实践活动是培养学生模型意识的有效途径。通过实践活动，学生可以直观地感受到模型的作用，理解模型的基本概念，提高模型的应用能力。

第二，教师的引导和示范对培养学生模型意识具有重要的作用。教师通过精选问题，搜集典型、鲜活、有趣的生活素材，加以引导和示范，可以帮助学生理解模型的基本概念，掌握模型的制作和应用技巧。

第三，学生的模型意识需要通过长期的实践活动来培养。模型意识的培养是一个长期的过程，需要学生通过不断实践，逐步提高模型意识。

五、研究建议

根据研究结果,我提出以下建议:

第一,在小学阶段,应该重视对学生模型意识的培养,将其作为学生科学素养的重要组成部分。

第二,教师应该通过实践活动,既引导学生理解模型的基本概念,又掌握模型的制作和应用技巧。

第三,学校应该提供丰富的实践活动,为学生提供足够的实践机会,培养学生的模型意识。

参考文献

[1] 刘兰芳.培养小学生数学模型意识的实践与思考——以"路程、时间与速度"教学为例[J].小学教学参考,2024(29):94-96.

[2] 袁会奇.发展小学生模型意识的思考与实践[J].陕西教育(教学版),2024(10):66.

[3] 罗建华.模型为本 意识为标 普适为径——培养小学生"模型意识"的理路研究和实践探索[J].新教师,2023(08):32-35.

小学英语基于"启教育"培养学生核心素养的实践研究

桂　波

一、基于"启教育"理念的小学英语学科核心素养内涵

"启教育"理念强调启发式教学,注重激发学生的学习兴趣,培养其自主学习和独立思考的能力。在小学英语教学中,核心素养主要包括语言能力、文化意识、思维品质和学习能力四个方面。

语言能力:包括听、说、读、写四个方面的技能,是学生掌握英语的基础。

文化意识:通过英语学习,了解英语国家的语言、风俗习惯、历史文化等,增强跨文化交流的能力。

思维品质:通过英语学习,培养学生的批判性思维、创新能力和解决问题的能力。

学习能力:掌握有效的学习策略,提高学习效率和质量,形成积极主动的学习态度。

二、基于"启教育"的实践策略

结合学校"五有四启"的教学模式:以有趣、有联、有探、有创、有育"五有"为特征,以情境启思、策略启学、体验启悟、多元启评"四启"为路径,探索小学英语学科核心素养培育的实践策略。

(一) 设计启发性教学情境,激发学习兴趣

以牛津上海版英语教材 3BM4U2 On the farm (Period 2)教学为例,教师根据教学内容,利用恰当的教学资源,设计贴近学生生活的情境,启发了学生的"智",也增加了课堂的"趣",让学生在情境中学习和运用英语。课前以一首 *Old MacDonald had a farm* 的歌曲,营造学习氛围,引出本课的主题。在场景一中,学生观察和聆听感受鸭子的特征,通过唱儿歌、书写强化核心句型的朗读与理

解。通过聆听,整体感知文本,引出重点句型教学。以一段节奏感强的配乐韵律诗,对本课核心句型"What are they? They're ... How many ...?"进行总结、巩固,智趣相融。以角色朗读,激活已学,感受角色语言。在场景二中,通过问答、欣赏、朗读与角色扮演等分层巩固核心内容,强化理解与表达。在场景三中,在猜测中启发学生的思考并巩固核心句型,通过文本聆听带出新知理解。在照片欣赏、角色朗读与扮演中,强化训练、逐步达成语用体验。在角色扮演的活动中,教师运用丰富的教学资源,让整个课堂"活"起来。学生一同体验学鸭叫、母鸡叫、奶牛叫等活动,感受忙碌的农夫生活也充满趣味。充满童趣的"Quack! Quack!""Cluck! Cluck!""Moo! Moo!"等叫声又为学生的演绎增色不少。这种情境化的教学方式能激发学生的学习兴趣,改善学习效果。

多媒体辅助教学:利用图片、音频、视频等多媒体资源,为学生提供丰富、生动的语言素材,激发学生的学习兴趣和积极性。

(二)实施启发式教学,培养语言能力

在启发式教学中,教师要注重因材施教,因材施教的关键在于适合,也就是"为每一个学生提供适合的教育"。教师要根据每个学生的英语水平、性格特点等因素进行有针对性的启发。在学习 3BM4U2 On the farm (Period 2)的 A guessing game 环节中,对于英语基础较好的学生,教师设置更具挑战性的任务;而对于英语基础较弱的学生,教师则给予更多的鼓励和帮助,引导他们逐步建立自信心和学习兴趣,在猜测中启发学生的思考并巩固核心句型。

师:Look! They're here now. But,what can they see? Can you guess what are they?

生 1:They're horses.

生 2:They're sheep.

生 3:They're cows.

生 4:They're pigs.

师:Let's see. What are they?

生:They're cows!

师:Count the cows. How many cows?

生 1:Four cows.

生 2：Five cows.

生 3：Three cows.

师：Look! How many cows?

生：Three cows!

启发式教学是一种富有成效的教学方法,它能让学生在轻松愉快的氛围中学习英语,提高他们的语言运用能力和跨文化交际能力。教师通过模拟真实场景和创建虚拟情境,让学生在接近实际的语言环境中学习和使用英语。课上组织角色扮演、小组讨论等活动,让学生在情境中运用所学词汇和句型,鼓励学生主动思考、积极探索,并在解决问题的过程中学习新知识。

(三)渗透文化,提升文化意识

小学英语教材是学生学习英语、了解文化的重要载体。我们要充分利用教材中的文本、插图等资源,深入挖掘其中的文化内涵。例如,在讲解关于家庭、节日、饮食等主题的课文时,教师可以引导学生了解中西方文化在这些方面的差异和相似之处。在教学过程中,可以适当拓展与课文内容相关的文化背景知识,如英语国家的风俗习惯、社交礼仪、节日庆祝方式等。可以通过视频、音频、图片等多种形式向学生展示不同文化的特点,增强学生的直观感受。

(四)启发思维,培养思维品质

小学英语教学中,启发思维、培养思维品质是重要的。除了日常的课堂教学,我们也可以通过启发式的作业来培养学生的英语思维能力和品质。

例如:本题的设计是一项贯穿单元作业的"长作业",该作业让学生主动从网上收集整理感动中国的人物,并形成对这些榜样的结构化认识,对学生的语言能力和思维能力培养具有积极的作用,提高了学生书面表达和口语能力。

作业:假如你是 Career Day 活动的学生代表,你想了解感动中国的时代英雄。和同学组成探究小队,分工合作和上网搜集材料,对这些英雄人物的职业和生活方式进行归纳整理,完成如下任务单,并围绕"My Hero"这一主题,说说你心目中的英雄。

通过这些探究活动,让学生建立每个职业都伟大的价值取向,并树立从小好好学习、长大报效祖国的理想信念,引领学生语言能力、文化意识、思维品质和学习能力的融合发展。

（五）传授策略，提高学习能力

除了运用多元化教学方法，项目化学习也是一种有效的英语学习方式，它可以提高学生的学习能力、创新思维能力和团队协作能力。

以一次三年级项目化学习为例，设计的驱动性问题是"How to introduce Children's Day"。学生在这个项目中需要经历的学习历程是：知道我们国家儿童节的日期和相关活动，了解其他国家儿童节的日期和相关活动，以手抄报或思维导图等形式描述学到的儿童节知识，并通过视频说一说自己的学习成果，最后形成的项目成果是手抄报、小视频。学生的创造性体现在学会规划自己的节日活动，在设计、布置、排版和加工作品的过程中感受到节日的快乐，学生对不同国家的儿童节有了更深的认识。在实施过程中，教师及时关注学生的学习过程和成长情况，注重跨学科整合和过程性评价，鼓励学生自主学习和探究。

三、实践效果与反思

通过基于"启教育"理念的小学英语教学实践，可以显著提升学生的核心素养。学生的语言能力得到明显提高，能在不同场合自信地运用英语进行交流；文化品格得到培养，更加尊重和理解不同文化；思维品质得到提升，能独立思考并解决问题；学习能力得到增强，初步具备自主学习和终身学习的能力。

同时，教师也应在实践中不断反思和改进教学方法，以适应学生的需求和发展变化。例如，关注学生的学习反馈，及时调整教学策略；加强与其他教师的交流与合作，共同探索更加有效的适合学生的教学方法等。

总之，基于"启教育"理念的小学英语教学实践研究，对于培养学生的核心素养具有重要意义。通过创设启发性教学情境、实施启发式教学方法、培养自主学习能力等策略，可以帮助学生全面发展。在未来的教学实践中，我们期待每一名英语教师都能成为引领学生探索英语世界、培养核心素养的引路人，为学生的英语学习和人生发展开辟更加广阔的天地，让孩子们快乐起航！

参考文献

［1］梁凌云.核心素养下小学英语实施单元整合教学的思考[J].数码设计.CG WORLD,2021,010(6)：269.

［2］李欣.学科核心素养下的小学英语作业设计[J].教育现代化,2020,7(15)：124-126.

培养小学生英语学习能力的探索

张　萍

一、引言

　　英语作为国际交流的重要工具,在全球化日益加深的今天,重要性越来越突出。小学阶段是学生语言学习的黄金时期,牛津上海版英语教材内容丰富、形式生动、实用性强,为培养学生英语学习能力提供了良好的平台。我们以牛津上海版英语教材为载体,以《义务教育英语课程标准(2022 年版)》为指导,结合学校"启教育"理念,运用"五有四启"教学模式,为提高学生学习能力创设良好的教学环境,探索培养小学生英语学习能力的有效途径。

二、培养学生学习能力的主要内容

(一) 树立正确的英语学习目标

　　在"启课堂"教学中,教师可以引导学生根据教材的单元主题和学习要求,设定具体且明确的学习目标。例如,学生在学习课文"Our animal friends"时,可以将目标设定为掌握一定数量的动物名称单词,并能描述出动物的典型特征。学生在学习的过程中,随着学习目标的确立,方向感更强,动力也更足。

(二) 保持充沛的英语学习兴趣

　　牛津上海版教材中有很多充满趣味的内容,如色彩丰富的插图、有趣的故事和儿歌等。上课时,教师可以利用这些资源,把学生的兴趣激发出来。比如教"At the snack bar"单元时,让学生进行角色扮演,模拟在食堂点餐的场景,通过创设食堂场景,学生的学习积极性被大大地调动起来。

(三) 参与生动的语言实践活动

　　课堂教学时可以设计大量的语言实践活动,如"对话练习""小组讨论"等。组织学生模拟生日会情境,在学习"Happy birthday"单元的同时,将学过的英语知识运用到实际中,提高语言运用的能力。

(四)体验快乐的合作互助学习

在课堂巩固环节中,教师往往要让学生共同完成学习任务,合作学习是必不可少的。在学习"On the farm"单元时,教师可以采用项目化学习方式,以驱动性问题为指引,让学生以小组为单位,通过查阅资料、相互探讨、共同完成任务等方式,得到合作探究、互相配合的锻炼。

(五)学会高效的自主独立学习

教师引导学生制订学习计划,对学习时间进行合理安排,可以每天安排一定时间复习单词和课文,自我监督完成学习任务,提高学习效率。通过以上训练,使学生在学习英语的过程中感受到乐趣,从而学有所成,学有所乐。例如,在学习"Magic music"单元时,学生会被神奇的音乐故事所吸引,积极主动地学习相关英语知识。

(六)反思和评价学习进展,调整学习方式

在经过一段时间的学习后,教师可以引导学生反思、评价自己的学习。例如,回顾在"Sports we like"单元的学习中,让学生用英语表达自己掌握了哪些运动项目,反思还有哪些不足,从而调整学习方式,提高学习效果。

三、培养学生学习能力的具体方法

(一)激发学习兴趣,打好自主学习基础

1. 巧用教材资源

充分挖掘牛津上海版英语教材中的趣味元素,如生动的故事、欢快的儿歌、有趣的游戏等。教师可以组织故事表演、儿歌传唱、游戏竞赛等活动,让学生在参与中感受英语的魅力,激发学习兴趣。

2. 引入多媒体手段

为学生呈现丰富多彩的英语学习内容,利用图片、短视频等多媒体资源。例如在学习动物主题单元时,播放有关动物的视频、音频等,使学生更加直观地了解动物的特性和叫声,增强了学生的学习乐趣。

3. 开展英语活动

组织英语角、英语演讲比赛、英语手抄报比赛等活动,为学生提供一个展示自我的平台,激发学生的学习动力和竞争意识。

（二）辅导制订学习目标,明确自主学习方向

1. 结合教材内容

教师根据牛津上海版教材的单元主题和学习目标,引导学生制定与之相关的个人学习目标。例如,学生在学习"Food and drinks"单元时,可以设定目标,比如学习用英语表达自己喜欢吃的和喝的东西,可以在餐厅里进行简单的"Point Talk"。

2. 考虑学生实际

帮助学生制订符合自身实际的学习目标,了解学生的兴趣、爱好、学习能力和水平。对于学习能力较强的同学,可以鼓励他们向英语故事创作等高难度目标挑战;对于学习能力较弱的同学来说,可以鼓励他们掌握一定数量的单词、词组等,制订一些比较基本的目标。

（三）提供学习方法指导,助力自主学习过程

1. 预习方法

教导学生在学习新单元之前,通过预习教材内容、查阅生词、听录音等方式,对即将学习的知识有一个初步的了解。例如,在预习对话课文时,学生可以先听几遍录音,尝试理解对话的大意,然后找出不认识的单词,查阅字典进行学习。

2. 复习方法

引导学生在课后及时复习所学内容,通过背诵单词、朗读课文、做练习题等方式巩固知识。同时,鼓励学生采用多样化的复习方法,如制作思维导图、与同学进行对话练习等,提高复习的效果。

3. 记忆方法

教会学生用一些有效的记忆方法,如联想记忆、分类记忆、口诀记忆等。例如,在学习英语单词时,可以把动物类、色彩类、水果类等单词按类记忆。或者把单词和生活中的东西联系起来进行联想记忆,这样记忆效率就会提高。

（四）创设自主学习环境,培养自主学习习惯

1. 营造课堂气氛

在课堂上,教师要创造一个民主、平等、和谐的学习氛围,鼓励学生积极发言,踊跃提问,踊跃发表意见。对学生提出的不同意见和想法,要给予充分的尊重和肯定,切实让学生感受到学习的主体地位。

2. 提供学习资源

为学生提供丰富的学习资源,如英语书籍、杂志、报纸、学习软件等,让学生在课余时间能够自主进行学习。同时,教师可以推荐一些适合小学生的英语学习网站和 App,如"英语趣配音""沪江开心词场"等,为学生的自主学习提供更多的选择。

3. 安排学习时间

指导学生对学习时间进行合理安排,制订学习计划。例如,每天安排一定的时间进行英语学习,如早上背诵单词、晚上阅读英语故事等。同时注意劳逸结合,避免过度学习,使学生养成自主学习的习惯,形成轻松愉快的学习氛围。

四、结论

通过树立正确的学习目标,保持学习兴趣,主动参与实践活动,注重交流与倾听,倡导自主探究与合作,反思和评价学习进展,加强自我管理等策略,能使学生的英语学习效果有明显的改善,为将来的发展奠定坚实的基础。

参考文献

[1] 郭云海.平衡性变革——学校课程建设新取向[M].上海:华东师范大学出版社,2023.

提升小学生英语思维品质的策略探究

孙丽华

一、引言

《义务教育英语课程标准(2022年版)》的出台,为新时代英语教学指明了方向,尤其强调了语篇教学作为小学英语课堂教学的重要环节,是提升学生思维品质的重要途径。本文以牛津上海版英语教材(上海教育出版社)5BM2U1 Food and drinks 第四课时"Jim and Matt"为例,探讨我校在"启教育"背景下小学英语以语篇教学提升学生思维品质的相关策略。

《义务教育英语课程标准(2022年版)》在"课程实施"这一部分的"教学建议"第3点"深入开展语篇研读"明确指出,教师要从语篇研读这一逻辑起点开展有效教学设计。还要充分认识语篇在传递文化意涵,引领价值取向,促进思维发展,服务语言学习、意义理解与表达等方面的重要作用。

结合课标,我在开展语篇教学时,做了以下尝试:在 What 这一环节解决语篇的主题和内容,帮助学生梳理语篇脉络;在 Why 的环节引导学生明确主题意义、作者意图,提炼结构化知识,多层次、多角度分析语篇传递的意义,挖掘内涵和育人价值以把握教学主线;在 How 的环节评估学生学习情况,确定教学目标和重难点,有助于学生更好地了解语篇的整个框架,并能更好地运用所掌握的知识技能来完成学习任务,从而达到学生"全然知道,应然知道,果然知道"的目的。从"语篇信息"到"思维发展"再到"育人价值取向",层层递进,引导学生在梳理文本脉络的同时关注价值取向,促进学生思维发展。

二、有效启学启悟提升学生思维品质的教学策略

牛津上海版英语教材(上海教育出版社)5BM2U1 Food and drinks 第四课时"Jim and Matt",课文用了四段语篇来讲述两只老鼠的故事。大意是:一只老

鼠因为经常运动,身体健康又结实;另一只老鼠非常喜欢吃但又从不运动,导致身体越来越胖。有一天两只老鼠在享用美食的时候,猫来了,此刻会发生什么。课文旁白叙述多,对话少,于是根据学生实情创设了"Country Mouse Jim"和"City Mouse Matt",故事素材选自《伊索寓言》,设计的语篇是"旁白＋对话"交互形式。创设后的情境更具有生动性、对比性和话题冲突性。

接下来我就以这堂课为例,探讨在学校"启教育"背景下如何运用策略启学、体验启悟,来提升学生思维品质从而发展学生的语言综合运用能力。

（一）策略一：借助故事图片,在观察、聆听中培养学生的分析与思维能力

通过观察、聆听,阅读图片和文本,提取主人公信息,初步梳理其中的因果关系。学生在这节课的学习活动中,不仅对故事的概况有了初步了解,还能利用图片来推测和探究故事的情节,通过猜测和推理梳理出故事的主要脉络,这使得学生在整节课中的思维都处于活跃状态,并能根据故事情节进行高阶思维。

（二）策略二：巧设对话留白,在共情中培养学生发散性思维和想象力

通过精心构思故事情节,巧设对话留白,让学生能更好地理解文本中的角色,并能与其产生共情,从而激发学生学习的积极性,实现主动学习,培养学生发散性思维和想象力。本篇故事大多是描述性文字,留有很大的空间。我们在创设对话文本时,预留小部分 Jim 和 Matt 的对话为空白,增加了学生对故事情节的想象,以训练学生的想象力和发散性思维能力,加深了学生对故事情节的感受和认知。

（三）策略三：借助"Story Map",呈现故事整体框架,获取信息

借助"Story Map",呈现故事整体框架,为后续获取有关故事的主题、角色等基本信息做准备。在教学过程中,以"Country Mouse Jim"和"City Mouse Matt"的差异为主线,从它们的外形特征、生活习性和最后的结局来贯穿始终。整个过程将思维训练与语用输出相结合,通过对比与分析,加深了学生对故事文本的理解,为最终体悟故事所蕴含的道理做了充分的铺垫。

（四）策略四：拓展故事内涵,在迁移中培养学生综合语用能力

深刻解析故事所蕴藏的文化价值,利用跨学科知识助力学生成长,鼓励学生对故事进行透彻的理解与分析,辅助学生思维的迁移,从而增进他们的综合语用能力。在这节课上,我讲述了因不同的生活方式导致不同结局的寓言故事。结合学生的思维发展水平和语用能力,我设计出一个开放式结局,让学生充分发挥

自己的想象力,分享交流,故事结局呈现多元。在总结环节,学生结合自己的实际对自身的生活习惯进行反思,探讨如何做一个健康的孩子。学生运用所学语言知识,结合自身实际情况进行个性化表达,综合运用语言进行输出,生动地自我表现,在这一个性化的表达活动中实现自我教育。

三、情感体验中培养学生思维与评价能力

在整个故事教学中,高频次的师生间、生生间交互对话,引导学生进行深度阅读。随着故事情节的变化学生产生了各种情感体验,学生结合故事关键信息进行主动探究、辨析以及评价,培养思维与评价能力。

在学习完故事之后,引导学生说说"Are you Jim or Matt"。学生通过比较分析,给出自己的看法和评价。最后引导学生说说"What do you learn from the story"。在这个活动中,学生对两只老鼠的行为作出了剖析,并对角色进行了评价。学生的语言表达过程不仅是对老鼠的评价和劝告,也是自我教育的过程。

四、结论

语篇教学,尤其是依托绘本故事教学,不仅是讲述一个有趣的故事,更深层的作用是帮助学生提升观察能力、拓展想象力,进而升华精神境界。我们以"五有四启"为依据,优化教学活动内容,践行英语学习活动观,让学生在体验中感悟、在实践中运用、在迁移中创新,让每个学生都能体验到互动式学习的快乐,最终推动学生核心素养的培养和解决问题能力的提升。

参考文献

［1］浦盈艳.小学英语故事教学中运用深度学习理念提升学生思维品质的策略——以 5BM2U1 "Jim and Matt"为例［J］.现代教学,2022(S1)：66-67.

［2］章丹.基于主题意义探究的小学英语绘本与教材融合教学实践［J］.小学教学研究,2024(30)：72-73+78.

小学英语课堂教学中学生
思维能力的培养

叶迎春

在当今的教育理念下,英语学科核心素养包括语言能力、思维品质、文化意识和学习能力,其中思维品质是关键要素。从教学变革的角度来看,传统的英语教学往往注重知识的传授,而忽视了对学生思维能力的培养。如今,教育改革强调培养学生的综合能力,这就要求我们在小学英语教学中重视思维能力的培养。只有培养了学生的英语思维能力,才能使学生真正掌握英语这门语言,实现从知识学习到能力提升的转变。

在提升学生核心素养过程中,英语教学中的思维能力的培养不可或缺。思维品质是核心素养的重要组成部分,良好的英语思维能力能帮助学生更好地理解和运用英语,提高语言表达的准确性和流畅性,同时也有助于学生在学习英语的过程中培养批判性思维和创新思维。

在突显学生主体性方面,培养思维能力可以让学生更加积极主动地参与到学习中。当学生具备了一定的思维能力,他们就能独立思考、提出问题、解决问题,而不是被动地接受知识。如何在小学英语课堂教学中培养学生的思维能力,我们进行了如下探索。

一、创设情境,激发思维

小学生思维活跃,对新鲜事物充满好奇心。我们充分利用这一特点,创设情境,激发学生的深度思考,培养他们的思维能力,从而提升英语教学质量。

1. 丰富的表情与肢体语言的运用

在小学英语字母教学中,可以采用肢体语言的方式,让学生用身体动作来表示字母,极大地调动了学生的学习积极性。例如,讲字母 A 时,教师把两手大拇指尖相对放平,其余四指尖相对形成三角形,然后高举过头顶形成一个大写的

A。讲 a 时,把左手握成一个圈,大拇指留出一半形成一个小尾巴。讲字母 B 时,把两只手握成圈叠放在一起表示 B。讲 b 时,把左手食指和大拇指围成一个圈,其余三指直立。通过这种方式,学生积极参与,充分发挥自己的想象力,用各种肢体动作来诠释不同的字母。这样的教学方法不仅让学生更加深刻地理解和记忆字母,还培养了他们的想象力和创造力。

在讲授动物类单词时,通过模仿各种动物的叫声及走路姿势来帮助教学,比如模仿小狗时,一边发出"Woof! Woof!"的叫声,一边做出小狗奔跑的动作,让学生通过直观的感受快速理解并记住"dog"这个单词。在讲解动词短语时,如"jump""run""dance"等,教师示范相应的动作,让学生通过观察教师的肢体语言来理解这些单词的含义。这种教学方式不仅能激发学生的学习兴趣,还能让学生在轻松愉快的气氛中积极思考,刺激思维的活跃度。

2. 情境启思的积极影响

情境启思是一种非常有效的教学方法,可以极大地提高学生的口语表达和思维能力。例如,讲授"At a restaurant"这一主题时,将教室布置成餐厅的样子,摆放菜单、餐具等道具。学生一进入教室,就仿佛置身于真实的餐厅环境中。在这种情境下,学生的思维变得活跃起来。他们积极地运用所学的英语句型进行交流,如"What do you like?""I like..."学生分别扮演顾客和服务员,模拟在餐厅点餐的场景,运用所学的英语句型进行交流。在活动过程中,学生需要思考如何用恰当的语言表达自己的需求,如何回应对方的问题,这有助于培养他们的逻辑思维能力和应变能力。

又如在"问路"的教学情境中,我将学生分成若干小组,准备一张城市街道地图,让学生进行问路和指路的对话练习。在这个过程中,学生需要运用所学的英语句型,如"Excuse me, Where is the bakery""Walk along this street, and turn right at the second crossing"等,同时还需要思考如何根据地图给出准确的回答。通过模拟真实的问路场景,不仅提高了学生的语言运用能力,还锻炼了他们的逻辑思维和空间想象能力。

此外还可以利用多媒体创设一些故事场景,让学生根据场景进行故事创作和表演。例如,展示一个森林的场景,里面有动物、树木和河流等。然后让学生想象自己是森林中的一个动物,讲述自己的故事。学生可能会说"I am a rabbit. I live in the forest. I like eating carrots. One day, I met a fox..."。通过这样的活动,学生可以发挥自己的想象力和创造力,培养创新意识,提高英语表达能力和思维能力。

小学英语情境教学在启发学生思维方面发挥着不可替代的重要作用。通过创设各种生动有趣的情境,激发了学生学习英语的兴趣和积极性,为学生提供了丰富的思维锻炼机会。

二、巧用问题,引导思维

在小学英语课堂中,问题引导对于增强学生的学习兴趣、培养学生思维品质起着至关重要的作用。通过巧妙地设计问题,可以有效吸引学生的注意力,能让学生在分析问题和解决问题的过程中不断锻炼思维能力,提升思维品质。

1. 任务设疑,训练探索思维

以探索昆虫的不同特征与习性为例,在任务开始前提出一系列问题,引导学生主动探索。比如,用"What is it""What does it have""What colour is it""What can it do"等问题可以激发学生的好奇心和探索欲望,让他们在完成任务的过程中积极动脑思考,寻求答案。学生通过查阅资料、小组讨论等方式来解决这些问题,从而培养他们的探索能力。

又如,在讨论 Earth Hour 相关问题时,"When Earth Hour comes, what can you do"这样的开放式问题能够激发学生的创造力。学生可能会给出各种各样的答案,如"Turn off the lights and read books by candle light""Have a picnic in the park without using electricity""Tell others about Earth Hour and encourage them to join"等。回答这样的问题,学生需要运用所学的英语知识进行思考和表达,也能发挥自己的想象力,提出独特的想法和做法,有的学生可能会想到制作环保海报,向周围的人宣传 Earth Hour 的意义;有的学生可能会组织一场小型的音乐会,使用不插电的乐器演奏。这些创意不仅展示了学生的语言能力,更体现了他们的想象力和创造力。

2. 插图求疑,发展形象思维

在小学英语教学中,插图作为一种重要的教学资源,具有直观、形象、生动的特点,能吸引学生的注意力,激发学生的学习兴趣。同时,插图也为学生提供了丰富的语言情境,有助于学生理解和掌握英语知识。通过插图求疑,可以引导学生积极思考,发展形象思维,提高学生的英语综合素养。例如,出示一幅关于公园的图片,让学生观察图中的人物、景物等,然后提出问题,如"What do the people do in the park""What can you see in the park"等。学生通过观察插图,结合已有的知识经验并发挥想象来回答问题。

我们还可以引导学生仔细观察插图,从插图的内容、色彩、布局等方面提出问题。例如,教师可以让学生观察插图中的人物表情、动作,提出"What are they doing""How are they feeling"等问题;教师也可以让学生观察插图中的景物,提出"What's this""Where is it"等问题。通过提出问题,引导学生思考,培养学生的观察力和思维能力。

巧用问题引导思维是一种非常有效的教学方法。通过设计不同的问题,引导学生提问,给予学生足够的思考时间和及时的反馈评价,能够激发学生的学习兴趣,培养他们的思维能力,提高英语学习的效果。

三、多元化教学,拓展思维

1. 学科融合的教学活动

在小学英语教学中,英语与其他学科的结合可以让学生更好地理解和运用英语知识。英语与自然的结合可以培养学生的自然兴趣和观察力,例如,在"Shadow"一课中,学生学会用英语来阐释影子的长短和方向,以及影子与太阳之间的关系。学生不仅学会了英语的表达,还了解了科学知识,真正实现了学科融合。在教学过程中,教师可以通过图片、视频等多种方式展示太阳高度和影子的变化,让学生用英语描述。这样的教学方式不仅能提高学生的英语表达能力,还能培养他们的观察能力和逻辑思维能力。

当英语与音乐学科融合时,学生可以在课堂上学习英文歌曲,了解英语的音乐文化,这种方式让英语学习充满乐趣,激发学生的好奇心和探索欲,从而提升他们对英语学习的兴趣。同时,丰富多样的学科融合形式也让学习变得更为活泼,不再是枯燥地记忆单词和语法。

这种学科融合的教学活动能激发学生的学习兴趣,我们可以选择合适的学科融合方式,让学生在轻松愉快的氛围中学习英语、拓展思维,提高他们的综合素养。

2. 延展性阅读提问策略

在英语阅读教学中,教师可以采用延展性阅读提问策略,培养学生的思考习惯,拓展思维的深度与广度。例如,在阅读一篇关于环境保护的文章后,我们可以提出一些延展性问题,如"What can we do to protect the earth""Why is it important to protect the earth"等。这些问题可以引导学生从不同的角度思考问题,扩大他们的思维空间。同时,我们还可以鼓励学生提出自己的问题和想法,培养他们的批判性思维能力。

总之,在教学中,我们要充分挖掘教材,活化教材,运用"五有四启"的教学模式,提高学生的思维品质,给予学生创新的机会,从而培养他们独特的思维方式。课堂教学中学生思维能力的培养,要充分发扬课堂民主,充分调动学生学习的积极性和热情,让学生快乐思考、主动探索、大胆创新。我们应巧妙地设置问题,给学生创设自由发挥的空间,提升学生的思维能力。

参考文献

［1］周隆丽.激发学生创新思维能力　培养学生英语学习兴趣——在小学英语教学中学生创新思维的培养［J］.科学大众(科学教育),2014(08)：84.
［2］乔静秀.小学中高年级英语阅读教学中学生思维能力培养策略探究［J］.英语教师,2019,19(14)：156－159.

以"启"促学　以"启"促评

——牛津上海版英语教材 2AM3U3 Cooking dinner in the kitchen (Period 1)教学案例

杨　颖

一、案例背景

我们根据《义务教育英语课程标准(2022 年版)》的指导思想,在解读教材整体结构与板块功能的关系,以及学情分析的基础上,针对每一个教学单元,组织教学内容、设计教学方法、分配教学时间、设计教学评价。

本课来自英语课本第三模块,该模块的学习主题是 Places and activities(场所与活动),分别围绕 In the playground(在操场),In my room(在我的房间里)以及 In the kitchen(在厨房里)这三个与学生日常生活息息相关的话题展开。三个教学单元旨在帮助学生亲近生活环境、观察周遭事物、了解特定场合中的常见事物,感受不同场所中活动的不同体验。

2AM3U3 的单元主题是 In the kitchen(在厨房里)。作为第一课时,本课的教学旨在帮助学生初步感知、理解和运用常见的厨房餐具类用品包括 bowl、plate、spoon、chopsticks 等,关注其单复数表达;能合理运用相关的日常用语,如:"Give me ... Yes,please""No,thanks"等;在此过程中,了解不同的餐具及其功能,为后续学习打好基础。同时,通过学习使学生学会观察,积累生活经验,体会劳动带来的乐趣。

从单元统整、内容整合、语境带动、语用体验的原则出发,我将教材内容进行了合理分配,本课时侧重于核心词汇,话题是"Cooking dinner in the kitchen"。我制定了如下教学目标:

1. 初步感知字母 Q、q、R、r。

2. 在图片与情境中初步感知、理解和运用厨房餐具词汇,如 bowl、plate、

spoon、chopsticks 等，关注其拼写和意义。

3. 在图片情境中能运用"Give me ... , please""Yes, please""No, thanks"等句型进行问答。

4. 在交流与分享的过程中初步了解不同餐具的功能，体会到和家人一起劳动的乐趣。

二、实践过程

（一）情境启思——依托有趣情境，有序推进教学

本课我创设了 Alice 帮助妈妈一起准备晚餐的情境，浅显易懂，与学生的生活息息相关，能引发学生共情，激发学习兴趣。

在 While-task procedure 阶段，分为四个场景：第一场景，Alice 闻到妈妈做饭的香味，帮助妈妈准备第一道菜 soup。由此展开核心词汇 spoon、bowl 以及对话的教学。第二场景，由前一场景自然过渡，妈妈准备第二道菜炒面。此时需要不同功能的餐具，在语境中展开新授词汇 chopsticks 的教学，使学生能在语境中利用"Yes, please."或"No, thanks."正确表达自己的需求。第三场景，妈妈准备好了炒面，需要一个装炒面的 plate，由此展开教学。每一场景都是前后相关，层层递进。在 Post-task activities 阶段，为学生梳理故事发展的先后顺序，加深整体理解。学生通过朗读，再次呈现故事内容，复习巩固新知。在故事结尾处，设置问题：Alice 和妈妈准备的菜品不够，需要你们再准备两道菜。让学生在情境中思考并尝试自编对话，进一步提升学生的表达能力和思维能力，巩固新知的同时也使本课的情境更为完整合理。

（二）策略启学——抓住关键要素，夯实词汇教学

本课的重点是核心词汇的教学，但又不能脱离文本只教词汇。因此每个核心词都是在语境对话中导出，学生通过不断操练眼睛看（图片示例）、耳朵听（示范朗读）、嘴巴说（集体说、个人说、开小火车等形式）来巩固。此外，我还会让学生动手写（书空）、动脑想（设计一些问答），即眼、耳、口、手、脑并用，将单词的音、形、义融为一体。最后回归情境，使学生在情境中更加深入地感知、理解和运用，夯实了词汇教学。加强了词汇教学的直观性，增强了词汇教学的趣味性，突出了词汇教学的整体性。反复再现，不断强化，达到牢记不忘的词汇教学效果。

（三）体验启悟——组织多样活动，促进思维发展

为了激发学生的学习兴趣，调动他们的学习积极性，我设计了多样的学习训

练形式,如儿歌、问答、看图说话、头脑风暴、游戏、欣赏图片等来帮助学生学习核心词汇和重点句型。强化学生对新学内容的感知、理解与运用,进一步提升学生的语言表达能力和思维能力。

（四）多元启评——实施有效评价,提升教学成效

好的评价过程有激励功能,《小学英语单元教学设计指南》中指出,低年级主要关注观察习惯、倾听习惯、交流习惯和书写习惯。考虑到二年级学生的特点,在课堂上,我从 eye（观察习惯）,ear（倾听习惯）,mouth（模仿习惯和表达习惯）三个维度进行分项评价,在授课过程中评价伴随、定向激励。同时大量使用基本的口头评价如"Hey,hey,super""Well done""Great""Wonderful"等,以及本校的英语评价徽章来激励学生积极参与到课堂中。

三、成效与反思

本课我创设了 Alice 帮助妈妈一起准备爸爸的生日晚餐的情境,帮助学生在情境中掌握四个表示餐具的单词：bowl、plate、spoon 和 chopsticks;并且帮助学生在情境中正确理解运用"Yes, please"或"No, thanks"来表达自己的需求。在课中设计了 Read a chant、Play a game、Read in roles 等环节帮助学生巩固新知,增强课堂的趣味性,激发学生的学习兴趣。在课的结尾,通过对故事的改编,培养学生的创新思维和能力。

不足之处：

1. 三个小场景的分角色朗读,第一个场景忘记给学生做示范,导致三次 Read in roles 颠倒了,应该第一场景做示范,让学生读再分角色朗读;第二场景 Listen and follow;第三场景直接 Read in roles,难度层层递进,才更为合理。

2. Post-task 阶段,第一环节和第二环节不连贯,应该把 Brain Storm 放在 Enjoy the whole story 环节前,先复习单词再复习句型。

3. 最后创编对话时,应该在学生表演前提问"What do you like",并在 PPT 上作出相应动画效果,同时利用板书进行移动,会使其他学生在聆听时更直观地认识板书的作用。

4. 在结尾进行劳动教育时一笔带过,太过仓促,未达到预期的劳育渗透效果。应在 PPT 上展示,更加直观地让学生感受到要积极参加劳动,和家人一起体会劳动带来的乐趣,加深其印象,升华主题。

"新课标"背景下培养小学生文化意识的英语课堂实践
——以 Mid-autumn Festival 一课为例

尹燕兰

一、案例背景

《义务教育英语课程标准(2022 年版)》中提出,文化意识指对中外文化的理解和对优秀文化的鉴赏,是学生在新时代表现出来的跨文化认知、态度和行为选择。文化意识的培育有助于学生增强家国情怀和人类命运共同体意识,涵养品格,提升文明素养和社会责任感。

小学英语课堂教学是培养学生文化素养的主阵地。在日常教学中教师应以核心素养的培养为教学目标,以学生为学习主体,充分挖掘教材中的文化元素,注重对学生文化意识的培育。

现行牛津上海版英语教材 4BM4U2 的主题是"Festivals in China",其中包括春节、端午节、中秋节、重阳节这四个中国的传统节日,并在 4AM2U1 My family 的第四课时"Mid-autumn Day"和 5AM2U1 Grandparents 的第四课时"The Double Ninth Festival"设置了子系统的主题学习。

传统节日文化有丰富的育人价值,将中华优秀传统文化融于英语课堂中,不仅能提高学生学习英语的趣味性,还有助于促进学生树立正确的价值观,深化对中华优秀传统文化的理解,培养文化自信和民族自豪感。

该主题课程的授课对象是四、五年级学生。他们思维敏捷、乐于表达,具有良好的学习习惯和较强表达欲。学生从一年级起就开始了解中西方节日,包括元旦、母亲节、儿童节等,因此他们对节日这一主题比较熟悉,有一定的知识储备,他们可以从日期、食物和活动等方面对节日进行简单介绍。此外,学生对中秋节、重阳节的相关背景在语文学课中已有所了解。这些已有的知识和经验都为传统节日文化的学习奠定了基础。

二、实施过程

（一）创设主题情境，感知节日文化

"新课标"指出，英语课程内容的组织应以主题为引领，以不同类型的语篇为依托。主题具有联结和统领的作用，为语言学习和课程育人提供语境范畴。教师要围绕主题设置合理的情境，确保在语言学习的过程中发展学生语言能力、提升思维品质、构建文化意识。

"Mid-autumn Day"一课的单元主题是家人。教师在这一主题的引领下，创设 Jill 一家在中秋节探望祖父母的主题情境，引导学生感知文化知识。本节课中，首先教师带着学生复习 Jill 的家庭成员，然后创设情境：中秋节到了，Jill 父母亲带着 Jill 去探望祖父母。这既符合本单元的家人主题，又突出中秋节是团圆节，创设了家人团聚、阖家欢乐的节日情境，引导学生感知节日文化。

"The Double Ninth Festival"一课的单元主题是祖父母，是与学生日常生活关联紧密的主题。教师通过此单元的核心句型"How often…""Do you live with…""What do you do with…"询问交流与祖辈的居住情况、拜访次数、活动内容与互动频次。创设情境：教师要去探望学生的祖父母，让学生提建议给祖父母带什么礼物。然后教师出示一首英文藏头诗，引导学生回忆起祖孙天伦之乐的画面，点出本课时话题"The Double Ninth Festival"。学生在诗歌的情境中兴致盎然地学习，感受英语的魅力。

（二）巧用视频资源，探寻文化内涵

网络上有许多优秀的视频，如能把这些资源整合运用到英语教学中，不仅丰富教学内容，还能有效地激发学生学习英语的兴趣，并能促使学生更深层次地探寻文化内涵。

在"Mid-autumn Day"一课，让学生带着问题"When is Mid-autumn Day"观看视频《嫦娥奔月》，学生边看边思考，在视频中寻找答案"It comes in September or October"。教师总结为"Yes. It's in autumn. It's in the middle of autumn. So we call it Mid-autumn Day"。所以这个问题的答案是"It's on the fifteenth day of eighth lunar month"。从节日的时间解释了节日命名的缘由。随后，让学生观察 2023 年的日历表来找找今年的中秋节是哪一天？查得今年的中秋节是公

历的 9 月 29 日。然后让学生与第一个问题比较,发现并了解具有中国特色的历法形式,即有所谓的农历。学生不仅习得了语言,且了解了中国特有历法。

又如"The Double Ninth Festival"一课,教师播放古诗《九月九日忆山东兄弟》的朗诵视频,引导学生思考诗歌的内容,发现重阳节的日期以及习俗。了解到重阳节在农历的九月九日。在中文里数字"9"与"久"同音,包含着"健康长寿"的美好含义。然后让学生观察 2024 年的日历表找出今年的重阳节在 10 月 11 日,提醒学生一定要在重阳节的这天向长辈表达节日祝福。学以致用,学生更深层次地理解重阳节的文化内涵,并培养了敬老美德。

(三) 以语料为基石,渗透文化教育

教材的文本内容还是比较简单的,教师应适当补充语料,围绕主题进行合理拓展,使语言与文化并重,渗透文化教育。

在"Mid-autumn Day"一课的教学过程中,教师立足传统和团聚这两个中秋节的特点,运用丰富的图片、视频和活动资源,让学生学习有关中秋节的各种词汇,引导学生逐步建构对中秋节的认知,学生能更清楚地了解在中秋节时能做哪些事情,让学生对中秋节这个传统节日的特有活动有了更深入的了解。

在学习"have traditional food"这一主题时,除了 mooncake,教师拓展了上海本土的中秋节食品:taro、bean、peanut、duck、crab 等,学生对中秋节餐桌上出现的食品有进一步的熟悉感,激发了对节日背后民俗文化的探究兴趣。

"The Double Ninth Festival"是一篇节日说明文,教师从多个角度有的放矢地拓展了重阳节的知识。首先通过补充文本介绍重阳节的时间是农历九月初九日;补充重阳节登高和赏花美好寓意祈求健康长寿;补充了重阳节为什么人们会吃重阳糕,汉语的"糕"和"高"同音,步步高是最美好的祝愿。

随后引入听力文本,引导学生思考"What do people do with their parents and grandparents on this day"。梳理这个节日人们会做的活动 have a big dinner、sit around and chat、share interesting things、eat Double Ninth cakes、go outing together。最后展示我校每年重阳节去施湾养老院慰问老人的照片,告诉学生重阳节又名"老人节",要做到"老吾老以及人之老"。三个层次的文本对节日进行恰当和充分的拓展,有效地指导学生了解重阳节的文化内涵。

(四) 提升语用输出,体验文化传承

教师通过各种教学方法和活动策略让学生进行恰当和充分的输入,有效指导语言学习,为语言输出做好准备,努力做到最大可能的语言输出并在输出的过程中,传承传统文化。

学习了"Jill's Mid-autumn Day"之后,教师让学生思考面对即将到来的中秋节想想"How do you have fun on Mid-autumn Day"。学生用板书列出自己独有的中秋节"To do list",学生能用所学的核心语言介绍自己家如何过中秋节。这一问题让学生思考与家人的相处方式,知晓如何陪伴家人,激发学生对家人的关爱之情。

小学生不是重阳节的主要群体,原来他们对重阳节习俗和文化内涵并不熟悉,但通过课堂学习,学生逐渐了解了重阳节的习俗和文化。教师设计了本周五要去施湾敬老院慰问老人,需要招募志愿者,让学生小组讨论"What can we (volunteers) do"并用海报来进行自我展示"We can ... for them""We can ... with them"。学生各抒己见,真正理解了这个节日对于老人的意义,也知道了如何去关心老人,弘扬了尊老敬老爱老的传统美德。学生既丰富了情感,又深化了对中华优秀传统文化的理解,增强了文化自信心和民族自豪感。

三、成效与反思

培养文化意识不是一蹴而就的,是一个长期潜移默化的过程,需要教师落实到每一节课中。英语教师应采取因地制宜的教学方法、行之有效的教学策略,帮助学生了解不同文化,比较文化异同,汲取文化精髓。教师应通过多途径渗透,培养学生文化意识,引导他们树立正确的价值观,更好地传承和弘扬中华优秀传统文化。

第五篇 启志远航·退思未来

"启教育"的展望

申 宇

一、继续以"启教育"为载体，加快育人方式的变革

（一）课程体系优化

整合启发性课程资源，用好"启元素"。在国家课程与地方课程中，强化学科实践，加强知识学习与现实生活、社会实践之间的联系，注重真实情境的创设，促进学生认识真实世界。推进综合学习，探索大单元教学，积极开展主题化、项目式学习等综合性教学活动，加强知识间的内在关联，促进知识结构化。

在校本课程中，开发校本"启课程"，如思维拓展课程、创新实践课程等，构建完整的"启教育"课程体系。

（二）教学模式细化

"五有四启"教学模式中九个点都需进一步细化，形成九个子模式，结合"双新"实验校建设工作推进，真正让"双新"在东港小学落地生根。

（三）教学评价深化

"五启一立"学生综合素养评价要继续强化以评价促进学习的理念，注重提高学生自我评价、自我反思的能力，提高学生运用评价结果改进学习的意识与能力。创新评价方式方法，一要强化即时性：注重对学习过程的贯彻、记录与分析，倡导基于证据的评价；二要强化增值性：关注学生真实发生的进步，体现评价的增值性；三要强化互动性：加强对话交流，增强评价双方自我总结、反思、改进的意识与能力；四要强化表现性：注重动手操作、作品展示、口头报告等典型行为的综合运用；五要强化教学评一致性：增强评价的育人意识，增强评价的适宜性、有效性，注重伴随教学过程开展评价，注重学生学习过程的表现，优化试题结构，增强试题的探究性、开放性与综合性。

二、继续以"启教育"为路径,促进学生全面成长

（一）"五育"融合促进学生全面发展

课程融合促发展：推进跨学科学习,例如在自然科学课程中融入劳动教育,鼓励学生种植植物,观察记录植物生长过程,体会劳动艰辛的同时学习自然知识。

学科育德促发展：在语文教学中,通过讲解课文中英雄人物事迹进行品德教育;在数学教学中培养学生严谨认真的态度。

（二）择适择势促进学生个性发展

提供合适的教育：尊重不同学生的个性差异,实施不同的教育方法,加强培养指导。例如,对于爱表现的学生,通过表扬来引导其积极的一面;对于有不良习惯的学生,宽容的同时加以批评教育来纠正其行为。

实施长善的教育：鼓励学生尝试不同的兴趣爱好,如音乐、美术、体育等,发现并发展他们的特长。家长应给予孩子足够的时间和资源,让他们充分发展自己的兴趣爱好,并参加相关的竞赛和展示活动,以增强自信心。

（三）鼓励自主促进学生主动发展

注重择时的教育："不愤不启,不悱不发",选择合适的时机让学生独立完成任务,给予一定的自主权和决策权,培养自我管理能力、独立意识和自主发展能力。例如,让学生自己整理书包、打扫房间、制订学习计划等。

（四）鼓励社交促进学生社会化发展

鼓励合作的教育：鼓励学生主动参加社交活动和团队活动,如生日派对、亲子活动、篮球队、足球队等,锻炼他们的社交能力和合作精神。

三、继续以"启教育"为导向,加快教师专业化发展

（一）启发：教学理念更新

开展针对"启教育"的教师培训。培训内容包括"启教育"的教学方法、学生心理引导技巧等。例如,邀请专家开设"启教育"课堂设计的工作坊,通过案例分析和模拟教学,让教师掌握择时、择适、择势等技巧,提高教师队伍的专业素养。

组织教师参加教育理念的培训讲座,邀请教育专家分享前沿的教学理念。例如,以建构主义理论启发教师认识到学生主动建构知识的重要性,引导教师在

教学设计中落实"三择"的理念。

开展校内教学理念交流研讨会。例如,定期举办主题为"以启教育变革教与学方式"的研讨会,让教师分享自己在实践中对新理念的理解和应用,相互启发,共同更新教学理念。

(二)启导:教学方法创新

鼓励教师跨学科交流学习。例如,组织教师跨学科相互听课、交流,启发理科教师借鉴语文教学中情境创设等方法来增加课堂趣味性,语文教师学习数学教学的主动探究的方法来优化教学过程。

提供教师外出观摩优秀教学案例的机会。例如,参加区、市级的公开课,学习先进的教学方法,像项目式学习法、翻转课堂教学法等,回来后在校内举办分享会,启发其他教师尝试新的教学方法。

(三)启行:专业知识拓展

建立教师读书分享机制。要求教师阅读专业书籍,如学科教学论、教育心理学等,然后在读书分享会上分享读书心得,相互启迪,拓宽专业知识面。

支持教师参加学术研究活动。比如鼓励教师申报课题,参与学术研讨会,与同行交流成果,启发教师对专业理论进行深入思考。在"五启四有"队伍建设的基础上,弘扬教育家精神,培养大先生。

(四)启强:激励机制长效

建立激励机制,鼓励教师在"启教育"实践中创新。设立专项奖励,如"启教育创新教学奖",对在教学过程中体现"启教育"理念并取得突出教学成果的教师给予物质和精神奖励,激励教师潜心教学。

四、继续以"启教育"为品牌,加快学校内涵发展

(一)理念深化与传播

深度解读理念:组织教育专家、学校管理层和骨干教师对"启教育"理念进行深度解读。例如,开展系列研讨会,从教育哲学、心理学等多学科多角度阐释"启"在教育中的价值,如择时、择适、择势等,使全体教职工对"启教育"内涵有更系统的理解。

广泛宣传推广:多渠道向外传播"启教育"理念。制作精美的宣传册,介绍"启教育"的核心理念、教育模式和成功案例;学校网站、社交媒体平台开设"启教

育"专栏,定期发布相关文章、视频,展示"启教育"的实践成果,提升品牌知名度。

（二）文化营造与凸显

打造"五启"校园文化：在校园环境建设中凸显"启教育"元素。例如,在校园公共区域设置"启慧"文化墙,展示育人目标、育人愿景等内容;建设创意空间,如科创体验区、创意手工坊等,让学生随时随地接受"启教育"的浸润。

（三）教联体打造与协同

家校合作共育：加强与家长的沟通与合作,传播"启教育"理念。举办家长学校,开设专题讲座,向家长介绍"启教育",如启发孩子自主学习的家庭策略,使家长成为"启教育"的参与者和支持者。

五、继续以"启教育"为引领,加快学校高质量发展

以市级课题《五育融合视域下小学生"航空＋国防"综合学习的设计与实践研究》为引领,深化特色创建。

（一）在内容上,加强"五育"融合

德育与"航空＋国防"：爱国主义、家国情怀、国防意识、国防观念、意志品质、英雄故事等与航空精神、参与国防、保家卫国的融合。

智育与"航空＋国防"：科学精神与航空知识、国防军事知识、战略决策思维等的融合。

体育与"航空＋国防"：航空运动体验与体能训练,航空应急演练与生存技能的融合。

美育与"航空＋国防"：艺术创作、欣赏与航空国防题材的融合。

劳育与"航空＋国防"：航空模型设计与制作、航空技术与实践、航空竞赛与创作,工匠精神与科技强军的融合。

（二）在路径上,突出综合学习

依托现有学科,如道德与法治、数学、体育、语文、科学等学科的大单元教学,实现与航空或国防相关的大问题、大任务、大观念的结合。

将航空国防作为主题,通过问题式学习、项目化学习、探究式学习等方式开展跨相关学科的学习。

开发航空与国防整合课程,开展航空与国防综合学习,或开展航空与国防综合实践活动。

（三）在实践上，整合社会资源

与航空企业、军事单位、科技馆等建立合作关系。组织学生参观航空企业的生产车间、军事基地的装备展览等，让学生了解航空国防的实际应用和发展现状。与科技馆合作举办航空国防科普展览，为学生提供更丰富的学习资源。

邀请航空领域的专家、学者来校举办讲座、进行指导。如邀请航空大学的教授来校为学生讲解航空的前沿技术和发展趋势，启发学生对航空事业的思考和探索。同时，学校聘请这些专家为校外辅导员，定期为学生提供指导和帮助。

总之，"启教育"追求的是择时而启、择适而教、择势而育，教师每一次"择"都是教育智慧与情怀的显现，"启教育"永远在路上。

图书在版编目（CIP）数据

启教育的思与行：五育融合视域下小学特色育人体
系创建的实践研究 / 申宇主编. — 上海：上海教育出版社，
2025.5. — ISBN 978-7-5720-3497-8

Ⅰ . G622.0

中国国家版本馆CIP数据核字第2025LF1105号

责任编辑　张璟雯

美术编辑　金一哲

QI JIAOYU DE SI YU XING: WUYURONGHE SHIYU XIA XIAOXUE TESE YUREN TIXI CHUANGJIAN DE SHIJIAN YANJIU

启教育的思与行：五育融合视域下小学特色育人体系创建的实践研究
申　宇　主编

出版发行　上海教育出版社有限公司
官　　网　www.seph.com.cn
地　　址　上海市闵行区号景路159弄C座
邮　　编　201101
印　　刷　上海龙腾印务有限公司
开　　本　700×1000　1/16　印张 16.25
字　　数　265 千字
版　　次　2025年5月第1版
印　　次　2025年5月第1次印刷
书　　号　ISBN 978-7-5720-3497-8/G·3124
定　　价　85.00 元